21世纪普通高等院校系列规划教材

新编经济法

XINBIAN JINGJIFA

（第三版）

主　编　王永昌
副主编　倪永红　刘　燕

西南财经大学出版社
中国·成都

图书在版编目(CIP)数据

新编经济法/王永昌主编.—3版.—成都:西南财经大学出版社,
2018.9(2019.8重印)
ISBN 978-7-5504-3746-3

Ⅰ.①新… Ⅱ.①王… Ⅲ.①经济法—汇编—中国
Ⅳ.①D922.290.9

中国版本图书馆CIP数据核字(2018)第223085号

新编经济法(第三版)

主　编　王永昌
副主编　倪永红　刘燕

责任编辑:邓克虎
责任校对:涂洪波
封面设计:杨红鹰　张姗姗
责任印制:朱曼丽

出版发行	西南财经大学出版社(四川省成都市光华村街55号)
网　　址	http://www.bookcj.com
电子邮件	bookcj@foxmail.com
邮政编码	610074
电　　话	028-87353785
照　　排	四川胜翔数码印务设计有限公司
印　　刷	郫县犀浦印刷厂
成品尺寸	185mm×260mm
印　　张	15.25
字　　数	324千字
版　　次	2018年9月第3版
印　　次	2019年8月第2次印刷
印　　数	2001—5000册
书　　号	ISBN 978-7-5504-3746-3
定　　价	36.00元

Preface 第三版前言

在信息化、国际化、知识化时代，我国经济管理类专业的人才培养要与时俱进，要培养既具有专业知识，又具有管理能力、经济头脑与法律素养的综合性人才。本科教育是专业人才培养的重要阵地，其课程体系调整逐渐合理，但是课程教学内容和教学方法需要不断调整更新。以经济法课程来说，目前我国通行的各类经济管理类专业使用的教材，从严格的法学定义、理论体系归类来讲，课程内容讲述的更多是民法、商法方面的有关法规，在学时有限的情况下，很难让学生掌握重点。

本书结合经济管理类专业的特点，精选了和专业密切相关的部门法规进行深入讲解。在编写体例上，注重更强的务实性和创新性，注意基本知识、基本观点、基本技能的传授和训练，注意把法律理论研究和在市场中的具体运用结合起来。本书结合国家对相关法律法规的最新修正，对教学内容进行了更新，选取重点法条进行全方位研讨和应用练习，具有重点突出、重理务实的特点。

本书是针对经济管理类专业本科学生编写的教材，也可以为相关专业专科学生使用。从学习的形式上来看，既适用于全日制普通高等院校学习，也可以供函授、面授辅导使用。

本书由西华大学管理学院王永昌任主编，倪永红、刘燕任副主编。全书共十章，具体编写分工如下：第一章、第七章和第九章由刘燕（西华大学）编写；第二章、第六章和第十章由倪永红（西华大学）编写；第三章、第八章由王永昌（西华大学）编写；第四章由倪智勇（四川省中江县检察院）编写；第五章由徐刚（西华大学）编写。全书由王永昌总审、修改后定稿。

由于编者水平有限，加上时间仓促，书中的不足在所难免，敬请读者批评指正。

编者

2018 年 8 月

Contents 目录

第一章　经济法导论

内容提示

学习本章应了解经济法的概念与调整对象、理解经济法律关系的要素，重点掌握代理的概念与特征、无权代理与表见代理的区别。掌握经济法实施的几种途径，了解违反经济法的法律责任的种类，了解仲裁与诉讼的区别，掌握仲裁协议生效的条件和无效的情形，了解诉讼的程序，掌握诉讼的地域管辖和级别管辖的法律规定，理解诉讼时效的法律效力，掌握一般诉讼时效与特殊诉讼时效的法律规定，比较掌握诉讼时效中止、中断、延长的区别。

相关法规

1.《中华人民共和国民法通则》（以下简称《民法通则》）（全国人大，1986年4月12日通过，2009年修正）

2.《中华人民共和国民事诉讼法》（以下简称《民事诉讼法》）（全国人大，1991年4月9日通过，2017年修正）

3.《中华人民共和国仲裁法》（以下简称《仲裁法》）（全国人大常委会，1994年8月31日通过，2017年修正）

第一节　经济法基础知识

一、经济法的概念

现代经济法的概念形成于20世纪初期的德国。德国学者把第一次世界大战时期和战后时期运用国家权力干预经济的大量法律规范概括为“经济法”，并加以系统研究。1919 年，德国颁布的《煤炭经济法》是世界上第一个以经济法命名的法规。这样，一门新的法律学科——经济法学在德国逐步建立起来，并陆续传播到其他国家。

经济法是一个新兴的法律学科，它的调整对象、调整范围如何界定，一直是中外法学界争论的问题。在世界范围内，并没有一个统一的经济法概念。在我国，从党的十一届三中全会以后就开始研究和探讨经济法的概念和调整对象，党的十四大明确指出，我国经济体制改革的目标是建立社会主义市场经济体制。在这种背景下，我国法学界对经济法调整对象主要提出了以下六种学说：经济协调关系说、需要干预经济关系说、宏观调控经济关系说、行政隶属性经济关系说、管理—协调关系说和国家经济管理关系说。这六种学说虽然对调整对象有不同见解，但与以前的学说相比，其分歧大大缩小。绝大多数学者认为，横向经济关系不应由经济法调整，国家权力干预经济是经济法的主要标志。因此，从这个意义上讲，经济法是调整国家在干预经济过程中所形成的社会经济关系的法律。

在建立和维护社会主义市场经济竞争秩序中，民法主要依照市场主体的自律来发挥作用，即遵循自愿、公平、等价、有偿、诚实信用的法律原则，在市场经济中进行自我约束、自我发展。但每个市场主体在追求其自身的经济利益最大化时，彼此之间会发生各种利益冲突，甚至会伤害国家利益或社会公共利益。因此，单靠民法的自律性来调整市场主体的行为难以达到法律的规范目的，必须建立一种“他律”作为经济调节机制，以规范和约束违背民法原则的违法行为，并进而引导、规范、保障和约束市场主体及政府行为，使其都能以社会整体利益为目标，共同促进市场经济的持续、稳定、健康发展。这种他律性机制的法律形式就是经济法。

二、经济法的调整对象

（一）经济管理关系

经济法调整的经济管理关系，是在国家管理经济过程中形成的物质利益关系，包括宏观管理和微观管理两方面的经济管理关系。宏观经济管理关系，包括在计划和产业政策的制订、实施，国家经济预算及其主导的投资，税收、金融、物价调节、土地利用规划等活动中产生的经济关系。微观经济管理关系包括在税收征管、金融证券监管、贸易管制、价格监督、技术监督、企业登记管理、交易秩序管理等活动中产生的经济关系。宏观经济管理和微观经济管理关系在法律调整实践中是交织在一起的。

（二）维护公平竞争关系

市场竞争是市场运行的动力和市场经济存在的前提。市场主体为争取有利的生产和销售条件，在价格、服务等方面无时无刻都在竞争，并由民商法进行日常的、经常性的调整。但市场竞争也天然具有限制竞争和损害竞争的倾向，但竞争与垄断、正当竞争与不正当竞争，是相伴随而产生的一对孪生兄妹。例如，在竞争中的优势地位者会利用其实力，有意或无意地迫使交易对手接受其交易条件，或单方面实施某种行为而损害中小业主和消费者的利益。因此，在竞争执法机关采取相关措施或当事人依照竞争法发动争议，或者某种民事行为或状态为法律明文禁止的情况下，就产生了经济法调整的竞争关系，即维护公平竞争关系。

（三）组织管理性的流转和协作关系

在市场经济条件下，国家对经济的参与，将由直接的行政命令和行政指挥转向公开市场操作和间接干预，直接体现国家意志而具有组织管理性的流转和协作关系。主要表现为：国家通过政府机构或设立企业、委托代理人直接参与经济活动或经济关系，如进行招标、订货、信贷、担保等活动时发生的合同关系等及平等的国家机关或财政主体之间的经济协作关系。如苏沪津等沿海发达省市与西部新疆、广西、云南等省区的政府签订经济合作协议，进行对口协作。

本书的基本体系主要以“全国高等院校应用型人才培养规划—经管类专业经济法教学大纲”为依据，这一体系内容不仅不可能完全依照经济法的体系内容编写，而且也不可能仅局限于经济法的体系范围，有些章节还要涉及民商法的有关法律制度。

[**问题讨论**] 享有经济职权的经济法主体是（　　）。

A. 企业　　B. 事业单位　　C. 社会团体　　D. 国家机关

第二节　经济法律关系

一、经济法律关系的概念

法律关系是指法律规范在调整人们行为过程中形成的权利义务关系。如企业与职工依法订立劳动合同后，就构成了双方的劳动法律关系。法律关系由法律关系主体、法律关系内容（权利、义务）和法律关系客体三要素构成。

经济法律关系是经济关系被经济法律规范确认和调整之后所形成的权利和义务关系，即经济法主体根据经济法律规范产生的、经济法主体之间在国家管理与协调经济过程中形成的权利与义务关系。

二、经济法律关系的要素

[**问题讨论**] 经济法律关系发生、变更和消灭的直接原因是（　　）。

A. 法律规范　　B. 法律事实　　C. 法律行为　　D. 法律事件

（一）经济法律关系的主体

经济法律关系的主体是指在经济法律关系中享有一定权利、承担一定义务的当事人或参加者。享受经济权利的一方称为权利主体，承担经济义务的一方称为义务主体。当双方当事人在许多情况下既享受经济权利又承担经济义务。

根据主体在经济运行中的客观形态划分，经济法主体可分为以下几类：

1. 国家机关

国家机关是指行使国家职能的各种机关的统称，包括国家权力机关、国家行政机关、国家司法机关等。

2. 企业

企业是指依法设立的，以营利为目的从事生产、流通和服务等经营活动的经济组织，包括各类法人企业、公司及其他非法人企业。

3. 事业单位

事业单位是由国家财政预算拨款或其他资金来源设立的，不以营利为目的的从事文化、教育、科研、卫生等事业的单位，如学校、医院、科研所等。

4. 社会团体

社会团体是指由公民或组织依法自愿组成的从事公益事业、党团事务、行业管理和服务等社会活动的社会组织，如党团组织、妇联、行业性、职业性协会及公益性、学术性团体等。

5. 个体工商户、农村承包经营户

个体工商户是指公民在法律允许的范围内，依法经核准登记，以营利为目的从事工商业经营的个体经济。农村承包经营户是指农村集体经济组织的成员，在法律允许的范围内，按照承包合同规定从事商品经营的形式。

6. 公民

公民个人也是重要的经济法律关系参加者，其参加的经济法律关系主要是税收、工商管理、竞争法律关系等。例如，公民依法向税务机关缴纳个人所得税时，即是税收法律关系的主体。

（二）经济法律关系的内容

经济法律关系的内容是指经济法主体享有的经济权利和承担的经济义务。它是经济法律关系的核心，是联结经济法主体之间及主体与客体之间的桥梁，直接体现了经济法主体的利益和要求。

1. 权利

权利是指经济法主体依法能够作为或不作为一定行为以及要求他人作为或不作为一定行为的资格，包括经济职权、物权、法人财产权、债权、知识产权等。

2. 义务

义务是指经济法主体依据法律规定或为满足权利主体的要求，必须作为或不作为一定行为的责任。经济义务有以下几个方面的含义：①义务主体必须作为或不作为一定行为，以满足权利主体的利益需要；②义务主体只承担法定范围内的义务，超过法定范围，义务主体则不受限制；③义务主体如不依法履行经济义务，则应承担相应的法律责任。

3. 权利与义务相依而存，具有相对性、对等性

在法律关系中，一个主体享有权利，必定以其他经济法主体负有一定义务为前提，没有对应的义务主体时，权利主体的权利便没有保障，其权利是不可能实现的。此外，权利与义务具有对等性，没有无权利的义务，也没有无义务的权利。权利与义务是统一的，不允许只享有权利而不承担义务，也不能只承担义务而不享有权利。

（三）经济法律关系的客体

经济法律关系客体是指经济法主体权利和义务所指向的对象。根据我国经济法律法规的有关规定，经济法律关系的客体包括物、精神产品和经济行为。

1. 物

法律意义上的物是指由法律关系主体支配的、在生产上和生活上所需要的客观实体。物要成为法律关系客体，须具备以下条件：第一，应得到法律之认可；第二，应为人类所认识和控制；第三，能够给人们带来某种物质利益，具有经济价值；第四，须具有独立性。并非所有的物都可以充当经济法律关系的客体，只有与经济法主体权利和义务相联系的物才符合经济法律关系客体的要求。

2. 精神产品

精神产品是指人通过某种物体或大脑记载下来并加以流传的思维成果。精神产品属于非物质财富，包括智力成果、道德产品和经济信息等。智力成果是指经济法主体从事智力劳动所创造取得的成果，如科学发明、技术成果、艺术创作成果、学术论著等。其法律表现形式主要有商标、发明、文学、艺术和科学作品等。道德产品是指人们在各种社会活动中取得的非物化的道德价值，如荣誉称号、嘉奖表彰等。经济信息是指反映社会经济活动发生、变化等情况的各种消息、数据、情报和资料等的总称。

3. 经济行为

经济行为是指经济法主体为达到一定经济目的，实现其权利和义务所进行的经济活动，包括经济管理行为、完成工作行为和提供劳务行为等。经济管理行为是经济法主体行使经济管理权或经营管理权所指向的行为，如经济决策行为、经济命令行为等。完成工作行为是指经济法主体的一方利用自己的资金和技术设备为对方完成一定的工作任务，而对方根据完成工作的数量和质量支付一定报酬的行为。提供劳务行为是指为对方提供一定劳务或服务满足对方的需要而由对方支付一定报酬的行为。

（四）经济法律关系的产生、变更与消灭

1. 经济法律关系的产生、变更与消灭的条件

经济法律关系是指根据经济法律规范在经济法主体间形成的权利与义务的关系。

它的形成、变更和消灭需要具备一定的条件。其中最主要的条件有两个：一是法律规范；二是法律事实。法律规范是法律关系形成、变更和消灭的依据，没有法律规范就不会有相应的法律关系。但经济法律规范本身并不能必然在经济法主体之间形成权利与义务关系，它规定的只是主体权利和义务关系的一般模式，还不是现实的法律关系本身。法律关系的形成、变更和消灭还必须具备直接的前提条件，即法律事实。它是法律规范与法律关系联系的中介。

2. 法律事实的种类

法律事实是指能够引起法律关系产生、变更或消灭的各种事实的总称。法律事实与一般意义上的事实有重要区别。首先，法律事实是一种规范性事实。它是法律规范社会的产物，没有法律就不会有法律事实。其次，法律事实是一种能用证据证明的事实。这意味着法律事实不仅是客观事实，而且它还应是能用证据证明的客观事实。许多事实也许是客观存在的，但由于事过境迁拿不出证据证明，对这样的事实就不能认定为法律事实（法律明确规定可以推定的除外）。最后，法律事实是一种具有法律意义的事实。如果事实没有对法律产生任何影响就不能称为法律事实。法律事实有以下种类：

（1）事件

事件是指与当事人意志无关的，能够引起法律关系形成、变更或消灭的事实，包括自然事件和社会事件两种。前者如人的生老病死、自然灾害等，后者如社会革命、战争等。这两种事件对于特定的法律关系主体而言，都不可避免，是不以其意志为转移的。

（2）行为

行为是指与当事人意志有关，能够引起法律关系产生、变更或消灭的作为和不作为。行为一旦做出，也是一种事实。它与事件的不同之处在于当事人的主观因素成为引发此种事实的原因。因此，当事人既无故意又无过失，而是由于不可抗力或不可预见的原因而引起的某种法律后果的活动，在法律上不被视为行为，而被归入意外事件。法律上所说的行为，仅指与当事人意志有关且能够引起法律关系后果的那些行为。按其性质不同，可分为合法行为和违法行为。这两种行为都可以引起经济法律关系的产生、变更和消灭。

[问题提示] 法律事实是法律关系发生、变更和消灭的直接原因；经济法律事实包括行为和事件两类。其中，行为包括合法行为和违法行为；事件包括绝对事件（自然现象）和相对事件（社会现象）。

第三节 代理

[**案例讨论**] 肖某受单位委派到某国考察，胡某听说后委托肖某代买一种该国产的名贵药材。肖某在考察归来后将所买的价值6 500元的药送至胡某家中。但胡某的儿子告诉肖某，其父已于不久前去世。这药本来就是给父亲治病的，现在父亲已去世，药也就不需要了，请肖某自己处理。肖某听后非常生气，认为不管胡某是否活着，这药胡家都应该收下。

问：(1) 肖某的行为的法律后果到底应由谁来承担？

(2) 药是否应由王家出钱买下？为什么？

一、代理的概念

代理是指代理人在代理权限内，以被代理人的名义与第三人实施民事法律行为。由此产生的法律后果直接由被代理人承担的法律制度。代理关系的主体包括被代理人（或称本人）、代理人和第三人（相对人）。被代理人是指在设定、变更或终止民事权利义务关系时需要得到别人帮助的人；代理人是指能够给予被代理人帮助，代替他实施意思表示或者受领意思表示的人；第三人是指与代理人实施法律行为的人。

代理制度是随着商品经济、市场经济的发展而产生和发展的重要民事法律制度，它充分地弥补和扩充了民事主体的民事行为能力，具有重要的意义。一方面，根据民事主体制度的规定，无民事行为能力人，不能独立实施民事法律行为；限制民事行为能力人，不能独立实施超出其行能力范围的民事法律行为。代理制度的建立，保护了这两类意思能力不足的人，使其通过代理人亦能实施民事法律行为。另一方面，对于完全民事行为能力人，虽然能独立实施民事法律行为，但是因为在时间上、体力上、业务能力及地域上往往受到诸多限制，不可能事必躬亲，代理制度扩张了民事主体的行为能力，满足了社会的需要。

二、代理的特征

(一) 代理人必须以被代理人的名义进行代理行为

这是因为代理的法律后果由被代理人承受，而非归属与代理人。非以被代理人名义而是以自己的名义代替他人实施的法律行为不属于代理行为，如行纪、寄售等受托处分财产的行为。

(二) 代理人在代理权限范围内独立实施代理行为

代理人根据代理权进行代理活动，因此代理人应在代理权限内实施代理行为。委托代理应根据被代理人的授权进行代理；法定代理和指定代理也应在法律规定或指定的权限范围内进行代理行为，这是由代理关系的本质属性所决定的。代理人不能擅自变更或扩大代理权限。

代理人实施代理行为时有独立进行意思表示的权利，代理人在代理的权限内可以根据代理活动的具体情况进行相应的意思表示，如决定如何向相对人进行意思表示或者决定是否接受相对人的意思表示，这样才能权衡利弊得失，争取在对被代理人最有利的情况下完成代理事务，以维护被代理人的利益。代理的这一特征，使代理人与居间人、传达人区别开来。

（三）代理行为所产生的法律效果直接由被代理人承担

代理是被代理人经由代理人进行的民事法律行为，是为了设定本人自己的民事权利并负担民事义务。所以，代理人与第三人进行的一切民事法律行为所产生的民事权利义务，直接归属于被代理人，即由被代理人与第三人发生法律关系。即使是由于代理人的过失而造成的不利后果，被代理人也必须承受下来。如果代理人所进行的民事行为是无效的，请求人民法院撤销的权利也属于被代理人。

三、代理的适用范围

代理适用于民事主体之间设立、变更和终止权利义务的法律行为。代理可适用于代理民事行为，如代理签订买卖、承揽、租赁等各种合同；代理诉讼行为或某些行政行为，如代理追诉财物或债权，代理向主管机关申请专利、进行商标登记等。但依照法律规定、当事人约定或依民事法律行为的性质应当由本人亲自实施的法律行为不能通过代理人进行。例如：根据出版或上演合同的特别约定，撰稿人或表演人必须亲自进行的行为，不适用代理；和人身密切联系的婚姻登记、立遗嘱也不适用代理。

四、代理的分类

（一）委托代理

委托代理是指基于被代理人的委托而发生的代理关系。委托代理一般产生于代理人与被代理人之间存在的基础法律关系之上。例如：根据委托合同关系，委托人（被代理人）依约授予受托人（代理人）以代理权；根据合伙合同关系，合伙人依约相互授予代理权；根据劳动合同，企业授予售货、采购等工作人员代理权等。在这些基础法律关系上所发生的代理均属于委托代理的范围。由此可见，委托（委任）关系是代理的内部关系，是代理产生的前提，而代理关系则是委托关系的外部表现。

委托授权行为，可以用书面形式，也可以用口头形式。法律规定用书面形式的，则应当用书面形式。但一般金额较大的重要民事代理以采用书面形式为宜，否则容易发生纠纷。

（二）法定代理

法定代理是指根据法律的直接规定而发生的代理关系。法定代理主要是为无民事行为能力人或限制民事行为能力人设立代理人的方式。这是因为他们没有民事行为能力，不能为自己委托代理人，法律必须对他们的代理人做出规定，从而就产生了法定代理。

（三）指定代理

指定代理是指根据人民法院和有关单位的指定而发生的代理关系。在没有法定代理人的情况下，由人民法院在有关人员中指定代理人。被监护人的亲属、朋友因故对担任监护人发生争议时，由无民事行为能力人或限制民事行为能力人的父母所在单位或本人所在单位或其住所地的居民委员会、村民委员会在其近亲属中指定。对指定不服提起诉讼的，由人民法院裁决。指定代理中的代理人，其代理权亦来自法定，所指定者，无非具体担当代理职责之人而已。因此，本质上指定代理也属于法定代理。

五、无权代理

（一）无权代理的概念

无权代理是指行为人不具有代理权而以被代理人的名义与第三人进行民事活动。无权代理主要有三种形式：①没有代理权的行为；②超越代理权的行为；③代理权终止后实施的代理。

（二）无权代理的法律后果

无权代理行为只有经过被代理人的追认，被代理人才承担民事责任。未经追认的行为，由行为人承担民事责任。

无权代理行为对被代理人不发生法律效力。但是，如果被代理人认为无权代理行为符合自己愿望或利益时，则有权追认。经被代理人追认以后，该项代理行为便对被代理人发生法律效力。可见，无权代理行为是效力未定的民事行为，其是否有效决定于被代理人是否予以追认。被代理人的追认具有溯及力，一经追认，其代理关系即被认为自始有效。

无权代理行为的相对人在被代理人对无权代理行为做出追认之前，亦应享有催告权。相对人可以催告被代理人自收到通知之日起一个月内予以追认。被代理人未做表示的，视为拒绝追认。行为人实施的行为被追认前，善意相对人有撤销的权利。撤销应当以通知的方式做出；当相对人知道或者应当知道代理人无权代理即相对人恶意时，相对人无撤销权。

行为人实施的行为未被追认的，善意相对人有权请求行为人履行债务或者就其受到的损害请求行为人赔偿，但是赔偿的范围不得超过被代理人追认时相对人所能获得的利益。

相对人知道或者应当知道行为人无权代理的，相对人和行为人按照各自的过错承担责任。

六、表见代理

（一）表见代理的概念

表见代理是指代理人虽无代理权，但善意第三人在客观上有理由相信其有代理权，从而与其发生民事行为。该项法律行为的效果直接归属于被代理人的法律制度。

（二）表见代理的构成要件

1. 以被代理人名义为民事法律行为

以被代理人名义为民事行为包括以被代理人名义实施意思表示或受领意思表示。因为如果不是以被代理人名义为民事法律行为，纵有为被代理人计算的意思，也只能适用无因管理或隐名代理的规定。表见代理只适用于显名代理。

2. 行为人无代理权

代理人如果有代理权，属于有权代理，不发生无权代理问题。所谓无代理权是指在进行代理行为时无代理权或对于所实施的行为无代理权。

3. 客观上须有使第三人相信代理人有代理权的情形

无权代理人有被授予代理权的假象，或者说存在所谓的“外表授权”，在客观上使第三人相信其有代理权。外表授权主要有以下三种情况：①本人以自己的行为向第三人表示，以代理权授予他人，但实际上并未授权，这被称为授权事实表示的表见代理；②无权代理人以前曾经被授予过代理权，但实施代理行为时代理权已经被终止，这是代理权消灭后的表见代理；③代理人实施代理行为时有代理权，但所实施行为的范围超越代理权限，这被称为越权的表见代理。

4. 第三人须为善意且无过失

所谓善意且无过失，是指第三人不知无权代理人的代理行为欠缺代理权，而且第三人的这种不知情不能归咎于他的疏忽或懈怠。这是表见代理的主观要件。如果相对人已知或应知代理人无权代理，或者由于自己的过失疏忽而不知代理人为无权代理，则不构成表见代理，本人对此概不承担责任。

（三）表见代理之效果

表见代理之效果之一是发生有权代理的效果。本人对行为人表见代理的效果按有权代理承受。表见代理之效果之二是相对人对于表见代理享有选择权，既可以按狭义无权代理，享有撤销权，也可以按表见代理，接受与本人的民事法律行为，与本人之间发生权利和义务关系。

[案例提示]（1）肖某购买名贵药材是受胡某的委托才进行的，其行为属于民事代理，而且是在代理权限内实施的民事法律行为。

（2）依照《〈民法通则〉若干问题的意见》的规定，当被代理人死亡后，代理人由于不知道被代理人死亡而为的民事法律行为仍然有效。即代理人因实施代理行为所取得的后果应由被代理人的继承人受领，由此所产生的债务作为被代理人的债务，以被代理人的遗产或者其继承人或受遗赠人来承担。

第四节　经济法的实施

经济法的实施是指经济法主体使经济法律规范在社会生活中获得实现的活动，即贯彻执行经济法律法规。经济法的实施将经济法律规范的要求转化为经济法主体的行为，使经济法律法规得到严格遵守，经济权利得以正确行使，经济义务得以切实履行，经济违法行为得到应有的制裁。

一、违反经济法的法律责任

[**案例讨论**] 四川甲公司和贵州乙公司签订了一份合同，合同约定："因本合同发生争议，提交西南地区的仲裁委员会进行仲裁。"合同在履行过程中发生争议，甲公司向贵阳市仲裁委员会申请仲裁，乙公司则向甲公司所在地的成都市锦江区人民法院提起诉讼。该法院立案受理后，甲公司对该院管辖权提出异议。

问：这种情况下，该法院应当如何处理？

（一）法律责任的概念

法律责任是指因违反了法定义务或契约义务，或不当行使法律权利所产生的，由行为人承担的不利后果。违反经济法的法律责任，即是经济法责任，是经济法主体因实施了违反经济法律法规的行为而应承担的法律后果。

（二）违反经济法法律责任的形式

1. 民事责任

民事责任是指经济法主体违反经济法律法规给对方造成损害时依法应承担的民事法律后果。承担民事责任的方式主要有：停止侵害；排除妨碍；消除危险；返还财产；恢复原状；修理、重作、更换；赔偿损失；支付违约金；消除影响、恢复名誉；赔偿道歉。

2. 行政责任

行政责任是指经济法主体违反经济法律法规依法应承担的行政法律后果，包括行政处罚、行政处分、行政补偿和行政赔偿等。行政处罚的种类包括：警告；罚款；没收违法所得、没收非法财物；责令停产停业；暂扣或者吊销许可证、暂扣或者吊销执照；行政拘留；法律、行政法规规定的其他行政处罚。行政处分的种类包括：警告；记过；记大过；降级；撤职；开除行政处分。

3. 刑事责任

刑事责任是指经济法主体违反经济法律法规构成犯罪依法应承担的刑事法律后果。依《刑法》规定，刑罚分为主刑和附加刑。主刑的种类包括：管制、拘役、有期徒刑、无期徒刑、死刑。

附加刑的种类包括：罚金、剥夺政治权利、没收财产。附加刑也可以独立适用。对犯罪的外国人可以独立适用或附加适用驱逐出境。法律规定为单位犯罪的，单位应当负刑事责任，对单位判处罚金，并对直接负责的主管人员和其他直接责任人员判处刑罚。

二、经济纠纷的解决途径

经济纠纷是指经济法主体在经济管理与经济活动中产生的权益争议。解决经济纠纷的途径主要有当事人协商、调解、仲裁、行政复议和诉讼。

（一）仲裁

仲裁是指争议双方在争议发生前或争议发生后达成协议，自愿将争议交给第三者做出裁决的准司法方式。

1. 仲裁的基本原则

（1）自愿原则。自愿原则是仲裁制度的基本特点和原则，当事人采用仲裁方式解决纠纷，应当双方自愿，达成仲裁协议。没有仲裁协议，一方申请仲裁的，仲裁委员会不予受理。我国仲裁机构无权主动提起案件，即使当事人已达成仲裁协议，也要由一方当事人自愿向仲裁机构书面提出申请仲裁，仲裁机构才可依法予以受理。

（2）依据事实、符合法律规定、公平合理地解决纠纷的原则。仲裁机构是基于当事人的信任，居中解决经济纠纷的。因此，为了充分保护当事人的合法权益，仲裁机构应以客观案情为依据，在查证确认双方当事人应负的法律责任的基础上，以国家法律和行政法规为衡量尺度，公平、合理地解决纠纷。

（3）仲裁依法独立进行的原则。仲裁依法独立进行，不受行政机关、社会团体和个人的干涉。仲裁委员会独立于行政机关，与行政机关没有隶属关系。仲裁委员会之间也没有隶属关系。中国仲裁协会根据章程对仲裁委员会及其组成人员、仲裁员的违纪行为进行监督；法院对仲裁机构的活动及裁决依法进行必要的监督。

（4）先行调解原则。仲裁庭在做出裁决前，可以先行调解。当事人自愿调解的，仲裁庭应当调解；调解不成的，应当及时做出裁决。

（5）一裁终局原则。经济仲裁实行一裁终局的制度，裁决做出后，当事人应当履行裁决。当事人就同一纠纷再申请仲裁或者向人民法院起诉的，仲裁委员会或人民法院不予受理。裁决被人民法院依法裁定撤销或者不予执行的，当事人就该纠纷可以根据双方重新达成的仲裁协议申请仲裁，也可以向人民法院起诉。

2.《仲裁法》的适用范围

《仲裁法》规定：平等主体的公民、法人和其他组织之间发生的合同纠纷和其他财产权益纠纷，可以仲裁。但与人身有关的婚姻、收养、监护、抚养、继承纠纷不能仲裁；依法应当由行政机关处理的行政争议不能仲裁。此外，劳动争议和农业集体经济组织内部的农业承包合同纠纷不同于一般的经济纠纷，其解决纠纷的原则、程序应适用专门的规定，因此《仲裁法》不适用于解决这两类纠纷。

3. 仲裁协议

仲裁协议是指当事人双方在自愿的基础上达成的、将已经发生或将来可能发生的一定法律关系的争议提交仲裁，并服从仲裁约束力的一种协议。仲裁是在双方当事人自愿、充分协商并达成一致意见的基础上依法订立的。仲裁协议应包括下列内容：①请求仲裁的意思表示；②仲裁事项；③选定的仲裁委员会。双方当事人在仲裁协议中可以选定任一仲裁委员会进行仲裁，不受当事人住所及合同履行地、签订地、财产所在地等的限制。仲裁协议对仲裁事项或者仲裁委员会没有约定或约定不明确的，当事人可以补充协议；达不成补充协议的，仲裁协议无效。

《仲裁法》规定，仲裁协议应采取书面形式，或在合同中订立仲裁条款，或以其他书面方式达成仲裁协议。仲裁协议可以是当事人在纠纷发生前达成的，也可以是当事人在纠纷发生后达成的。

有下列情形之一的，仲裁协议无效：①约定的仲裁事项超出法律规定的仲裁范围的；②无民事行为能力人或者限制民事行为能力人订立的仲裁协议；③一方采取胁迫手段，迫使对方订立仲裁协议的。

当事人对仲裁协议的效力有异议的，可以请求仲裁委员会做出决定或者请求人民法院做出裁定。一方请求仲裁委员会做出决定，另一方请求人民法院做出裁定的，由人民法院裁定。当事人对仲裁协议的效力有异议，应当在仲裁庭首次开庭前提出。

1. 仲裁程序

仲裁委员会应当由当事人协议选定。仲裁不实行级别管辖和地域管辖。

（1）申请仲裁和受理。申请仲裁应当符合下列条件：①有仲裁协议；②有具体的仲裁请求和事实、理由；③属于仲裁委员会的受理范围。

（2）仲裁庭的组成。仲裁庭可以由 3 名仲裁员或者 1 名仲裁员组成。由 3 名仲裁员组成的，设首席仲裁员，并应当由当事人各自选定或者各自委托仲裁委员会主任指定一名仲裁员，第三名仲裁员由当事人共同选定或者共同委托仲裁委员会主任指定。第三名仲裁员是首席仲裁员。当事人约定由一名仲裁员成立仲裁庭的，应当由当事人共同选定或者共同委托仲裁委员会主任指定仲裁员。当事人没有在仲裁规则规定的期限内约定仲裁庭的组成方式或者选定仲裁员的，由仲裁委员会主任指定。

（3）开庭和裁决。仲裁应当开庭进行，当事人协议不开庭的，仲裁庭可以根据仲裁申请书、答辩书以及其他材料做出裁决。仲裁一般不公开进行，当事人协议公开的，可以公开进行，但涉及国家秘密的除外。在仲裁过程中，当事人有义务对自己的主张提供证据（仲裁庭只有在认为有必要收集证据时才自行收集）。同时，当事人有权进行辩论。

仲裁庭应在事实清楚的基础上，及时裁决。仲裁庭仲裁纠纷时，其中一部分事实已经清楚的，可以就该部分先行裁决。仲裁裁决评议，实行少数服从多数的原则，但如果仲裁庭不能形成多数意见时，裁决应当按照首席仲裁员的意见做出。

（4）仲裁效力。我国仲裁实行一次裁决终局制，裁决书经仲裁机构做出之日起即发生法律效力，当事人应当履行裁决。一方当事人不履行仲裁裁决的，仲裁机构无权强制执行，只能由另一方当事人依照民事诉讼法的有关规定向人民法院申请执行，受申请的人民法院应当执行。

当事人有申请撤销裁决的权利。即当事人能提出证据证明裁决有下列情形之一的，可以自收到裁决书之日起6个月内，向仲裁委员会所在地的中级人民法院申请撤销裁决。①没有仲裁协议的；②裁决的事项不属于仲裁协议的范围或者仲裁委员会无权仲裁的；③仲裁庭的组成或者仲裁的程序违反法定程序的；④裁决所依据的证据是伪造的；⑤对方当事人隐瞒了足以影响公正裁决的证据的；⑥仲裁员在仲裁该案时有索贿受贿、徇私舞弊、枉法裁决行为的。

[**案例提示**] 该仲裁协议所选定的仲裁委员会为数个，可视为对仲裁委员会约定不明确，因此该仲裁协议无效。

（二）经济诉讼

[**问题讨论**] 根据《仲裁法》和《民事诉讼法》的规定，下列各项中，表述正确的有（　　）。

A. 仲裁不公开进行，诉讼一般应公开进行

B. 仲裁不实行回避制度，诉讼则实行回避制度

C. 仲裁实行一裁终局制度，而诉讼则实行两审终审制度

D. 仲裁须由双方自愿达成仲裁协议才可进行，而诉讼只要有一方当事人起诉即可进行

经济诉讼是指人民法院在双方当事人及其他诉讼参与人的参加下，审理和解决经济纠纷案件的活动以及由于这些活动形成的各种诉讼法律关系的总称。

通过诉讼予以解决当事人之间存有的争议称为诉讼标的，经济诉讼是以经济纠纷为诉讼标的的诉讼。经济纠纷是指因经济法律法规调整的经济关系而产生的纠纷，其范围非常宽泛。按纠纷涉及的内容不同，可分为经济合同纠纷，技术合同纠纷，工业产权纠纷，票据纠纷，经济损害赔偿纠纷，企业承包、租赁及联营纠纷，农村承包经营纠纷，企业法人破产还债纠纷，海事、海商经济纠纷及其他依法可向人民法院提起诉讼的经济纠纷。

经济诉讼以经济纠纷为诉讼标的，这是经济诉讼与刑事诉讼、行政诉讼、民事诉讼相区别的显著标志。刑事诉讼以犯罪行为为诉讼标的，行政诉讼以行政纠纷为诉讼标的，民事诉讼以民事纠纷为诉讼标的，这些诉讼标的都不同于经济诉讼的诉讼标的。我国的刑事诉讼、行政诉讼、民事诉讼都有相应的诉讼法律，即刑事诉讼法、行政诉讼法、民事诉讼法。目前，我国经济诉讼适用民事诉讼法中的有关规定。

1. 诉讼参加人

诉讼参加人是指参加民事诉讼的当事人和诉讼代理人。当事人是指公民、法人或其他组织因经济权益发生争议或受到损害，以自己的名义进行诉讼，并受人民法院调解或裁判约束的利害关系人。当事人包括原告、被告、共同诉讼人和第三人。

2. 诉讼管辖

经济诉讼的管辖是指在上下级人民法院之间和同级人民法院之间受理第一审经济纠纷案件的分工和权限。基于管辖的规定而产生的具体的人民法院审理经济纠纷的权限称为管辖。

（1）级别管辖。级别管辖是指上下级人民法院之间受理第一审经济纠纷案件的分工和权限。它体现人民法院之间管辖的纵向分工。我国目前的人民法院体系分为四级，即最高人民法院、高级人民法院、中级人民法院和基层人民法院。此外，还有按行业建立的专门人民法院即军事法院、铁路运输法院和海事法院。按此划分，基层人民法院原则上管辖第一审经济纠纷，中级人民法院管辖重大涉外案件、在本辖区内有重大影响的第一审经济纠纷案件和最高人民法院确定由中级人民法院管辖的经济纠纷案件；高级人民法院管辖在本辖区内有重大影响的第一审经济纠纷案件；最高人民法院管辖在全国有重大影响的经济纠纷案件和认为应当由本院审理的经济纠纷案件。

（2）地域管辖。地域管辖是指同级人民法院之间受理第一审经济纠纷案件的分工和权限。它体现人民法院之间管辖的横向分工。地域管辖又可分为一般地域管辖、特殊地域管辖、专属管辖、协议管辖、共同管辖和选择管辖。

一般地域管辖是指以当事人住所地确定行使管辖权的法院。一般地域管辖实行“原告就被告”的原则，即原告应向被告住所地人民法院提起诉讼，同一诉讼的几个被告住所地在两个以上人民法院辖区的，各人民法院都有管辖权，原告可以选择其中一个法院起诉。

特殊地域管辖是指根据被告住所地及诉讼标的或者引起法律关系的产生、变更、消灭的法律事实所在地确定有管辖权的人民法院。根据《民事诉讼法》的规定，有以下几种诉讼适用特殊地域管辖：①因合同纠纷提起的诉讼，由被告住所地或合同履行地人民法院管辖；②保险合同纠纷提起的诉讼，由被告住所地或保险标的物所在地人民法院管辖；③因票据纠纷提起的诉讼，由票据支付地或被告住所地人民法院管辖；④因公司设立、确认股东资格、分配利润、解散等纠纷提起的诉讼，由公司住所地人民法院管辖；⑤因铁路、公路、水上、航空或联合运输合同纠纷提起的诉讼，由运输始发地、目的地或被告住所地人民法院管辖；⑥因侵权行为引起的诉讼，由侵权行为地或被告住所地人民法院管辖；⑦因铁路、公路、水上和航空事故请求损害赔偿提起的诉讼，由事故发生地或车辆、船舶最先到达地，航空器最先降落地或被告住所地人民法院管辖；⑧因船舶碰撞或其他海损事故请求损害赔偿提起的诉讼，由碰撞发生地、碰撞船舶最先到达地、加害船舶被扣留地或者被告住所地人民法院管辖；⑨因海难救助费用提起的诉讼，由救助地或被救助船舶最先到达地人民法院管辖；⑩因共同海损提起的诉讼，由船舶最先到达地、共同海损理赔地或者航程终止地人民法院管辖。

[问题提示] 根据相关法律的规定，仲裁和诉讼都实行回避制度。

3. 诉讼时效

[案例讨论] 甲向乙借了4 000元钱，约定2010年1月1日还，因甲到期未还，乙于2011年2月3日向甲写了一封信催促还款，甲于2011年2月10日收到这封信。

问：这项债务的诉讼时效自何时中止或中断？

(1) 诉讼时效的概念

诉讼时效是指民事诉讼中权利人请求人民法院保护自己的合法民事权益的法定期限。超过了诉讼时效，虽可提起诉讼，但所主张的权利则不受法律保护。我国的诉讼时效有以下特点：①诉讼时效以权利人不行使法定权利的事实状态的存在为前提。②诉讼时效届满消灭的是胜诉权，并不消灭实体权利。时效届满后，当事人自愿履行义务的，不受诉讼时效限制。义务人履行了义务后，又以超过诉讼时效为由反悔的，法律不予支持。③诉讼时效具有普遍性和强制性，除法律规定外，当事人均应普遍适用，不得做任何变更。

(2) 诉讼时效期间

诉讼时效期间是指权利人请求人民法院保护其民事权利的法定期间。向人民法院请求保护民事权利的诉讼时效期间为3年。法律另有规定的，依照其规定。诉讼时效期间自权利人知道或者应当知道权利受到损害以及义务人之日起计算。法律另有规定的，依照其规定。但是自权利受到损害之日起超过20年的，人民法院不予保护；有特殊情况的，人民法院可以根据权利人的申请决定延长诉讼时效期间。

诉讼时效分为一般诉讼时效和特殊诉讼时效。一般诉讼时效是在一般情况下普遍适用的诉讼时效。一般诉讼时效为3年。特殊诉讼时效是针对某些特殊的民事法律关系所规定的时效期间。《民法通则》第一百三十六条规定了特殊诉讼时效期间为1年的四种情况：身体受到伤害请求赔偿的；出售质量不合格的商品未声明的；延付或拒付租金的；寄存财物被丢失或者损毁的。我国《合同法》第一百二十九条规定，国际货物买卖合同和技术进出口合同争议提起诉讼或者申请仲裁的期限为4年，自当事人知道或者应当知道其权利受到侵害之日起计算。

(3) 诉讼时效的中止、中断与延长

诉讼时效中止，又称为时效的暂停，是指在诉讼时效进行期间，因发生法定事由阻碍权利人行使请求权，诉讼依法暂时停止进行，并在法定事由消失之日起继续进行的情况。《民法总则》第一百九十四条规定："在诉讼时效期间的最后六个月内，因下列障碍，不能行使请求权的，诉讼时效中止：(一) 不可抗力；(二) 无民事行为能力人或者限制民事行为能力人没有法定代理人，或者法定代理人死亡、丧失民事行为能力、丧失代理权；（三）继承开始后未确定继承人或者遗产管理人；（四）权利人被义务人或者其他人控制；（五）其他导致权利人不能行使请求权的障碍。自中止时效的原因消除之日起满六个月，诉讼时效期间届满。”

诉讼时效中断是指已开始的诉讼时效因发生法定事由不再进行，并使已经经过的时效期间丧失效力。我国《民法总则》第一百九十五条确认了诉讼时效中断的情况和事由：有下列情形之一的，诉讼时效中断，从中断、有关程序终结时起，诉讼时效期间重新计算：①权利人向义务人提出履行请求；②义务人同意履行义务；③权利人提起诉讼或者申请仲裁；④与提起诉讼或者申请仲裁具有同等效力的其他情形。

诉讼时效的目的是促使权利人行使请求权，消除权利、义务关系的不稳定状态，从而诉讼时效进行的条件是权利人不行使权利。如果当事人通过实施这些行为，使权利、义务关系重新明确，则诉讼时效已无继续计算的意义，当然应予以中断。

诉讼时效延长是指人民法院查明权利人在诉讼时效期间确有法律规定之外有正当理由而未行使请求权的，应适当延长已完成的诉讼时效期间。诉讼时效延长是发生在诉讼时效届满之后，而不是在诉讼时效过程中；能够引起诉讼时效延长的事由，是由人民法院认定的；延长的期间，也是由人民法院依客观情况予以掌握。

根据《民法通则》的立法精神和司法机关的有关规定，普通诉讼时效和特殊诉讼时效，均适用中止、中断和延长。而最长诉讼时效则仅适用延长的规定，却不适用中止和中断。

（4）不适用诉讼时效期间的情形

《民法总则》第一百九十六条规定，下列请求权不适用诉讼时效的规定：①请求停止侵害、排除妨碍、消除危险；②不动产物权和登记的动产物权的权利人请求返还财产；③请求支付抚养费、赡养费或者扶养费；④依法不适用诉讼时效的其他请求权。

［案例提示］诉讼时效因权利人请求而发生中断的，诉讼时效应当从请求行为做出时，发生中断。

本章思考题

1. 经济法调整的对象是什么？
2. 经济法律关系的主体、客体和内容包括哪些？
3. 法律事实的种类包括哪些？
4. 什么是代理？代理有哪些特征？
5. 无权代理和表见代理的区别？
6. 仲裁协议的效力？仲裁协议无效的情形包括哪些？

案例讨论

2007年12月，李某所在单位决定派他到加拿大学习两年，因办理出国手续钱不够用，遂向朋友张某借款3万元，并立字据约定李某在出国前将钱还清。但李某直到2008年7月27日出国，都一直没有还钱。此前张某虽然经常来看望李某，但也对钱的事只字未提。李某在国外两年与张某也有过联系，但都没有说钱的事。2011年8月，李某回国。2011年10月，张某因买房急需用钱，找到李某，李某当即表示，全部钱款月底还清，并在原来的字据上对此做了注明。11月5日，当张某再次来找李某要钱时，李某却称，他的一个律师朋友说他们之间的债务已超过两年的诉讼时效，可以不用还了。张某气愤至极，第二天就向法院提起了诉讼，要求李某偿还3万元的本金和利息。

1. 李某对王某债务的诉讼时效实际上是否已经届满?
2. 李某2011年10月在字据上对月底还钱做注明的行为有何种效力?
3. 张某能否通过诉讼要回李某所欠的钱?

第二章　公司法律制度

内容提示

本章主要分析和介绍公司的概念、特征及作用，有限责任公司、股份有限公司的设立、变更与终止，公司的组织机构，公司资本、股权转让以及法律责任。

相关法规

1.《中华人民共和国公司法》（以下简称《公司法》）（全国人大常委会，1993年12月29日通过，1999年12月25日、2004年8月28日、2005年10月27日、2013年12月28日修正）

2.《中华人民共和国公司登记管理条例》（国务院，1994年6月24日通过，2005年12月18日修正）

3.《公司注册资本登记管理条例》（国家工商行政管理总局，2005年12月27日通过）

4.《最高人民法院关于适用〈中华人民共和国公司法〉若干问题的规定（一）》（最高人民法院，2006年3月27日通过）

5.《最高人民法院关于适用〈中华人民共和国公司法〉若干问题的规定（二）》（最高人民法院，2008年5月5日通过）

6.《最高人民法院关于适用〈中华人民共和国公司法〉若干问题的规定（三）》（最高人民法院，2010年12月6日通过）

7.《最高人民法院关于适用〈中华人民共和国公司法〉若干问题的规定

（四）》（最高人民法院，2016 年 12 月 5 日通过）

8.《中华人民共和国民法总则》（全国人大常委会，2017 年 3 月 15 日通过）

第一节　公司法概述

公司法是指规定各种公司的设立、组织、活动和解散以及其他对内外关系的法律规范的总称。公司法有形式与实质之分。形式意义上的公司法是指以公司命名的法律规范，如我国 1993 年 12 月 29 日第八届全国人大常委会第五次会议通过，先后经过 1999 年 12 月 25 日、2004 年 8 月 28 日、2005 年 10 月 27 日、2013 年 12 月 28 日四次修订，于 2014 年 3 月 1 日起施行的《公司法》。实质意义上的公司法则是指调整公司组织关系的各种法律规范的总称。

一、公司的概念及法律特征

（一）公司的概念

公司的概念是公司立法的基点，也是研究公司法的首要问题。只有准确地理解公司的概念，才能深刻地把握公司法的一系列基本制度。但在不同的国家，对公司概念的认识不尽一致。我们认为，公司是指依法设立的、以盈利为目的的企业法人。

（二）公司的特征

[**案例讨论**] 甲公司是 2017 年 1 月 6 日经过批准设立的股份有限公司。2018 年 3 月，甲公司从乙厂购得一批钢精锅，共计价款 8 万元，双方约定 2018 年 3 月 30 日前用托收承付的方式支付。当乙厂把货物运到甲公司后，按约定期限要求甲公司付款时，发现甲公司经营不善，亏损严重，已无力偿还货款。但甲公司的几个股东均为当地有名的企业，经营状况良好。于是，乙厂将甲公司的股东之一某房地产开发公司告上法庭，要求某房地产公司偿还钢精锅的货款。

问：该房地产公司是否应对货款承担清偿责任？

1. 公司是具有法人资格的经济组织

公司具有从事生产经营或其他服务性活动的权利能力和行为能力，并依法独立享有经济权利、承担经济义务。这是公司区别于独资企业和合伙企业的显著特征。《公司法》第三条规定，公司作为企业法人享有法人财产权。公司的财产虽然源于股东投资，但股东一旦将财产投入公司，便丧失对该财产的直接支配权利，只享有公司的股权。而公司此时享有对该财产的支配权利，即法人财产权。因此，股东投资于公司的财产需要通过对资本的注册与股东的其他财产明确分开。

2. 公司是以盈利为目的的企业法人

公司的盈利特征可概括为两点：①经营目的是为了获取利润；②经营要具有连

续性，即须连续从事同一性质的经营活动，且经营范围要固定。盈利特征使公司区别于国家行政机关或从事社会公益活动的事业单位和其他非营利性的社会团体。

3. 依法设立

公司必须依法定条件、法定程序设立。这一方面要求公司的章程、资本、组织机构、活动原则等必须合法；另一方面，也要求公司的设立要经过法定程序进行工商登记。

[**案例提示**] 公司股东仅以出资为限对公司债务承担责任，公司的债权人不能直接追偿股东的责任。

二、公司的分类

（一）公司的学理分类

1. 按公司的信用标准不同分类

（1）人合公司。该类公司的设立和经营着重于股东的个人条件，以股东个人的信用、地位和声誉作为对外活动的基础。无限公司是典型的人合公司。

（2）资合公司。该类公司的设立和经营着重于公司的资本数额，以股东的出资为信用的基础。股份有限公司为典型的资合公司。

（3）人合兼资合公司。该类公司的设立和经营兼具人的信用与资本信用两个方面的特征。有限责任公司为典型的人合兼资合公司。

2. 按公司的组织系统不同分类

（1）母公司（也称为控股公司）。它是通过掌握其他公司的股份，从而能实际控制其经营活动的公司。

（2）子公司（也称为受控公司）。它是受母公司所控制的但在法律上具有独立法人资格的公司。

3. 按公司的管辖系统不同分类

（1）总公司（也称为本公司）。它是依法首先设立或与分公司同时设立的、管辖公司全部组织的总机构。

（2）分公司。它是在法律上和经济上没有独立地位的、受总公司所管辖的分支机构。分公司不具有法人资格。

4. 按公司的国籍不同分类

（1）本国公司。该类公司的国籍是依特定国家的公司法规定而设立的属于该国的公司。

（2）外国公司。该类公司虽设立在本国，但其国籍不属于本国，而是依他国公司法设立的属于他国的公司。

（3）多国公司（也称为跨国公司、国际公司）。该类公司是由母公司与设立在各国的子公司、分公司组成的，以本国为基地或中心从事国际性生产经营活动的经济组织。它在法律上并非独立的公司，而表现为公司之间所形成的一种特殊的联系，实质上为母、子公司与总、分公司间的法律关系。

（二）公司的法律分类

1. 大陆法系国家对公司的分类

（1）无限公司。它是指全体股东对公司债务负无限连带责任的公司。

（2）有限责任公司（也称为有限公司）。它是指由两个以上股东出资设立、各股东仅以其出资额为限对公司债务负清偿责任，公司以全部资产对其债务承担责任的公司。

（3）股份有限公司（也称为股份公司）。它是指由一定数量股东出资设立的，公司全部资本分为等额股份，股东以其所认购的股份额对公司债务承担有限责任，公司以其全部资产对公司债务承担责任的公司。

（4）两合公司。它是指由无限责任股东与有限责任股东组成的，无限责任股东对公司债务负无限连带责任，有限责任股东对公司债务仅以其出资额为限承担有限责任的公司。

（5）股份两合公司。它是由无限责任股东与有限责任股东出资设立的，无限责任股东对公司债务负无限连带责任，有限责任股东以其所认购的股份对公司债务承担有限责任的公司。这种公司形态已被许多国家从公司法中删去。

2. 英美法系国家对商事公司的分类

（1）封闭式公司（也称为非开放公司、私公司）。它是指由一定数量的股东出资设立的，不公开招股，实行非开放经营的公司。

（2）开放式公司（也称为开放公司）。它是指可以向社会公开招股，股票可以自由转让的公司。

（3）保证责任有限公司。它是指股东对公司承担有限责任，但其限度不是基于股东认缴的股份或出资，而是基于其允诺或保证。它又可分为有股本的保证公司和无股本的保证公司。

依照我国现行《公司法》的规定，公司仅分为有限责任公司（含国有独资公司）和股份有限公司。这是目前最典型的公司形态。

三、公司的权利能力和行为能力

（一）公司的权利能力

公司的权利能力是指公司作为独立的法律关系主体，依法享有权利和承担义务的资格。这种资格是由法律赋予的，是公司享有权利、承担义务的资格。

公司的权利能力于公司成立时产生，至公司终止时丧失。公司必须经核准登记，才享有权利能力。公司消灭、破产或解散时，公司的权利能力就丧失。

由于公司法人与自然人在性质上存在着差异以及公司法对公司的特殊要求，决定了公司的权利能力在性质上、法律上和目的范围上都受一定限制，故而使其区别于自然人的权利能力。

1. 性质上的限制

这是公司作为组织体区别于作为生命体的自然人的不同之处。专属于自然人享有的权利，如生命权、健康权、肖像权、亲属权、自由权及隐私权等，公司不能享有。

2. 法律上的限制

这主要是指公司法及其他法律法规的限制。其包括：

（1）投资的限制。这表现在对投资对象的限制上。法律禁止公司成为其他营利性经济组织中承担无限责任的成员，以免加重公司的债务责任，危及公司及债权人利益。《公司法》第十五条规定："公司可以向其他企业投资；但是，除法律另有规定外，不得成为对所投资企业的债务承担连带责任的出资人。"

（2）提供担保的限制。除为自身债务设定担保外，法律一般禁止公司为他人债务提供担保。《公司法》规定，公司向其他企业投资或者为他人提供担保，按照公司章程的规定由董事会或者股东会、股东大会决议；公司章程对投资或者担保的总额及单项投资或者担保的数额有限额规定的，不得超过规定的限额。公司为公司股东或者实际控制人提供担保的，必须经股东会或者股东大会决议。接受担保的股东或者受实际控制人支配的股东不得参加表决。该项表决由出席会议的其他股东所持表决权的过半数通过。

（3）公司举债的限制。对于可发行公司债券的公司，《公司法》规定其累计发行的债券总额不得超过公司净资产的40%。

3. 目的范围的限制

这是指公司不能超出其设立的宗旨和核准登记的经营范围从事经营活动，否则该行为无效。这就是早期英美法系的越权规则。英美法系传统的越权规则是指公司活动不能超越其章程中的目的条款规定的范围，否则即使该行为是合法的，也因为其超越了目的条款的授权而无效，不具有法律上的强制力。公司不得经由股东大会或董事会追认该行为有效，交易对方不得请求履行有关合同，也不得请求该公司赔偿损失，而只能追索其已交付的款物。

依照《民法通则》及《公司法》的有关规定，公司须在依法核准登记的经营范围内从事经营活动。实践中，凡公司超越核准登记的经营范围从事经营活动，一般都被认定为无效行为。值得注意的是，1999年10月1日开始施行的《中华人民共和国合同法》第五十条规定："法人或者其他组织的法定代表人、负责人超越权限订立的合同，除相对人知道或者应当知道其超越权限的以外，该代表行为有效。"这表明，随着我国市场经济体制的确立和完善，目的限制与越权规则正在逐步得到立法修正。

（二）公司的行为能力

公司的行为能力是指公司在法律规定的范围内，基于自己的意思表示，以自己的行为独立取得权利和承担义务的能力。公司的行为能力建立在它的权利能力基础之上。公司的行为能力和权利能力同时产生，同时终止。

公司的行为能力是通过公司机关及其授权人员的职务行为来实现的。公司的行为能力不因其行为合法或违法而有所不同，故其行为能力应包括合法的行为能力和违法的行为能力，如侵权行为能力就是一种违法行为能力。构成公司侵权行为有以下要件：

（1）须是公司机关成员或其授权人员实施的行为；

（2）须为公司机关成员或其授权人员执行职务时的加害行为；

（3）须具备侵权行为的一般构成要件。

根据《民法通则》的有关规定，公司对它的法定代表人和其他工作人员实施的经营活动（含侵权行为）承担民事责任。

四、公司资本

（一）公司资本的概念

公司资本又称为股本，是指公司章程所确定并载明的、全体股东的出资总额。法律意义上的公司资本，通常是指公司的注册资本。注册资本是指公司设立时筹集的、记载于公司章程并在公司登记机关登记注册的资本。

在国外的公司法中，“公司资本”一词还有多种含义：

（1）名义资本（也称为注册资本）。它是指公司章程上记载的股本总和。

（2）发行资本。它是指公司已经招募，并由认股人认购的股份总数。它可能会低于名义资本。

（3）实缴资本（也称为实收资本）。它是指认股人已经向公司缴纳股款而形成的股本总和。由于有的国家允许分期缴纳股款，所以它可能会低于发行资本。

名义资本、发行资本和实缴资本是国外公司制度中公司资本的具体表现形式，它们具有时间上的延续性，表明了公司资本在不同阶段上的状态。

（二）公司资本的三原则

[**案例讨论**] 2008年年初，樊女士将自己的10万元钱交给朋友吴先生，吴先生和其他6人以出资额75万元共同投资一家食品公司，成为该食品公司的股东。虽然在注册工商登记中吴先生为该公司股东，但在公司股东的出资比例上对樊女士等7人分别进行了登记，并出具了收据，发放了股权证。樊女士等7名出资人作为股东和董事，在第一次董事会有关决议中都签了名。8年来，由于回报率不高，加上目前股票大涨，樊女士很后悔，便想拿回这10万元钱。2016年9月，樊女士以在工商登记中自己不是公司股东，更不是董事为由，向法院起诉要求吴先生归还10万元

钱及利息。

问：樊女士的主张能得到法院的支持吗？

1. 公司资本确定原则

公司资本确定原则是指公司设立时，不仅应在公司章程中记载注册资本额，而且应由股东全部认足缴纳公司才能成立的原则。这是一项普遍适用的公司资本原则。由于各国资本确定原则的实现方式不同，又存在三种资本制度。

（1）法定资本制。它为早期大陆法系国家所推崇，是指公司设立时，必须在章程中对公司资本总额做出明确的规定，并由股东全部认足，否则公司不能成立。由于章程中记载的资本是公司全部发行的资本，故在公司成立后，资本如要变更，须依法定程序进行并办理相应的变更登记手续。这一制度能有效保证公司资本的真实、可靠，防止公司设立中的投机、欺诈行为，保证交易的安全。但其存在公司成立后，资本变更需履行烦琐的变更登记程序，如筹资困难、公司成立之初资本过剩、股东权益受损等。

（2）授权资本制。它是指公司设立时，只需在章程中记载注册资本额和设立时发行的股本额，而不要求股东认足全部资本，公司即可成立，未发行或缴足的部分，授权公司董事会在公司成立后根据需要随时发行新股募集，而不必经过股东会批准，无须变更公司章程，也不必履行变更登记程序。这一制度为英美法系国家公司法所创立。它适应了市场经济对公司设立、决策快速、高效的客观要求，简化了公司资本变更的程序。但其不足之处是，容易产生欺诈投机行为，削弱对债权人利益的保护。

（3）折中资本制。它是介于法定资本制和授权资本制之间的一种资本制度。根据这一制度，公司章程中不仅要记载公司的资本总额，而且还应规定符合法定标准的首期股份发行数量。在首期股份认足、缴足后，公司即告成立，其余股份由公司董事会根据实际情况在规定的期限内发行完成。

为确保公司财产的确定性和稳定性，《公司法》最初规定了较为刻板的法定资本制度，对于股东的出资有较多限制，要求所有出资一次实缴到位。2013 年 12 月 28 日，《公司法》修改了公司设立时股东必须缴纳全部或部分出资的要求，改为“注册资本登记认缴制”：除法律、行政法规和国务院决定另有规定外，有限公司和发起设立的股份公司实行“认缴制”，以全体股东“认缴的出资额”或“认购的股本总额”为注册资本；募集设立的股份公司仍实行“实缴制”，以公司“实收股本总额”为注册资本；同时，除法律、行政法规和国务院决定另有规定外，一般性地取消了注册资本最低限额要求、首次出比例要求、实缴出资的期限强制验资制度。

2. 公司资本维持原则

公司资本维护原则又称为资本充实原则或资本拘束原则。它是指公司在其成立后的存续期间，应当经常保持与其资本额相当的实有财产。其目的在于维持公司资本，保护债权人的利益和交易的安全；同时也可防止股东过高的盈利分配要求，确保公司自身正常经营活动的开展。从《公司法》的有关规定来看，资本维持原则主要体现在以下几个方面：①发起人、股东不得抽逃出资；②亏损需先弥补；③股票发行价格不得低于票面金额；④公司一般不得收购本公司的股票。

3. 公司资本不变原则

公司资本不变原则是指公司资本一经确定，非依严格的法定程序，不得随意增减。

资本不变原则与资本维持原则的实质一样，都是为了防止因公司资本总额的减少而导致公司责任能力的缩小，进而强化对债权人利益和交易安全的保护。两者相互关联，各有侧重。资本不变原则是对公司资本的静态维护，而资本维持原则则是对公司资本的动态维护。两者相互作用，以保证公司建立在稳定的财产基础上。

[**案例提示**] 根据《公司法》的规定，公司成立后，股东不得抽逃出资，这也是资本维持原则的体现。

五、公司债券

（一）公司债券的概念和特征

公司债券是指公司依照法定程序发行、约定在一定期限还本付息的有价证券。

公司债券与公司股票有不同的法律特征：①公司债券的持有人是公司的债权人，对于公司享有民法上规定的债权人的所有权利；股票的持有人是公司的股东，享有《公司法》所规定的股东权利。②公司债券的持有人，无论公司是否有盈利，对公司享有按照约定给付利息的请求权；股票持有人必须在公司有盈利时，才能依法获得股利分配。③公司债券到了约定期限，公司必须偿还债券本金；股票持有人仅在公司解散时，方可请求分配剩余财产。④公司债券的持有人享有优先于股票持有人获得清偿的权利；股票持有人必须在公司全部债务清偿之后，方可就公司剩余财产请求分配。⑤公司债券的利率一般是固定不变的，风险较小；股票股利分配的高低，与公司经营好坏密切相关，故常有变动，风险较大。

（二）公司债券的种类

依照不同的标准，对公司债券可做不同的分类。

1. 记名公司债券和无记名公司债券

记名公司债券是指在公司债券上记载债权人姓名或者名称的债券；无记名公司债券是指在公司债券上不记载债权人姓名或者名称的债券。区分记名公司债券和无记名公司债券的法律意义在于两者转让的要求不同。

2. 可转换公司债券和不可转换公司债券

可转换公司债券是指可以转换成公司股票的公司债券。这种公司债券在发行时规定了转换为公司股票的条件与办法，当条件具备时，债券持有人拥有将公司债券转换为公司股票的选择权。不可转换公司债券是指不能转换为公司股票的公司债券。

凡在发行债券时未做出转换约定的，均为不可转换公司债券。

（三）公司债券的发行

《公司法》规定，公司发行公司债券应当符合《证券法》规定的发行条件与程序。有下列情形之一的，不得再次公开发行公司债券：①前一次公开发行的公司债券尚未募足；②对已公开发行的公司债券或者其他债务有违约或者延迟支付本息的事实，仍处于继续状态；③违反法律规定，改变公开发行公司债券所募资金的用途。

（四）公司债券的转让

《公司法》规定，公司债券可以转让，转让价格由转让人与受让人约定。公司债券在证券交易所上市交易的，按照证券交易所的交易规则转让。

根据公司债券种类的不同，公司债券的转让有两种不同的方式：①记名公司债券的转让。它是由债券持有人以背书方式或者法律、行政法规规定的其他方式转让，转让后由公司将受让人的姓名或者名称及住所记载于公司债券存根簿，以备公司存查。②无记名公司债券的转让。它是由债券持有人将该债券交付给受让人后即发生转让的效力，受让人一经持有该债券，即成为公司的债权人。

发行可转换为股票的公司债券的，公司应当按照其转换办法向债券持有人换发股票，但债券持有人对转换股票或者不转换股票有选择权。

六、公司的收益分配制度

（一）利润

公司利润是指公司在一定会计期间的经营成果。公司应当按照如下顺序进行利润分配：①弥补以前年度的亏损，但不得超过税法规定的弥补期限；②缴纳所得税；③弥补在税前利润弥补亏损之后仍存在的亏损；④提取法定公积金；⑤提取任意公积金；⑥向股东分配利润。

公司弥补亏损和提取公积金后所余税后利润，有限责任公司按照股东实缴的出资比例分配，但全体股东约定不按照出资比例分配的除外；股份有限公司按照股东持有的股份比例分配，但股份有限公司章程规定不按持股比例分配的除外。

公司股东会、股东大会或者董事会违反规定，在公司弥补亏损和提取法定公积金之前向股东分配利润的，股东必须将违反规定分配的利润退还公司。公司持有的本公司股份不得分配利润。

（二）公积金

公积金又称为附加资本或准备金，是指公司在资本之外所保留的资金金额。公积金制度是各国公司法通常采用的一项强制性制度。

公积金分为盈余公积金和资本公积金两类。盈余公积金是从公司税后利润中提取的公积金，又分为法定公积金和任意公积金两种。法定公积金按照公司税后利润的10%提取，当公司法定公积金累计额为公司注册资本的50%以上时可以不再提取。公司的法定公积金不足以弥补以前年度亏损的，在依照规定提取法定公积金之前，应当先用当年利润弥补亏损。任意公积金按照公司股东会或者股东大会决议，从公司税后利润中提取。资本公积金是直接由资本原因形成的公积金。股份有限公司以超过股票票面金额的发行价格发行股份所得的溢价款以及国务院财政部门规定列入资本公积金的其他收入，应当列为公司资本公积金。

公积金应当按照规定的用途使用，其主要用途如下：①弥补公司亏损。公司的亏损按照国家税法规定可以用缴纳所得税前的利润弥补，超过用所得税前利润弥补期限仍未补足的亏损，可以用公司税后利润弥补；发生特大亏损，税后利润仍不足弥补的，可以用公司的公积金弥补。但是，资本公积金不得用于弥补公司的亏损。②扩大公司生产经营规模。公司可以根据生产经营的需要，用公积金来扩大生产经营规模。③转增公司资本。公司为了实现增加资本的目的，可以将公积金的一部分转为资本。对用任意公积金转增资本的，法律没有限制，但用法定公积金转增资本时，《公司法》规定，转增后所留存的该项公积金不得少于转增前公司注册资本的25%。

七、公司的合并和分立

（一）公司合并

1. 公司合并的形式

公司合并是指由两个以上的公司依照法定程序变为一个公司的行为。其形式有两种：①吸收合并。它是指一个公司吸收其他公司加入本公司，被吸收的公司解散。②新设合并。它是指由两个以上公司合并设立一个新的公司，合并各方解散。

2. 公司合并的程序

（1）签订合并协议。公司合并应当由合并各方签订合并协议，合并协议应当包括以下主要内容：①合并各方的名称、住所；②合并后存续公司或新设公司的名称、住所；③合并各方的债权债务处理办法；④合并各方的资产状况及其处理办法；⑤存续公司或新设公司因合并而增资所发行的股份总额、种类和数量；⑥合并各方认为需要载明的其他事项。

（2）编制资产负债表及财产清单。

（3）做出合并决议。公司在签订合并协议并编制资产负债表及财产清单后，应当就公司合并的有关事项做出合并决议。

（4）通知债权人。公司应当自做出合并决议之日起10日内通知债权人，并于30日内在报纸上公告。债权人自接到通知书之日起30日内，未接到通知书的自公告之日起45日内，可以要求公司清偿债务或者提供相应的担保。

（5）依法进行登记。公司合并后，应当依法向公司登记机关办理相应的变更登记、注销登记、设立登记。

3. 公司合并各方的债权、债务

公司合并时，合并各方的债权、债务应当由合并后存续的公司或者新设的公司承继。

（二）公司分立

[案例讨论] 2017年5月某市通利制药厂与某市物资公司签订了一份购买药材合同。合同约定，物资公司向通利制药厂供应4吨药材，每吨单价为10万元，交货期限为2017年8月底，通利制药厂应于6月30日前预付款20万元，其余货款待交付药材后10天内全部付清。合同对所购药材的质量以及双方的违约责任做了明确规定。合同签订后，通利制药厂按期预付了20万元的货款。7月中旬，通利制药厂由于改制的需要，分立为通利药业有限公司和通利对外服务公司两个单位。通利制药厂向物资公司购买的4吨药材作为分配财产为通利药业有限公司所有。通利制药厂在清理原订合同时和物资公司协商约定，所购药材剩余价款由分立的两个单位各负担一半。8月底，物资公司送货时被告知药材运至通利药业有限公司，通利药业有限公司向物资公司支付了10万元货款，物资公司向其追要剩余的10万元货款，通利药业有限公司按照公司分立时签订的协议回复，自己对这笔债务只负担一半，其余一半应由通利对外服务公司支付。而通利对外服务公司提出自己资金紧张，而且并未占有、使用这4吨药材，这应属于通利药业有限公司所欠的货款，与己无关。物资公司追索无果，遂向法院提起了诉讼。

问：通利对外服务公司应否给付10万元货款？为什么？

1. 公司分立的形式

公司分立是指一个公司依法分为两个以上的公司。公司分立的形式有两种：一是派生分立。派生分立是指一个公司分出一个或者几个部分，成立新的公司，新的公司取得法人资格，原公司继续存在。二是新设分立。新设分立是指一个公司分解成两个或者两个以上的公司，原公司解散，新分立的公司成为新的公司法人。

2. 公司分立的程序

公司分立的程序与公司合并的程序基本一样，要签订分立协议、编制资产负债表及财产清单、做出分立决议、通知债权人和办理工商变更登记等。

3. 公司分立前的债务

公司不得假借分立而逃避债务；否则，该分立行为无效，由分立后的各方对原公司的债务承担清偿责任。

[案例提示] 公司分立前的债务由分立后的公司承担连带责任。但是，公司在分立前与债权人就债务清偿达成的书面协议另有约定的除外。

八、公司注册资本的减少和增加

（一）公司注册资本的减少

一般情况下，公司的注册资本不得减少。但是，如果出现净资产大大少于注册资本，或者在派生分立的情况下，原公司的资产减少等情况，公司就可以减少注册资本。公司需要减少注册资本时，必须编制资产负债表及财产清单。

公司减少注册资本时，应当自做出减少注册资本决议之日起 10 日内通知债权人，并于 30 日内在报纸上公告。债权人自接到通知书之日起 30 日内，未接到通知书的自公告之日起 45 日内，有权要求公司清偿债务或者提供相应的担保。公司减少注册资本，应当依法向公司登记机关办理变更登记。

（二）公司注册资本的增加

有限责任公司增加注册资本时，股东认缴新增资本的出资，依照《公司法》设立有限责任公司缴纳出资的有关规定执行。股份有限公司为增加注册资本发行新股时，股东认购新股，依照《公司法》设立股份有限公司缴纳股款的有关规定执行。

公司增加注册资本，应当依法向公司登记机关办理变更登记。

九、公司的解散和清算

（一）公司解散

公司解散是指公司因法律或章程规定的事由出现而停止营业活动并逐渐终止其法人资格的行为。它是公司主体资格消灭的必经程序。公司解散分为自愿解散和强制解散。

1. 自愿解散

自愿解散的事由有：①公司章程规定的营业期间届满或者公司章程规定的其他解散事由出现；②股东会决议解散公司；③公司因合并或分立而解散。

2. 强制解散

强制解散的事由有：①公司违反法律、行政法规被依法责令解散。《公司法》规定，公司因弄虚作假登记成立，情节严重的，撤销其登记；公司成立后无正当理由超过 6 个月未开业或开业后自行停业连续 6 个月以上的，吊销营业执照。②公司破产。③人民法院依法予以解散。

人民法院强制解散公司，其实是一种解决公司僵局的措施。公司经营管理发生严重困难，继续存续会使股东利益受到重大损失，通过其他途径不能解决的，持有公司全部股东表决权 10%以上的股东，可以请求人民法院解散公司。2008 年 5 月 5 日，《最高人民法院关于适用〈中华人民共和国公司法〉若干问题的规定（二）》第一条规定，单独或者合计持有公司全部股东表决权百分之十以上的股东，以下列事由之一提起解散公司诉讼，并符合《公司法》第一百八十三条规定的，人民法院应予受理：①公司持续两年以上无法召开股东会或者股东大会，公司经营管理发生严重困难的；②股东表决时无法达到法定或者公司章程规定的比例，持续两年以上不能做出有效的股东会或者股东大会决议，公司经营管理发生严重困难的；③公司董事长期冲突，且无法通过股东会或者股东大会解决，公司经营管理发生严重困难的；④经营管理发生其他严重困难，公司继续存续会使股东利益受到重大损失的情形。股东以知情权、利润分配请求权等权益受到损害，或者公司亏损、财产不足以偿还全部债务以及公司被吊销企业法人营业执照未进行清算等为由，提起解散公司诉讼的，人民法院不予受理。

公司解散后，虽不即刻消灭其法人资格，但公司的权利能力受到限制。除为清算必须外，公司不得从事任何业务活动及处理公司财产。公司原来的机关丧失其地位及职权的，由清算组取代。

（二）公司清算

公司清算是指公司解散后，清理其财产及债权债务、分配公司剩余财产、了结公司法律关系、最终消灭公司法人资格的行为。《公司法》将公司清算分为破产清算和非破产清算。在非破产清算中，清算组如果发现公司财产不足以清偿债务时，应当转为破产清算。

1. 成立清算组

公司解散时，除因合并或者分立外，应当依法进行清算。根据《公司法》的规定，公司应当在解散事由出现之日起15日内成立清算组，开始清算。有限责任公司的清算组由股东组成，股份有限公司的清算组由董事或者股东大会确定的人员组成。逾期不成立清算组进行清算的，债权人可以申请人民法院指定有关人员组成清算组进行清算。人民法院应当受理该申请，并及时组织清算组进行清算。

有限责任公司的股东、股份有限公司的董事和控股股东未在法定期限内成立清算组开始清算，导致公司财产贬值、流失、毁损或者灭失，债权人主张其在造成损失范围内对公司债务承担赔偿责任的，人民法院应依法予以支持。有限责任公司的股东、股份有限公司的董事和控股股东因怠于履行义务，导致公司主要财产、账册、重要文件等灭失，无法进行清算，债权人主张其对公司债务承担连带清偿责任的，人民法院应依法予以支持。上述情形系实际控制人原因造成，债权人主张实际控制人对公司债务承担相应民事责任的，人民法院应依法予以支持。

2. 清算组的职权

根据《公司法》的规定，清算组在清算期间行使下列职权：①清理公司财产，分别编制资产负债表和财产清单；②通知、公告债权人；③处理与清算有关的公司未了结的业务；④清缴所欠税款以及清算过程中产生的税款；⑤清理债权、债务；⑥处理公司清偿债务后的剩余财产；⑦代表公司参与民事诉讼活动。

清算组在公司清算期间代表公司进行一系列民事活动，全权处理公司经济事务和民事诉讼活动。根据《公司法》的规定，清算组成员应当忠于职守，依法履行清算义务。清算组成员不得利用职权收受贿赂或者取得其他非法收入，不得侵占公司财产。清算组成员因故意或者重大过失给公司或者债权人造成损失的，应当承担赔偿责任。

3. 清算工作程序

清算工作的一般程序如下：

（1）登记债权。清算组应当自成立之日起10日内通知债权人，并于60日内在报纸上公告。债权人应当自接到通知书之日起30日内，未接到通知书的自公告之日起45日内，向清算组申报其债权。债权人申报债权，应当说明债权的有关事项，并提供证明材料。清算组应当对债权进行登记。在申报债权期间，清算组不得对债权人进行清偿。

（2）清理公司财产，制定清算方案。清算组应当对公司财产进行清理，编制资产负债表和财产清单，制定清算方案。清算方案应当报股东会、股东大会或者人民法院确认。清算组在清理公司财产、编制资产负债表和财产清单后，发现公司财产不足清偿债务的。应当依法向人民法院申请宣告破产。公司经人民法院裁定宣告破产后，清算组应当将清算事务移交给人民法院。公司解散时，股东尚未缴纳的出资均应作为清算财产。股东尚未缴纳的出资，包括到期应缴未缴的出资以及依照《公司法》的规定分期缴纳尚未届满缴纳期限的出资。

（3）清偿债务。公司财产在分别支付清算费用、职工的工资、社会保险费用和法定补偿金，缴纳所欠税款，清偿公司债务后的剩余财产，有限责任公司按照股东的出资比例分配，股份有限公司按照股东持有的股份比例分配。清算期间，公司存续，但不得开展与清算无关的经营活动。公司财产在未按上述规定清偿前，不得分配给股东。公司财产不足以清偿债务时，债权人主张未缴出资股东以及公司设立时的其他股东或者发起人在未缴出资范围内对公司债务承担连带清偿责任的，人民法院应依法予以支持。

（4）公告公司终止。公司清算结束后，清算组应当制作清算报告，报股东会、股东大会或者人民法院确认，并报送公司登记机关，申请注销公司登记，公告公司终止。

十、股东诉讼

（一）股东代表诉讼

股东代表诉讼也称股东代位诉讼、股东间接诉讼，是指当董事、监事、高级管理人员或者他人的违反法律、行政法规或者公司章程的行为给公司造成损失，公司拒绝或者怠于向该违法行为人请求损害赔偿时，具备法定资格的股东有权代表其他股东，代替公司提起诉讼，请求违法行为人赔偿公司损失的行为。股东代表诉讼的目的，是为了保护公司利益和股东的共同利益，而不仅仅是个别股东的利益。为保护个别股东利益而进行的诉讼是股东直接诉讼。提起股东代表诉讼有以下几种程序：

（1）股东对公司董事、监事、高级管理人员给公司造成损失行为提起诉讼的程序。

①股东通过监事会或者监事提起诉讼。公司董事、高级管理人员执行公司职务时违反法律、行政法规或者公司章程的规定，给公司造成损失的，有限责任公司的股东、股份有限公司连续180日以上单独或者合计持有公司1%以上股份的股东，可以书面请求监事会或者不设监事会的有限责任公司的监事向人民法院提起诉讼。

②股东通过董事会或者董事提起诉讼。监事执行公司职务时违反法律、行政法规或者公司章程的规定，给公司造成损失的，有限责任公司的股东、股份有限公司连续180日以上单独或者合计持有公司1%以上股份的股东，可以书面请求董事会或者不设董事会的有限责任公司的执行董事向人民法院提起诉讼。

③股东直接提起诉讼。监事会、不设监事会的有限责任公司的监事，或者董事会、执行董事收到上述股东的书面请求后拒绝提起诉讼，或者自收到请求之日起30日内未提起诉讼，或者情况紧急、不立即提起诉讼将会使公司利益受到难以弥补的损害的，有限责任公司的股东、股份有限公司连续180日以上单独或者合计持有公司1%以上股份的股东，有权为了公司的利益以自己的名义直接向人民法院提起诉讼。

（2）股东对他人给公司造成损失行为提起诉讼的程序。公司董事、监事、高级管理人员以外的他人侵犯公司合法权益，给公司造成损失的，有限责任公司的股东、股份有限公司连续180日以上单独或者合计持有公司1%以上股份的股东可以书面请求监事会或者监事、董事会或者执行董事向人民法院提起诉讼，或者直接向人民法院提起诉讼。提起诉讼的具体程序，依照上述股东对公司董事、监事、高级管理人员给公司造成损失行为提起诉讼的程序进行。

（二）股东直接诉讼

股东直接诉讼是指股东对董事、高级管理人员损害股东利益行为提起的诉讼。根据《公司法》的规定，公司董事、高级管理人员违反法律、行政法规或者公司章程的规定，损害了股东利益的，股东可以依法向人民法院提起诉讼。

第二节　有限责任公司

一、有限责任公司的概念及法律特征

（一）有限责任公司的概念

有限责任公司是指由50个以下的股东共同出资设立，股东以其认缴的出资额为限对公司债务承担有限责任，公司以其全部资产对其债务承担责任的企业法人。

（二）有限责任公司的法律特征

[案例讨论] 杭州金都公司是一家以生产经营不锈钢复合管为主的有限责任公司，于2011年3月成立，注册资本为50万元，根据工商部门规定，允许分期注入，

被告陈明、徐安系该公司股东。2011 年 3 月、7 月，经两次验资，金都公司注册资本增至 50 万元。在两次验资后，陈明、徐安均于短期内共同抽回出资，累计达 27.2 万元，致使金都公司并未实际占有和使用该出资进行经营。在第二期验资时，两人共同将金都公司资产中的 17.8 万元充作应由两个股东缴纳的注册资本。两个股东通过对公司财产的控制、支配，虚假出资 45 万元，实际出资仅为 5 万元。陈明、徐安在明知履约能力明显不足的情况下，于 2012 年 11 月与杭州铁路电机厂签订了承租场地、房屋及生产设备总计租金 100 万元的租赁合同，致使合同中止履行后杭州铁路电机厂无法实现大部分合同债权，利益遭受严重损害。

问：杭州铁路电机厂可否要求公司两股东对公司债务承担清偿责任？

有限责任公司的法律特征是：

1. 股东人数的限制

由于有限公司的人合性，各国法律对其股东人数规定不一，但一般都对其做出了最高人数限制。

2. 股东责任的有限性

这是有限公司独立法人资格的体现。公司有限责任是现代公司制度的基石，如同一层“面纱”，将股东和公司债权人隔离开来。股东仅以其认缴的出资额为限对公司债务承担有限责任，公司以其全部资产对公司债权人承担责任。但《公司法》第二十条规定：“公司股东应当遵守法律、行政法规和公司章程，依法行使股东权利，不得滥用股东权利损害公司或者其他股东的利益，不得滥用公司法人独立地位和股东有限责任损害公司债权人的利益。公司股东滥用股东权利给公司或者其他股东造成损失的，应当依法承担赔偿责任。公司股东滥用公司法人独立地位和股东有限责任，逃避债务，严重损害公司债权人利益的，应当对公司债务承担连带责任。”

这一规定在我国确立了公司法人格否认原则。公司法人格否认，又称为“揭开公司面纱”。“揭开公司面纱”制度是英美法系的称谓，在大陆法系国家则称之为“公司法人人格否认”制度。该制度由美国率先提出，是指为阻却公司独立人格的滥用和保护债权人利益及社会公共利益，就具体法律关系中的特定事实，否认给公司及其背后的股东各自独立的人格和股东的有限责任，责令公司的股东对公司债权人或公共利益直接负责，即由公司股东对公司行为承担连带责任，以实现公平、正义目标的要求而设置的一种法律措施或制度。

在我国审判实践中，公司法人格否认制度适用的情形主要有：①抽逃出资，虚假出资；②母公司对子公司不当控制，使子公司人格空洞化。

3. 股东出资的非等额性

股东出资可以分为等额，也可以不分为等额，按协议确定的出资比例，享受权利及承担义务。

4. 募集资本的封闭性

公司资本只能由全体股东认缴组成，不能向社会募集资金、发行股票。股东的出资证明书不能转让流通，股东出资转让受严格限制，公司财务会计报告也无须公开。

5. 组织结构简单

有限公司多为中小型企业，设立程序和组织机构均较简单、灵活。

6. 人合资合兼具

有限公司虽从本质上说是资本的联合，但因其股东人数有限、募股集资的封闭性、股东可参与公司经营管理等，其又具有人合色彩。

［**案例提示**］公司股东滥用公司法人独立地位和股东有限责任，逃避债务，严重损害公司债权人利益的，应当对公司债务承担连带责任。公司最为核心的特点之一是公司的有限责任。法律之所以赋予公司以有限责任，主要是出于促进交易的考虑。确立和引入法人人格否认制度，为防范滥用公司制度的风险、保证交易安全、保障公司债权人的利益、维护市场经济秩序，具有重大意义。

二、有限责任公司的设立

［**案例讨论**］沛县沛城镇居民刘某认识了该县一家公司的负责人，交谈中得知他们的公司办得很红火，需要吸收更多的股金。刘某家中有些闲钱，便拿出几万元交给了这名负责人，并和其他几位股东见了个面，在没有履行任何法定程序的情况下，该公司向刘某出具了写有“此款系股金”的收条，但没有到工商机关进行变更登记。几年后，该公司因种种缘故歇业，刘某得知情况后找到公司，要求分配公司财产，而这家公司则认为，刘某和其他几人一样，已是公司事实上的股东，不能在清算前就要求分配公司财产。无奈刘某诉至法院。

问：刘某是该公司的股东吗？

（一）设立条件

1. 股东符合法定人数

《公司法》规定有限责任公司由50个以下股东出资设立，取消了原有限责任公司股东最少为两人的下限，允许设立一人公司。

2. 有符合公司章程规定的全体股东认缴的出资额

2013年修订后，《公司法》取消了对有限责任公司最低注册资本的要求，也取消了对于缴纳出资的法定期限要求。《公司法》规定，有限责任公司的注册资本为在公司登记机关登记的全体股东认缴的出资额。除了法律、行政法规以及国务院决定对有限责任公司注册资本实缴、注册资本最低限额另有规定外，公司法没有规定有限责任公司的最低注册资本限额和出资期限。

（1）出资的法律效果

①认缴出资或者认购股份的法律效果。有限责任公司的出资人认缴出资的法律效果是：出资人将负担实缴出资的义务，即按期足额缴纳公司章程中规定的各自所

认缴的出资额。股东不按照规定缴纳出资的，除应当向公司足额缴纳外，还应当向已按期足额缴纳出资的股东承担违约责任。②实缴出资的法律效果。实缴出资的法律效果是：原属股东的货币转归公司所有，原属股东的非货币财产的财产权移转至公司。股东以货币出资的，应当将货币出资足额存入有限责任公司在银行开设的账户；以非货币财产出资的，应当依法办理其财产权的转移手续。基于 2013 年 12 月《公司法》修订的相关内容，2014 年 3 月 1 日之后，有限公司股东实缴出资时无须验资。

（2）出资方式

股东可以用货币出资，也可以用实物、知识产权、土地使用权等可以用货币估价并可以依法转让的非货币财产作价出资，但是，法律、行政法规规定不得作为出资的财产除外。依《公司登记管理条例》的规定，不得作为出资的财产包括劳务、信用、自然人姓名、商誉、特许经营权或者设定担保的财产。

（3）违反出资义务的履行

有限责任公司成立后，股东未按章程规定缴纳出资，除应当向公司足额缴纳外，还应当向已按期足额缴纳的股东承担违约责任。

有限责任公司成立后，发现作为设立公司出资的非货币财产的实际价额显著低于公司章程所定价额的，应当由交付该出资的股东补足其差额；公司设立时的其他股东承担连带责任。发起人股东的这一资本充实责任是法定责任，不得以发起人协议的约定、公司章程规定或股东会决议免除。

3. 股东共同制定公司章程

章程是记载公司组织、活动基本准则的公开性法律文件。设立有限责任公司必须由股东共同依法制定公司章程。股东应当在公司章程上签名、盖章。公司章程对公司、股东、董事、监事、高级管理人员具有约束力。根据《公司法》附则第二百一十六条的规定，高级管理人员，是指公司的经理、副经理、财务负责人，上市公司董事会秘书和公司章程规定的其他人员。

根据《公司法》的规定，有限责任公司章程应当载明下列事项：①公司名称和住所；②公司经营范围；③公司注册资本；④股东的姓名或者名称；⑤股东的出资方式、出资额和出资时间；⑥公司的机构及其产生办法、职权、议事规则；⑦公司法定代表人；⑧股东会会议认为需要规定的其他事项。

4. 有公司名称，建立符合有限责任公司要求的组织机构

5. 有公司住所

（二）设立程序

1. 出资证明书

有限责任公司成立后，应当向股东签发出资证明书。出资证明书是确认股东出资的凭证，应当载明下列事项：①公司名称；②公司成立日期；③公司注册资本；④股东的姓名或者名称、缴纳的出资额和出资日期；⑤出资证明书的编号和核发日

期。出资证明书由公司盖章。

2. 股东名册

有限责任公司应当置备股东名册。股东名册是公司为记载股东情况及其出资事项而设置的簿册，应记载下列事项：①股东的姓名或者名称及住所；②股东的出资额；③出资证明书编号。记载于股东名册的股东，可以依股东名册主张行使股东权利。

3. 公告

登记主管机关核准登记后，应当发布公司登记公告。公告内容一般包括公司名称、住所、法人代表、公司类型、注册资本、经营范围和经营方式、注册号等。公告后，公司设立程序即为完成。公司应当将股东的姓名或者名称向公司登记机关登记；登记事项发生变更的，应当办理变更登记。股东未经登记或者变更登记的，不得对抗第三人。

[**案例提示**] 股东资格的取得不仅要有公司章程和股东名册的记载，同时还要有工商行政管理部门注册登记的确认，最重要的条件是还须各股东共同签署公司章程，行使股东权利。

三、组织机构

公司组织机构又称为公司机关，是代表公司活动、行使相应职权的自然人或自然人组成的集合体。有限责任公司的组织机构包括股东会、董事会、监事会及高级管理人员，但其设置较股份有限公司灵活，如可依法以执行董事代替董事会，以1~2名监事代替监事会。此外，在一人有限责任公司、国有独资公司中的组织机构设置也有不同。

[**案例讨论**] 江苏省北部地区的宿迁市，有一家生产玻璃灯具的公司，名叫春虹玻璃灯饰有限公司，洪宝生和张声扬原来就是公司的股东。但在7月1日的一次股东大会上，他们的股东资格却被取消了。春虹公司是一家有近2 000名员工的集团公司，公司主要生产玻璃灯具，产品几乎全部出口。宿迁近两年新开了十多家灯具厂，给春虹公司带来了前所未有的冲击。公司认为，洪宝生和张声扬给公司的竞争对手提供了技术帮助，洪宝生把亲笔写的配料方给了春虹公司的竞争对手——一个叫长虹的灯具厂，造成了公司的损失，所以公司决定取消他们的股东资格。43名股东中，有40人参加会议，其中37人举手同意取消了洪宝生和张声扬的股东资格。公司章程上面是这样写的：公司对全体股东实行严格管理，不允许给同行企业提供技术帮助；否则，公司就可以取消他的股东身份。

问：春虹公司能取消洪宝生和张声扬的股东资格吗？

（一）股东会

1. 组成

有限责任公司股东会由全体股东组成。

2. 职权

股东会是公司的权力机构，行使下列职权：①决定公司的经营方针和投资计划；②选举和更换由非职工代表担任的董事、监事，决定有关董事、监事的报酬事项；③审议批准董事会或者执行董事的报告；④审议批准监事会或者监事的报告；⑤审议批准公司的年度财务预算方案、决算方案；⑥审议批准公司的利润分配方案和弥补亏损方案；⑦对公司增加或者减少注册资本做出决议；⑧对发行公司债券做出决议；⑨对公司合并、分立、变更公司形式、解散和清算等事项做出决议；⑩修改公司章程；⑪公司章程规定的其他职权。对上述事项股东以书面形式一致表示同意的，可以不召开股东会会议，直接做出决定，并由全体股东在决定文件上签字、盖章。

3. 召开

股东会会议分为定期会议和临时会议。定期会议应当按照公司章程的规定按时召开。代表 1/10 以上表决权的股东，1/3 以上的董事，监事会或者不设监事会的公司的监事提议召开临时会议的，应当召开临时会议。

首次股东会会议由出资最多的股东召集和主持，依法行使职权。以后的股东会会议，公司设立董事会的，由董事会召集，董事长主持；董事长不能或者不履行职务的，由副董事长主持；副董事长不能或者不履行职务的，由半数以上董事共同推举一名董事主持。公司不设董事会的，股东会会议由执行董事召集和主持。董事会或者执行董事不能或者不履行召集股东会会议职责的，由监事会或者不设监事会的公司的监事召集和主持；监事会或者监事不召集和主持的，代表 1/10 以上表决权的股东可以自行召集和主持。

召开股东会会议，应当于会议召开 15 日以前通知全体股东，但公司章程另有规定或者全体股东另有约定的除外。股东会应当对所议事项的决定做成会议记录，出席会议的股东应当在会议记录上签字。

4. 表决

股东会会议由股东按照出资比例行使表决权，但公司章程另有规定的除外。股东会的议事方式和表决程序除《公司法》有规定的外，其余由公司章程规定。

决议分为普通决议与特别决议。普通决议是对公司一般事项做出的决议。通常，公司章程会规定这类普通决议须经代表（全体股东）半数以上或者过半数表决权的股东通过。特别决议是对公司的特别事项，如股东会会议做出修改公司章程、增加或者减少注册资本的决议，以及公司合并、分立、解散或者变更公司形式的决议，必须经代表（全体股东）2/3 以上表决权的股东通过。

股东了解公司有关事务的实际情况，是保护股东利益的基础和前提。据此，《公司法》完善了对股东知情权的规定。股东有权查阅、复制公司章程、股东会会议记录、董事会会议决议、监事会会议决议和财务会计报告。股东可以要求查阅公司会计账簿。股东要求查阅公司会计账簿的，应当向公司提出书面请求，说明目的。公司有合理根据认为股东查阅会计账簿有不正当目的，可能损害公司合法利益的，可以拒绝提供查阅，并应当自股东提出书面请求之日起 15 日内书面答复股东并说明理由。公司拒绝提供查阅的，股东可以请求人民法院要求公司提供查阅。

《公司法》对股东的分红权利及增资时的优先认购权做了调整，更加尊重当事人的意思自由。在一般情况下，股东按照实缴的出资比例分取红利；公司新增资本时，股东有权优先按照实缴的出资比例认缴出资。但是，全体股东可以约定不按照出资比例分取红利或者不按照出资比例优先认缴出资。

［**案例提示**］股东身份是通过出资取得的，股东身份实质上是股权，而股权也是一种财产权。

（二）董事会和高级管理人员

1. 组成

有限责任公司设董事会（依法不设董事会者除外），其成员为 3~13 人。两个以上的国有企业或者其他两个以上的国有投资主体投资设立的有限责任公司，其董事会成员中应当有公司职工代表；其他有限责任公司董事会成员中也可以有公司职工代表。董事会中的职工代表由公司职工通过职工代表大会、职工大会或者其他形式民主选举产生。董事会设董事长一人，可以设副董事长。董事长、副董事长的产生办法由公司章程规定。

2. 任期

董事任期由公司章程规定，但每届任期不得超过三年。董事任期届满，连选可以连任。董事任期届满未及时改选，或者董事在任期内辞职导致董事会成员低于法定人数的，在改选出的董事就任前，原董事仍应当依照法律、行政法规和公司章程的规定，履行董事职务。

3. 职权

董事会对股东会负责，行使下列职权：①召集股东会会议，并向股东会报告工作；②执行股东会的决议；③决定公司的经营计划和投资方案；④制定公司的年度财务预算方案、决算方案；⑤制定公司的利润分配方案和弥补亏损方案；⑥制定公司增加或者减少注册资本以及发行公司债券的方案；⑦制定公司合并、分立、变更公司形式、解散的方案；⑧决定公司内部管理机构的设置；⑨决定聘任或者解聘公司经理及其报酬事项，并根据经理的提名决定聘任或者解聘公司副经理、财务负责人及其报酬事项；⑩制定公司的基本管理制度；⑪公司章程规定的其他职权。

4. 召开

董事会会议由董事长召集和主持；董事长不能或者不履行职务的，由副董事长召集和主持；副董事长不能或者不履行职务的，由半数以上董事共同推举一名董事召集和主持。

董事会的议事方式和表决程序，除《公司法》有规定的外，由公司章程规定。董事会决议的表决，实行一人一票。董事会应当对所议事项的决定做成会议记录，出席会议的董事应当在会议记录上签字。

《公司法》第四十九条规定："有限责任公司可以设经理，由董事会决定聘任或者解聘"。据此规定，在有限责任公司中，经理不再是必设职务而成为选设职务。公司章程可以规定不设经理，而设总裁、首席执行官等职务，行使公司的管理职权。《公司法》规定，在公司设经理时，经理对董事会负责，行使下列职权：①主持公司的生产经营管理工作，组织实施董事会决议；②组织实施公司年度经营计划和投资方案；③拟订公司内部管理机构设置方案；④拟订公司的基本管理制度；⑤制定公司的具体规章；⑥提请聘任或者解聘公司副经理、财务负责人；⑦决定聘任或者解聘除应由董事会决定聘任或者解聘以外的负责管理人员；⑧董事会授予的其他职权。经理列席董事会会议。公司章程对经理职权另有规定的，从其规定。

股东人数较少或者规模较小的有限责任公司，可以设一名执行董事，不设立董事会。执行董事可以兼任公司经理。执行董事的职权由公司章程规定。

（三）监事会

1. 组成

有限责任公司设立监事会，其成员不得少于3人。股东人数较少或者规模较小的有限责任公司，可以设1~2名监事，不设立监事会。监事会应当包括股东代表和适当比例的公司职工代表，其中职工代表的比例不得低于1/3，具体比例由公司章程规定。监事会中的职工代表由公司职工通过职工代表大会、职工大会或者其他形式民主选举产生。监事会设主席一人，由全体监事过半数选举产生。监事会主席召集和主持监事会会议；监事会主席不能或者不履行职务的，由半数以上监事共同推举一名监事召集和主持监事会会议。董事、高级管理人员不得兼任监事。

2. 任期

监事的任期每届为三年，监事任期届满，连选可以连任。监事任期届满未及时改选，或者监事在任期内辞职导致监事会成员低于法定人数的，在改选出的监事就任前，原监事仍应当依照法律、行政法规和公司章程的规定，履行监事职务。

3. 职权

监事会、不设监事会的公司的监事行使下列职权：①检查公司财务；②对董事、高级管理人员执行公司职务的行为进行监督，对违反法律、行政法规、公司章程或者股东会决议的董事、高级管理人员提出罢免的建议；③当董事、高级管理人员的行为损害公司的利益时，要求董事、高级管理人员予以纠正；④提议召开临时股东会会议，在董事会不履行本法规定的召集和主持股东会会议职责时召集和主持股东会会议；⑤向股东会会议提出提案；⑥依照《公司法》第一百五十二条的规定，对董事、高级管理人员提起诉讼；⑦公司章程规定的其他职权。监事可以列席董事会会议，并对董事会决议事项提出质询或者建议。监事会、不设监事会的公司的监事行使职权所必需的费用，由公司承担。监事会、不设监事会的公司的监事发现公司经营情况异常，可以进行调查；必要时，可以聘请会计师事务所等协助其工作，费用由公司承担。

4. 决议

监事会每年度至少召开一次会议，监事可以提议召开临时监事会会议。监事会的议事方式和表决程序，除《公司法》有规定的外，由公司章程规定。监事会决议应当经半数以上监事通过。监事会应当对所议事项的决定做成会议记录，出席会议的监事应当在会议记录上签字。

四、一人有限责任公司的特别规定

所谓一人有限责任公司，是指只有一个自然人股东或者一个法人股东的有限责任公司。为维护债权人等利害关系人的权益，保障社会经济秩序，《公司法》对一人有限责任公司的设立和组织机构用专门一节做了特殊规定，以加强对其的监管，特殊规定以外的问题，则适用对有限责任公司的一般规定。

（一）股东的特别规定

《公司法》规定，一个自然人只能投资设立一个一人有限责任公司，禁止其设立多个一人有限责任公司，而且该一人有限责任公司不能投资设立新的一人有限责任公司。

一人有限责任公司应当在公司登记中注明自然人独资或者法人独资，并在公司营业执照中载明。一人有限责任公司章程由股东制定。

（二）组织机构的特别规定

一人有限责任公司不设股东会。法律规定的股东会职权由股东行使，当股东行使相应职权做出决定时，应当采用书面形式，并由股东签字后置备于公司。

（三）审计的特别规定

一人有限责任公司应当在每一会计年度终了时编制财务会计报告，并经会计师事务所审计。这是为了防止股东既是出资人，又是经营管理者，缺乏监督而导致的财务会计不实的情况发生。

（四）有限责任的特别规定

为防止一人有限责任公司的股东滥用公司法人人格与有限责任制度，将公司财产混同于个人财产，抽逃资产，损害债权人的利益，《公司法》规定，一人有限责任公司的股东不能证明公司财产独立于股东自己财产的，应当对公司债务承担连带责任。

五、国有独资公司的特别规定

国有独资公司是指国家单独出资、由国务院或者地方人民政府委托本级人民政府国有资产监督管理机构履行出资人职责的有限责任公司。《公司法》对国有独资公司的设立和组织机构也专门用了一节做了特殊规定，特殊规定以外的问题，则适用对有限责任公司的一般规定。

（一）章程制定的特别规定

国有独资公司章程由国有资产监督管理机构制定，或者由董事会制订，报国有资产监督管理机构批准。

（二）组织机构的特别规定

国有独资公司不设股东会，由国有资产监督管理机构行使股东会职权。国有资产监督管理机构可以授权公司董事会行使股东会的部分职权，决定公司的重大事项，但公司的合并、分立、解散、增减注册资本和发行公司债券，必须由国有资产监督管理机构决定。其中，国务院有关规定确定的重要国有独资公司的合并、分立、解散、申请破产，应当由国有资产监督管理机构审核后，报本级人民政府批准。

国有独资公司设立董事会，依照法律规定的有限责任公司董事会的职权和国有资产监督管理机构的授权行使职权，董事每届任期不得超过三年。董事会成员中应当有公司职工代表，董事会成员由国有资产监督管理机构委派。但是，董事会成员中的职工代表由公司职工代表大会选举产生。董事会设董事长一人，可以设副董事长。董事长、副董事长由国有资产监督管理机构从董事会成员中指定。

国有独资公司设经理，由董事会聘任或者解聘。国有独资公司经理的职权与普通有限责任公司相同。经国有资产监督管理机构同意，董事会成员可以兼任经理。

国有独资公司的董事长、副董事长、董事、高级管理人员，未经国有资产监督管理机构同意，不得在其他有限责任公司、股份有限公司或者其他经济组织兼职。

国有独资公司监事会成员不得少于五人，其中职工代表的比例不得低于1/3，具体比例由公司章程规定。监事会成员由国有资产监督管理机构委派，但是，监事会中的职工代表由公司职工代表大会选举产生。监事会主席由国有资产监督管理机构从监事会成员中指定。国有独资公司监事会的职权范围小于普通有限责任公司的监事会，包括：检查公司财务；对董事、高级管理人员执行公司职务的行为进行监督，对违反法律、行政法规、公司章程或者股东会决议的董事、高级管理人员提出罢免的建议；当董事、高级管理人员的行为损害公司的利益时，要求董事、高级管理人员予以纠正；国务院规定的其他职权。

六、有限责任公司的股权转让

[**案例讨论**] 原告滕芝青是被告常熟市建发医药有限公司的自然人股东，其出资4万元，拥有0.45%的股权。2012年7月31日，原告离职。被告于2014年12月8日书面通知原告，其股东权已依章程转让给工会，并要求其领取相应的转让款。之后，原告没有将出资证明交付给被告，被告也未将转让款交付给原告。2016年

3 月 10 日，原告起诉至法院，要求确认其股东身份，确认被告强迫转让股东权的行为无效。

问：转让股权的行为是否有效？

有限责任公司作为人合兼资合的公司，其股东转让股权受到一定法律限制。《公司法》第七十一条规定："有限责任公司的股东之间可以相互转让其全部或者部分股权。"股东向股东以外的人转让股权，应当经其他股东过半数同意。股东应就其股权转让事项书面通知其他股东征求同意，其他股东自接到书面通知之日起满 30 日未答复的，视为同意转让。其他股东半数以上不同意转让的，不同意的股东应当购买该转让的股权；不购买的，视为同意转让。经股东同意转让的股权，在同等条件下，其他股东有优先购买权。两个以上股东主张行使优先购买权的，协商确定各自的购买比例；协商不成的，按照转让时各自的出资比例行使优先购买权。公司章程对股权转让另有规定的，从其规定。

《公司法》还规定了特殊情况下股权的转让问题。人民法院依照法律规定的强制执行程序转让股东的股权时，应当通知公司及全体股东。其他股东在同等条件下有优先购买权。其他股东自人民法院通知之日起满 20 日不行使优先购买权的，视为放弃优先购买权。自然人股东死亡后，其合法继承人可以继承股东资格，但公司章程另有规定的除外。

股东转让股权后，公司应当注销原股东的出资证明书，向新股东签发出资证明书，并相应修改公司章程和股东名册中有关股东及其出资额的记载。对公司章程的该项修改不需再由股东会表决。

为维护少数股东权益，《公司法》设置了股东的股权回购请求权，规定有下列情形之一的，对股东会该项决议投反对票的股东可以请求公司按照合理的价格收购其股权：①公司连续五年不向股东分配利润，而公司该五年连续盈利，并且符合法律规定的分配利润条件的；②公司合并、分立、转让主要财产的；③公司章程规定的营业期限届满或者章程规定的其他解散事由出现，股东会会议通过决议修改章程使公司存续的。自股东会会议决议通过之日起 60 日内，股东与公司不能达成股权收购协议的，股东可以自股东会会议决议通过之日起 90 日内向人民法院提起诉讼。

［**案例提示**］根据公司法法理，股东权的自由转让是股东固有的一项权利，世界各国立法普遍承认股东权的自由转让性，股东权一经设立，除非经合法转让，或由国家强制力予以剥夺，或公司经清算程序予以分配，否则不能被变动。因此，股东权的自由转让原则当解释为强行性法律规范中的效力规定，凡违反该原则、限制股东权自由转让的章程条款应归于无效。明确了这一点后，就可以对《公司法》第七十二条第四款"公司章程对股权转让另有规定的，从其规定"的文义做出如下解释：章程仅能对股东向公司以外的第三人转让股权的相关要件及股东转让股权时其他股东优先权的行使方式做出不同于公司法的规定，而不能强迫股东转让其股东权。

第三节　股份有限公司

一、股份有限公司的概念和特征

（一）概念

股份有限公司是指全部资本划分为等额股份，股东以其所持股份为限对公司承担责任，公司以其全部资产为限对公司债务承担责任的企业法人。

（二）特征

股份有限公司的法律特征是：

1. 股东人数低限额

各国公司法均规定了股份有限公司的股东最低法定人数，对其上限则不做限制，使得公司股东具有最大的广泛性和不确定性。

2. 股东责任有限性

这一特征与有限公司相同，是区别于人合性公司的典型特征。

3. 股东出资等额性

这是股份有限公司区别于有限公司的重要特征。公司资本须分为等额股份。公司资本的等额股份化，使公司股东地位具有平等性。

4. 募集资本的公开性

股份有限公司采用公开发行股票的形式来募集资本。股票一般可以自由转让流通，同时也决定了公司的经营状况和财务会计报告必须公开。公开性是股份有限责任公司区别于有限公司的一大重要特征。

5. 设立要求严格

股份有限公司基于其经济地位、组织活动等的特点，决定了国家必须严格对其进行管理监督，因而法律对其设立条件、设立程序等均做了严格规定。

6. 典型的资合公司

股份有限公司的组成和信用基础是公司资本，与股东的信誉、地位、声望没有必然联系，股东不得以个人信用和劳务出资，一般也不直接参与公司的经营管理活动。

二、股份有限公司的设立

股份有限公司的设立采取准则制度，只要符合法律规定的条件，设立股份有限公司可直接向登记机关申请登记设立，不需要报行政主管机关批准。

（一）设立条件

《公司法》规定，设立股份有限公司，应当具备下列条件：

1. 发起人符合法定人数

发起人为 2 人以上 200 人以下，其中须有半数以上的发起人在中国境内有住所。股份有限公司发起人承担公司筹办事务。发起人应当签订发起人协议，明确各自在公司设立过程中的权利和义务。《公司法解释三》规定：为设立公司而签署公司章程、向公司认购出资或者股份并履行公司设立职责的人，应当认定为公司的发起人。可见，发起人的主要特征是履行公司设立职责的股东。

股份有限公司成立后，发起人未按照公司章程的规定缴足出资的，应当补缴；其他发起人承担连带责任。股份有限公司成立后，发现作为设立公司出资的非货币财产的实际价额明显低于公司章程所定价额的，应当由交付该出资的发起人补足其差额；其他发起人承担连带责任。

股份有限公司的发起人应当承担下列责任：①公司不能成立时，对设立行为所产生的债务和费用负连带责任；②公司不能成立时，对认股人已缴纳的股款，负返还股款并加算银行同期存款利息的连带责任；③在公司设立过程中，由于发起人的过失致使公司利益受到损害的，应当对公司承担赔偿责任。

2. 财产条件

（1）注册资本。股份有限公司采取发起设立方式设立的，注册资本为在公司登记机关登记的全体发起人认购的股本总额，在发起人缴足出资额前，不得向他人募集股份。股份有限公司采取募集方式设立的，注册资本为在公司登记机关登记的实收股本总额。法律、行政法规以及国务院决定对股份有限公司注册资本实缴、注册资本最低限额另有规定的，从其规定。

（2）缴纳注册资本的方式和期限。

股份有限公司发起人的出资方式与有限责任公司股东相同。

以发起设立方式设立股份有限公司的，发起人应当书面认足公司章程规定其认购的股份，并按照公司章程规定缴纳出资。以非货币财产出资的，应当依法办理其财产权的转移手续。发起人不按照规定缴纳出资的。应当按照发起人协议的约定承担违约责任。发起人认足公司章程规定的出资后，应当选举董事会和监事会，由董事会向公司登记机关报送公司章程以及法律、行政法规规定的其他文件，申请设立登记。

股份有限公司采取募集设立方式设立的，注册资本为在公司登记机关登记的实收股本总额。这意味着：以募集设立方式设立的股份公司，股东必须在设立时缴纳全部出资。另外，以募集设立方式设立股份有限公司的，发起人认购的股份不得少于公司股份总数的 35%；但法律、行政法规另有规定的，从其规定。

股东出资额或者发起人认购股份、出资时间及方式由公司章程规定。发生变化的，应当修改公司章程并向公司登记机关依法申请办理公司章程或者公司章程修正案备案。2014 年 3 月 1 日之后，有限公司股东和发起设立之股份公司发起人实缴出资时无须验资。需履行验资程序的只有募集设立之股份公司的发起人和认股人的出资。

3. 股份发行、筹办事项符合法律规定

4. 发起人制订公司章程，采用募集方式设立的须经创立大会通过

股份有限公司章程应当载明下列事项：①公司名称和住所；②公司经营范围；③公司设立方式；④公司股份总数、每股金额和注册资本；⑤发起人的姓名或者名称、认购的股份数、出资方式和出资时间；⑥董事会的组成、职权、任期和议事规则；⑦公司法定代表人；⑧监事会的组成、职权、任期和议事规则；⑨公司利润分配办法；⑩公司的解散事由与清算办法；⑪公司的通知和公告办法；⑫股东大会会议认为需要规定的其他事项。

5. 有公司名称，建立符合股份有限公司要求的组织机构

6. 有公司住所

（二）设立方式

1. 发起设立

发起设立是指由发起人认购公司应发行的全部股份而设立公司。

2. 募集设立

募集设立是指由发起人认购公司应发行股份的一部分，其余股份向社会公开募集或者向特定对象募集而设立公司。

采取募集方式设立的，注册资本为在公司登记机关登记的实收股本总额，发起人认购的股份不得少于公司股份总数的35%，即仍然采用法定资本制。

（三）设立程序

1. 签订发起人协议

该协议包括各个发起人的基本情况、认缴股份方式等发起设立股份有限公司过程中的相关权利义务。

2. 报经有关部门批准

这主要是涉及依据法律、行政法规规定设立公司必须报经批准的，应当在公司登记前依法办理批准手续。除了法律、行政法规有特别规定的外，设立股份公司不需要经过特别批准，可以直接向企业登记机关注册设立。

3. 申请名称预先核准，制订公司章程

4. 认购股份

发起人向社会公开募集股份，必须公告招股说明书，并制作认股书。认股书应当载明法律所列事项，由认股人填写认购股数、金额、住所，并签字、盖章。认股人按照所认购股数缴纳股款，招股说明书应当附有发起人制订的公司章程，并载明下列事项：①发起人认购的股份数；②每股的票面金额和发行价格；③无记名股票的发行总数；④募集资金的用途；⑤认股人的权利、义务；⑥本次募股的起止期限及逾期未募足时，认股人可以撤回所认股份的说明。

发起人向社会公开募集股份，应当由依法设立的证券公司承销，并签订承销协

议，同时还应同银行签订代收股款协议。代收股款的银行应当按照协议代收和保存股款，向缴纳股款的认股人出具收款单据，并负有向有关部门出具收款证明的义务。

发起人、认股人缴纳股款或者交付抵作股款的出资后，除未按期募足股份、发起人未按期召开创立大会或者创立大会决议不设立公司的情形外，不得抽回其股本。

5. 选举董事会和监事会，由董事会依法向公司登记机关申请设立登记

发起设立方式设立公司的，发起人首次缴纳出资后，应当选举董事会和监事会，由董事会依法向公司登记机关申请设立登记。募集设立方式设立公司的，发起人应当在足额缴纳股款、验资证明出具之日后 30 日内召开公司创立大会。创立大会由发起人、认股人组成。

发起人应当在创立大会召开 15 日前将会议日期通知各认股人或者予以公告。创立大会应有代表股份总数过半数的发起人、认股人出席，方可举行。创立大会行使下列职权：①审议发起人关于公司筹办情况的报告；②通过公司章程；③选举董事会成员；④选举监事会成员；⑤对公司的设立费用进行审核；⑥对发起人用于抵作股款的财产的作价进行审核；⑦发生不可抗力或者经营条件发生重大变化直接影响公司设立的，可以做出不设立公司的决议。创立大会对上述事项做出决议，必须经出席会议的认股人所持表决权过半数通过。

董事会应于创立大会结束后 30 日内，依法向公司登记机关申请设立登记。

6. 发行股票

股份有限公司成立后，即向股东正式交付股票，公司成立前不得向股东交付股票，公司发行的股票，既可以为记名股票也可以为无记名股票。公司向发起人、法人发行的股票，应当为记名股票。

7. 公告

公告登记的内容应当与登记机关核准登记的内容一致。

有限责任公司变更为股份有限公司时，折合的实收股本总额不得高于公司净资产额。有限责任公司变更为股份有限公司，为增加资本公开发行股份时，应当依法办理。

三、组织机构

［案例讨论］某股份有限公司是一家于 2010 年 8 月在上海证券交易所上市的上市公司。该公司董事会于 2016 年 3 月 1 日召开会议，该次会议召开的情况以及讨论的有关问题如下：①公司董事会由 7 名董事组成。出席该次会议的董事有董事 A、董事 B、董事 C、董事 D；董事 E 因出国考察不能出席会议；董事 F 因参加人民代表大会不能出席会议，电话委托董事 A 代为出席并表决；董事 G 因病不能出席会议，委托董事会秘书 H 代为出席并表决。②出席本次董事会会议的董事讨论并一致做出决定，于 2016 年 4 月 8 日举行公司 2015 年度股东大会年会，除例行提交有关事项由该次股东大会年会审议通过外，还将就下列事项提交该次会议以普通决议审

议通过，即增加2名独立董事、修改公司章程。③根据总经理的提名，出席本次董事会会议的董事讨论并一致同意，聘任张某为公司财务负责人，并决定给予张某年薪10万元；董事会会议讨论通过了公司内部机构设置的方案，表决时，除董事B反对外，其他均表示同意。④该次董事会会议记录，由出席董事会会议的全体董事和列席会议的监事签字后存档。

问：(1) 根据要点①所提示的内容，出席该次董事会会议的董事人数是否符合规定？董事F和董事G委托他人出席该次董事会会议是否有效？

(2) 指出要点②中不符合有关规定之处，并说明理由。

(3) 根据要点③所提示的内容，董事会通过的两项决议是否符合规定？

(4) 指出要点④的不规范之处，并说明理由。

( ) 股东大会

1. 组成

股份有限公司股东大会由全体股东组成。

2. 职权

股东大会是公司的权力机构，依法行使职权，其职权范围与有限责任公司股东会相同。

3. 召开

股东大会分为年会与临时大会。股东大会年会应当每年召开一次，有下列情形之一的，应当在两个月内召开临时股东大会。①董事人数不足《公司法》规定人数或者公司章程所定人数的2/3时；②公司未弥补的亏损达实收股本总额1/3时；③单独或者合计持有公司10%以上股份的股东请求时；④董事会认为必要时；⑤监事会提议召开时；⑥公司章程规定的其他情形。

股东大会会议由董事会召集，董事长主持；董事长不能或者不履行职务的，由副董事长主持；副董事长不能或者不履行职务的，由半数以上董事共同推举一名董事主持。董事会不能或者不履行召集股东大会会议职责的，监事会应当及时召集和主持；监事会不召集和主持的，连续90日以上单独或者合计持有公司10%以上股份的股东可以自行召集和主持。

召开股东大会会议，应当将会议召开的时间、地点和审议的事项于会议召开20日前通知各股东；临时股东大会应当于会议召开15日前通知各股东；发行无记名股票的，应当于会议召开30日前公告会议召开的时间、地点和审议事项。

单独或者合计持有公司3%以上股份的股东，可以在股东大会召开10日前提出临时提案并书面提交董事会；董事会应当在收到提案后2日内通知其他股东，并将该临时提案提交股东大会审议。临时提案的内容应当属于股东大会职权范围，并有明确议题和具体决议事项。股东大会不得对向股东通知中未列明的事项做出决议。无记名股票持有人出席股东大会会议的，应当于会议召开5日前至股东大会闭会时将股票交存于公司。

4. 表决

股东出席股东大会会议，所持每一股份有一表决权。股东可以委托代理人出席股东大会会议，代理人应当向公司提交股东授权委托书，并在授权范围内行使表决权。公司持有的本公司股份没有表决权。

股东大会决议的事项分为普通事项与特别事项两类。股东大会对普通事项做出决议，必须经出席会议的股东所持表决权过半数通过。股东大会对修改公司章程、增加或者减少注册资本，以及公司合并、分立、解散或者变更公司形式的特别事项做出决议，必须经出席会议的股东所持表决权的 2/3 以上通过。

《公司法》和公司章程规定公司转让、受让重大资产或者对外提供担保等事项必须经股东大会做出决议的，董事会应当及时召集股东大会会议，由股东大会就上述事项进行表决。

股东大会应当对所议事项的决定做成会议记录，主持人、出席会议的董事应当在会议记录上签字。会议记录应当与出席股东的签字册及代理出席的委托书一并保存。

5. 累积投票制

股东大会选举董事、监事，可以根据公司章程的规定或者股东大会的决议，实行累积投票制。累积投票制是指股东大会选举董事或者监事时，每一股份拥有与应选董事或者监事人数相同的表决权，股东拥有的表决权可以集中使用。累积投票制的实施有利于中小股东按照其持股比例选举代表进入公司管理层。参与董事会的活动，保护其利益。根据《上市公司治理准则》的规定，控股股东控股比例在 30% 以上的上市公司，应当采用累积投票制。采用累积投票制度的上市公司应在公司章程里规定该制度的实施细则。

其他股份有限公司也可以依据公司章程的规定或者股东大会的决议，实行累积投票制。

（二）董事会

1. 组成

股份有限公司设董事会，其成员为 5 ~ 19 人，董事会成员中可以有公司职工代表。董事会中的职工代表由公司职工通过职工代表大会、职工大会或者其他形式民主选举产生。

2. 职权

股份有限公司董事的任期、董事会的职权与有限责任公司相同。

3. 召开

董事会设董事长一人，可以设副董事长。董事长和副董事长由董事会以全体董事的过半数选举产生。董事长召集和主持董事会会议，检查董事会决议的实施情况。副董事长协助董事长工作，董事长不能或者不履行职务的，由副董事长履行职务；副董事长不能或者不履行职务的，由半数以上董事共同推举一名董事履行职务。

董事会每年度至少召开两次会议，每次会议应当于会议召开 10 日前通知全体董事和监事。代表 1/10 以上表决权的股东、1/3 以上董事或者监事会，可以提议召开董事会临时会议。董事长应当自接到提议后 10 日内，召集和主持董事会会议。董事会召开临时会议，可以另定召集董事会的通知方式和通知时限。

4. 决议

董事会会议应有过半数的董事出席方可举行。董事会做出决议必须经全体董事的过半数通过，董事会决议的表决实行一人一票。董事会会议应由董事本人出席，董事因故不能出席，可以书面委托其他董事代为出席，委托书中应载明授权范围。

5. 记录

董事会应当对会议所议事项的决定做成会议记录，出席会议的董事应当在会议记录上签字。董事应当对董事会的决议承担责任。董事会的决议违反法律、行政法规或者公司章程、股东大会决议，致使公司遭受严重损失的，参与决议的董事对公司负赔偿责任。但经证明在表决时曾表明异议并记载于会议记录的，该董事可以免除责任。

股份有限公司设经理，由董事会决定聘任或者解聘，其职权与有限责任公司经理相同。公司董事会可以决定由董事会成员兼任经理。

公司应当定期向股东披露董事、监事、高级管理人员从公司获得报酬的情况。公司不得直接或者通过子公司向董事、监事、高级管理人员提供借款。

（三）监事会

1. 组成

股份有限公司设立监事会，其成员不得少于 3 人。监事会应当包括股东代表和适当比例的公司职工代表，其中职工代表的比例不得低于 1/3，具体比例由公司章程规定。监事会中的职工代表由公司职工通过职工代表大会、职工大会或者其他形式民主选举产生。董事、高级管理人员不得兼任监事。

2. 职权

股份有限公司监事的任期、监事会的职权与有限责任公司相同。监事会行使职权所必需的费用，由公司承担。

3. 召开

监事会设主席一人，可以设副主席。监事会主席和副主席由全体监事过半数选举产生。监事会主席召集和主持监事会会议；监事会主席不能或者不履行职务的，由监事会副主席召集和主持监事会会议；监事会副主席不能或者不履行职务的，由半数以上监事共同推举一名监事召集和主持监事会会议。

监事会每六个月至少召开一次会议，监事可以提议召开临时监事会会议。监事会的议事方式和表决程序，除法律有规定的外，由公司章程规定。监事会应当对所议事项的决定做成会议记录，出席会议的监事应当在会议记录上签字。

[案例提示]（1）董事会会议有过半数的董事出席方可举行。董事因故不能出席董事会会议时，可以书面委托其他董事代为出席。

（2）修改公司章程由股东大会以特别决议通过。

（3）聘任财务负责人并决定其报酬的事项属于董事会的职权范围。董事会决议必须经全体董事的过半数通过。

（4）董事会的会议记录由出席会议的董事签字。

四、上市公司组织机构的特别规定

上市公司是指其股票在证券交易所上市交易的股份有限公司。《公司法》对上市公司组织机构与活动原则的特别规定主要有以下几项：

（1）增加股东大会特别决议事项。上市公司在一年内购买、出售重大资产或者担保金额超过公司资产总额30%的，应当由股东大会做出决议，并经出席会议的股东所持表决权的2/3以上通过。

（2）上市公司设立独立董事，具体办法由国务院规定。独立董事是指不在公司担任除董事外的其他职务，并与其所受聘的上市公司及其主要股东不存在可能妨碍其进行独立客观判断的关系的董事。独立董事除了应履行董事的一般职责外，主要职责在于对控股股东及其选任的上市公司的董事、高级管理人员以及其与公司进行的关联交易等进行监督。

（3）上市公司设立董事会秘书，负责公司股东大会和董事会会议的筹备、文件保管以及公司股权管理、办理信息披露事务等事宜。

（4）增设关联关系董事的表决权排除制度。上市公司董事与董事会会议决议事项所涉及的企业有关联关系的，不得对该项决议行使表决权，也不得代理其他董事行使表决权。该董事会会议由过半数的无关联关系董事出席即可举行，董事会会议所做决议须经无关联关系董事过半数通过。出席董事会的无关联关系董事人数不足3人的，应将该事项提交上市公司股东大会审议。

五、股份有限公司的股份发行和转让

（一）股份发行

股份有限公司的基本特征之一是将注册资本划分为金额相等的股份。公司的股份采取股票的表现形式。股票是公司签发的证明股东所持股份的凭证。

股份的发行，实行公平、公正的原则，同种类的每一股份应当具有同等权利。同次发行的同种类股票，每股的发行条件和价格应当相同；任何单位或者个人所认购的股份，每股应当支付相同价额。

股票发行价格既可以按票面金额也可以超过票面金额，但不得低于票面金额。因为低于票面金额发行股票，违背资本充实原则，会使股票发行募集的资金低于公司相应的注册资本数额，出现资本虚增，从而影响交易安全、危及债权人的利益。

股票采用纸面形式或者国务院证券监督管理机构规定的其他形式。目前我国上市公司股票的发行、交易均已通过计算机采用存储信息等无纸化方式进行。股票应当载明下列主要事项：①公司名称；②公司成立日期；③股票种类、票面金额及代表的股份数；④股票的编号。股票由法定代表人签字、公司盖章。股份有限公司成立后，即向股东正式交付股票。公司成立前不得向股东交付股票。

公司发行的股票，可以为记名股票，也可以为无记名股票。国务院可以对公司发行《公司法》规定以外的其他种类的股份，另行做出规定。发起人的股票，应当标明发起人股票字样。公司向发起人、法人发行的股票为记名股票，应当记载该发起人、法人的名称或者姓名，不得另立户名或者以代表人姓名记名。

公司发行记名股票的，应当置备股东名册，记载下列事项：①股东的姓名或者名称及住所；②各股东所持股份数；③各股东所持股票的编号；④各股东取得股份的日期。发行无记名股票的，公司应当记载其股票数量、编号及发行日期。

公司发行新股，依照公司章程的规定由股东大会或者董事会对下列事项做出决议：①新股种类及数额；②新股发行价格；③新股发行的起止日期；④向原有股东发行新股的种类及数额。

公司经国务院证券监督管理机构核准公开发行新股时，必须公告新股招股说明书和财务会计报告，并制作认股书。公司公开发行新股应当由依法设立的证券公司承销，签订承销协议，并同银行签订代收股款协议。公司发行新股，可以根据公司经营情况和财务状况，确定其作价方案。公司发行新股募足股款后，必须向公司登记机关办理变更登记并公告。

（二）股份转让

股份有限公司的股份以自由转让为原则，以法律限制为例外。根据《公司法》的规定，股东持有的股份可以依法转让。股东转让其股份，应当在依法设立的证券交易场所进行或者按照国务院规定的其他方式进行。上市公司的股票，依照有关法律、行政法规及证券交易所交易规则上市交易。

1. 转让方式

记名股票由股东以背书方式或者法律、行政法规规定的其他方式转让，转让后由公司将受让人的姓名或者名称及住所记载于股东名册。股东大会召开前20日内或者公司决定分配股利的基准日前5日内，不得进行股东名册的变更登记，但法律对上市公司股东名册变更登记另有规定的，从其规定。无记名股票的转让，由股东将该股票交付给受让人后即发生转让的效力。

2. 转让限制

（1）发起人转让股份的限制。《公司法》规定，发起人持有的本公司股份，自公司成立之日起一年内不得转让，因司法强制执行、继承、遗赠、依法分割财产等导致股份变动的除外。限制股份公司发起人股份转让的目的是，防止发起人利用发起股份公司“圈钱”后向公众投资者转嫁投资风险。

（2）非公开发行股份转让的限制。公司公开发行股份前已发行的股份，自公司股票在证券交易所上市交易之日起1年内不得转让。因司法强制执行、继承、遗赠、依法分割财产等导致股份变动的除外。限制公开发行前已发行股份的转让，目的是保持公司上市前后股权结构稳定，防止公司一上市就发生重大股权结构变化。

（3）董事、监事、高级管理人员转让股份的限制。公司董事、监事、高级管理人员应当向公司申报所持有的本公司的股份及其变动情况，在任职期间每年转让的股份不得超过其所持有本公司股份总数的25%；所持本公司股份自公司股票上市交易之日起一年内不得转让。上述人员离职后半年内，不得转让其所持有的本公司股份。但是因司法强制执行、继承、遗赠、依法分割财产等导致股份变动的除外。上市公司董事、监事和高级管理人员所持股份不超过1 000股的，可一次全部转让，不受上述转让比例的限制。公司章程可以对公司董事、监事、高级管理人员转让其所持有的本公司股份做出其他限制性规定。

（4）公司收购自身股份的限制。公司不得收购本公司股份，但有下列情形之一的除外：①减少公司注册资本；②与持有本公司股份的其他公司合并；③将股份奖励给本公司职工；④股东因对股东大会做出的公司合并、分立决议持异议，要求公司收购其股份的。公司因上述①②③项的原因收购本公司股份的，应当经股东大会决议。公司收购本公司股份后，属于第①项情形的，应当自收购之日起10日内注销；属于第②④项情形的，应当在6个月内转让或者注销。公司依照第③项规定收购的本公司股份，不得超过本公司已发行股份总额的5%，用于收购的资金应当从公司的税后利润中支出，所收购的股份应当在一年内转让给职工。

（5）股票质押的限制。为防止变相违规收购本公司股份，公司不得接受本公司的股票作为质押权的标的。

本章思考题

1. 什么是公司资本三原则？
2. 当小股东权益受损时，现行公司法规定了哪些救济机制？
3. 有限公司和股份有限公司法律特征有哪些异同？
4. 我国公司法确立的公司法人格否认原则体现在哪些方面？
5. 股份有限公司设立的条件有哪些？
6. 法律对于一人公司有哪些特殊规定？

案例讨论

中国证监会的某证券监管派出机构于2016年8月在对甲上市公司进行例行检查时，发现该公司存在以下事实：

1. 2016年2月10日，经甲公司股东大会决议，甲公司为减少注册资本而收购本公司股份1 000万股，甲公司于3月10日将其注销。

2. 2016年4月1日，经甲公司股东大会决议，甲公司为奖励职工而收购本公司6%的股份，收购资金6 000万元全部计入甲公司的成本费用，截至7月1日，收购的股份尚未转让给职工。

3. 2016年5月，经甲公司董事会同意，董事王某同甲公司进行了一项交易，王某从中获利20万元。

4. 甲公司董事张某在执行公司职务时违反公司章程的规定，给公司造成了100万元的经济损失。2016年5月10日，连续180日持有甲公司2%的股份的A股东，书面请求甲公司监事会向人民法院提起诉讼，但监事会直至6月15日仍未对张某提起诉讼。

5. 2016年6月，乙公司严重侵犯了甲公司的专利权，给甲公司造成了重大损失，但甲公司怠于对乙公司提起诉讼。

要求：根据公司法律制度的规定，分别回答以下问题。

（1）根据要点1所提示的内容，指出甲公司的做法存在哪些不符合规定之处？

（2）根据要点2所提示的内容，指出甲公司的做法存在哪些不符合规定之处？

（3）根据要点3所提示的内容，董事王某同甲公司的交易是否符合规定？王某的收入应如何处理？

（4）根据要点4所提示的内容，指出A股东还可以采取什么行动？

（5）根据要点5所提示的内容，连续180日持有甲公司2%的股份的A股东可以通过哪些途径对乙公司提起诉讼？

第三章　合伙企业法律制度

内容提示

本章首先介绍了合伙、合伙企业的概念，然后重点介绍普通合伙企业的设立条件、设立程序，合伙企业的财产构成，合伙企业的事务管理，合伙人的权利和义务，合伙企业与第三人的关系，合伙企业的入伙、退伙、解散与清算等。最后介绍了有限合伙企业的相关法律规定。

相关法规

《中华人民共和国合伙企业法》（以下简称《合伙企业法》）（全国人大常委会，2006 年 8 月 27 日修订通过，2007 年 6 月 1 日起施行）

第一节　合伙与合伙企业法概述

一、合伙、合伙企业的概念和种类

（一）合伙和合伙企业的概念

1. 合伙的概念

合伙是指两个或两个以上的人为了共同目的，相互约定共同出资、共同经营、共享收益、共担风险的自愿联合。合伙制度源于《罗马法》。在《罗马法》中，合伙是一种合意契约，它是两人以上相互承担义务将物品或者劳务集中起来，以实现某一合法并且具有功利的目的。《法国民法典》规定：合伙为两人或数人同意将若干财产共集一处，而以分配其经营利益为目的的契约。这些规定，都是传统意义上的合伙，具有契约的性质，不承认合伙的团体人格。

2. 合伙企业的概念

《合伙企业法》第二条规定："本法所称合伙企业，是指自然人、法人和其他组织依照本法在中国境内设立的普通合伙企业和有限合伙企业。普通合伙企业由普通合伙人组成，合伙人对合伙企业债务承担无限连带责任。本法对普通合伙人承担责任的形式有特别规定的，从其规定。有限合伙企业由普通合伙人和有限合伙人组成，普通合伙人对合伙企业债务承担无限连带责任，有限合伙人以其认缴的出资额为限对合伙企业债务承担责任。"

从合伙企业法中所指合伙的概念来看，既不能仅仅将合伙看成一种合同关系，也不能单纯将合伙归结为一种企业形式，合伙应是一种以合同关系为基础的企业组织形式。

（二）合伙企业的分类

合伙企业分为普通合伙企业和有限合伙企业。普通合伙企业由普通合伙人组成，合伙人对合伙企业债务承担无限连带责任。《合伙企业法》对普通合伙人承担责任的形式有特别规定的，从其规定。有限合伙企业由普通合伙人和有限合伙人组成。普通合伙人对合伙企业债务承担无限连带责任，有限合伙人以其认缴的出资额为限对合伙企业债务承担责任。

二、合伙企业法概述

（一）合伙企业法的概念

狭义的合伙企业法是指由国家最高立法机关依法制定的、规范合伙企业合伙关系的专门法律，即《合伙企业法》。该法于2006年8月27日第十届全国人民代表大会常务委员会第二十三次会议修订。广义的合伙企业法是指由国家立法机关或者其他有权机关依法制定的、调整合伙企业合伙关系的各种法律规范的总称。因此，除了《合伙企业法》外，国家有关法律、行政法规和规章中关于合伙企业的法律规范，都属于合伙企业法的范畴。

（二）合伙企业法的基本原则

（1）协商原则。合伙协议是合伙人建立合伙关系、确定合伙人各自的权利义务、使合伙企业得以设立的前提，也是合伙企业的基础。合伙协议依法由全体合伙人协商一致、以书面形式订立。

（2）自愿、平等、公平、诚实信用原则。订立合伙协议、设立合伙企业，应当遵循自愿、平等、公平、诚实信用原则。①自愿原则是指全体合伙人在签订合伙协议、设立合伙企业的过程中，充分表达自己的真实意愿，根据自己的真实意愿做出签订合伙协议、设立合伙企业的意思表示。②平等原则是指全体合伙人在签订合伙协议、设立合伙企业的过程中，具有平等法律地位、享受平等的法律待遇以及享有平等的法律保护。③公平原则是指全体合伙人在签订合伙协议、设立合伙企业的过程中，应当能够本着公平的观念实施自己的行为。同时，司法机关也应当本着公平的观念处理有关纠纷。④诚实信用原则是指全体合伙人在签订合伙协议、设立合伙企业的过程中，讲诚实、守信用，以善意的方式处理有关问题。

（3）守法原则。合伙企业及其合伙人必须遵守法律、行政法规，遵守社会公德、商业道德，承担社会责任。

（4）合法权益受法律保护原则。合伙企业及其合伙人的合法财产和合法权益受法律保护。这主要包括两方面的内容：①受法律保护的对象是合法的财产和权益，也就是合伙企业及其合伙人财产应属于合法占有的财产，其权益也属于依法所享有的权益。非法占有的财产、非法所得利益，不仅不受法律的保护，而且还要受到法律的制裁，责任人还应依法承担相应的法律责任。②严禁任何单位和个人侵犯合伙企业及其合伙人合法占有的财产和依法应享有的权益。

（5）依法纳税原则。依法纳税是每个公民和企业应尽的义务。合伙企业的生产经营所得和其他所得，按照国家有关税收规定，由合伙人分别缴纳所得税。合伙企业的生产经营所得和其他所得是指合伙企业从事生产经营以及与生产经营有关的活动所取得的各项收入。合伙企业不缴纳企业所得税。

（三）合伙企业法的适用

《合伙企业法》适用于合伙企业以及采取合伙制的非企业专业服务机构的合伙人承担责任形式的法律适用问题。非企业专业服务机构依据有关法律采取合伙制的，其合伙人承担责任的形式可以适用《合伙企业法》关于特殊的普通合伙企业合伙人承担责任的规定。非企业专业服务机构是指不采取企业（如公司制）形式成立的、不以营利为目的的、以自己专业知识提供特定咨询等方面服务的组织。

另外，《合伙企业法》规定，外国企业或者个人在中国境内设立合伙企业的管理办法由国务院规定。《合伙企业法》没有禁止外国企业或者个人在中国境内设立合伙企业，但具体的诸如一些程序性的问题等，需要由国务院做出具体的规定。

第二节　普通合伙企业

一、普通合伙企业的概念

普通合伙企业是指由普通合伙人组成，合伙人对合伙企业债务依照《合伙企业法》规定承担无限连带责任的一种合伙企业。普通合伙企业具有以下特点：

（1）由普通合伙人组成。所谓普通合伙人是指在合伙企业中对合伙企业的债务依法承担无限连带责任的自然人、法人和其他组织。《合伙企业法》规定，国有独资公司、国有企业、上市公司以及公益性的事业单位、社会团体不得成为普通合伙人。

（2）合伙人对合伙企业债务依法承担无限连带责任，法律另有规定的除外。无限连带责任包括两个方面：①连带责任，即所有的合伙人对合伙企业的债务都有责任向债权人偿还，不管自己在合伙协议中所承担的比例如何。一个合伙人不能清偿对外债务的，其他合伙人都有清偿的责任。但是，当某一合伙人偿还合伙企业的债务超过自己所应承担的数额时，有权向其他合伙人追偿。②无限责任，即所有的合伙人不仅以自己投入合伙企业的资金和合伙企业的其他资金对债权人承担清偿责任，而且在不够清偿时还要以合伙人自己所有的财产对债权人承担清偿责任。

所谓法律另有规定的除外，是指《合伙企业法》有特殊规定的，合伙人可以不承担无限连带责任。按照《合伙企业法》中“特殊普通合伙企业”的规定，对以专业知识和专门技能为客户提供有偿服务的专业服务机构，可以设立为特殊的普通合伙企业。在这种特殊的普通合伙企业中，对合伙人本人执业行为中因故意或者重大过失引起的合伙企业债务，其他合伙人以其在合伙企业中的财产份额为限承担责任；执业行为中因故意或者重大过失引起合伙企业债务的合伙人，应当承担无限连带责任；对合伙人本人执业行为中非故意或者重大过失引起的合伙企业的债务和合伙企业的其他债务，全体合伙人承担无限连带责任。对合伙人执业行为中因故意或者重大过失引起的企业债务，以合伙企业财产对外承担责任后，该合伙人应当按照合伙协议的约定对给合伙企业造成的损失承担赔偿责任。

二、合伙企业的设立

（一）合伙企业设立的条件

《合伙企业法》第十四条规定，设立合伙企业，应当具备以下条件：

1. 合伙人

设立合伙企业应当有两个或两个以上的合伙人。合伙人为自然人的，应当具有完全民事行为能力。合伙企业合伙人至少为2人以上，对于合伙企业合伙人数的最高限额，《合伙企业法》未做规定，完全由设立人根据所设企业的具体情况决定。

关于合伙人的资格，《合伙企业法》做了以下限定：①合伙人可以是自然人，也可以是法人或者其他组织。如何组成，除法律另有规定外不受限制。②合伙人为自然人的，应当具有完全民事行为能力。无民事行为能力人和限制民事行为能力人不得成为合伙企业的合伙人。③国有独资公司、国有企业、上市公司以及公益性的事业单位、社会团体不得成为普通合伙人。

2. 合伙协议

（1）合伙协议的订立和效力。合伙协议是指由各合伙人通过协商，共同决定相互间的权利、义务，达成的具有法律约束力的协议。根据《合伙企业法》第十四条第二款的规定，合伙企业应当有书面的合伙协议。《合伙企业法》第十九条规定，合伙协议经全体合伙人签字、盖章后生效。合伙人按照合伙协议享有权利、履行义务。修改或者补充合伙协议，应当经全体合伙人一致同意。但是，合伙协议另有约定的除外。合伙协议未约定或者约定不明确的事项，由合伙人协商决定；协商不成的，依照本法和其他有关法律、行政法规的规定处理。

（2）合伙协议的条款。《合伙企业法》第十八条规定，合伙协议应当载明以下事项：合伙企业的名称和主要经营场所的地点；合伙目的和合伙企业的经营范围；全体合伙人的姓名及其住所；合伙人出资的方式、数额和缴付出资的期限；利润分配和亏损分担办法；合伙企业的事务执行；入伙与退伙；合伙企业的解散与清算；违约责任。

3. 合伙出资

（1）出资的形式。合伙协议生效后，合伙人应当按照合伙协议的规定缴纳出资。根据《合伙企业法》第十六条的规定，合伙人可以用货币、实物、土地使用权、知识产权或者其他财产权利出资，也可以用劳务出资。合伙人以实物、知识产权、土地使用权或者其他财产权利出资，需要评估作价的，可以由全体合伙人协商确定，也可以由全体合伙人委托法定评估机构评估。合伙人以劳务出资的，其评估办法由全体合伙人协商确定，并在合伙协议中载明。

上述所称货币，是指充当一般等价物的特殊商品，是金钱的具体表现形式和度量单位；实物，一般是指厂房和其他建筑物、机器设备、原材料、零部件等；知识产权，是指基于智力的创造性活动所产生的由法律赋予知识产品所有人对其智力成果所享有的某些专有权利，包括著作权、专利权、商标权、发明权和发现权以及其他科技成果权等。

（2）出资义务的履行。合伙人应当按照合伙协议约定的出资方式、数额和缴付出资的期限，履行出资义务。《合伙企业法》第十七条规定，合伙人应当按照合伙协议约定的出资方式、数额和缴付期限，履行出资义务。以非货币财产出资的，依照法律、行政法规的规定，需要办理财产权转移手续的，应当依法办理。

4. 合伙名称

合伙企业应当有自己的名称。《合伙企业法》第十五条规定，合伙企业名称中应当标明“普通合伙”字样。

5. 营业场所及必要条件

合伙企业要经常性、持续性地从事生产经营活动，就必须有一定的营业场所和从事合伙经营的必要条件。所谓必要条件，就是根据合伙企业的合伙目的和经营范围所需要的物质条件，如果欠缺则无法从事生产经营活动。

（二）合伙企业的设立登记

合伙企业的设立登记，相关事宜如下：

1. 登记机关

工商行政管理机关是合伙企业登记机关。国务院工商行政管理部门主管全国的合伙企业登记工作。市、县工商行政管理机关负责本辖区内的合伙企业登记。

2. 申请人

设立合伙企业应当以全体合伙人为申请人。但是，按照规定，申请合伙企业登记的具体事务，应当由全体合伙人从他们当中指定的代表或者他们共同委托的代理人负责办理。代表的指定或者代理人的委托，应当采用书面形式。

3. 登记事项

合伙企业的登记事项包括合伙企业的名称、经营场所、经营范围、经营方式和合伙人的姓名及住所、出资额及出资方式。合伙企业如果确定了执行事务的合伙人或者设立分支机构，登记事项中还应当包括执行事务的合伙人或者分支机构的情况。

4. 申请文件

申请设立合伙企业，应向企业登记机关提交以下文件：①全体合伙人签署的合伙申请书；②全体合伙人的身份证明；③全体合伙人指定的代表或者共同委托的代理人的委托书；④合伙协议；⑤出资权属证明；⑥经营场所证明；⑦国务院工商行政管理部门规定提交的其他文件。法律法规规定设立合伙企业须报经审批的，还应当提交有关批准文件。合伙协议约定或全体合伙人决定，委托一名或者数名合伙人执行合伙事务的，还应当提交全体合伙人的委托书。

5. 登记并颁发营业执照

申请人提交的登记申请材料齐全、符合法定形式，企业登记机关能够当场登记的，应予当场登记，发给营业执照。如果申请人提交的登记申请材料不齐全、也不完全符合法定形式，需要补充有关材料，才能达到法定情形的，或者企业登记机关认为当场难以发给营业执照，对有关材料需要进一步核实等情况的，企业登记机关可以不予当场登记，但应当自受理申请之日起20日内，做出是否登记的决定。予以登记的，发给营业执照；不予登记的，应当给予书面答复，并说明理由。合伙企业的营业执照签发日期，为合伙企业的成立日期。合伙企业领取营业执照前，合伙人不得以合伙企业名义从事合伙业务。

合伙企业设立分支机构，应当向分支机构所在地的企业登记机关申请登记，领取营业执照。合伙企业登记事项发生变更的，执行合伙事务的合伙人应当自做出变更决定或者发生变更事由之日起15日内，向企业登记机关申请办理变更登记。

三、合伙企业的财产

[案例讨论] 甲、乙、丙三人分别出资20 000元买了一套汽车配件加工机，成立普通合伙企业。后来甲因家中急需用钱，想把自己的份额的一半10 000元转让给丁，甲通知了乙、丙后，乙表示愿意以8 000元买下，丙未表态。丁知道后同意以

10 000 元买下甲的份额。丙见丁想买，随即向甲表示愿以 10 000 元买下甲的份额。根据《合伙企业法》的规定，甲应将其份额转让给谁？

（一）合伙企业财产的概念和范围

合伙企业财产是指合伙存续期间，合伙人的出资和所有以合伙组织的名义取得的收益。根据《合伙企业法》的规定，合伙人的出资、以合伙企业名义取得的收益和依法取得的其他财产，均为合伙企业的财产。从这一规定可以看出，合伙企业财产由以下三部分构成：

（1）合伙人的出资。《合伙企业法》规定，合伙人可以用货币、实物、知识产权、土地使用权或者其他财产权利出资，也可以用劳务出资。这些出资形成合伙企业的原始财产。需要注意的是，合伙企业的原始财产是全体合伙人“认缴”的财产，而非各合伙人“实际缴纳”的财产。

（2）以合伙企业名义取得的收益。合伙企业作为一个独立的经济实体，可以有自己的独立利益，因此，以其名义取得的收益作为合伙企业获得的财产，应当归属合伙企业，成为合伙企业财产的一部分。

（3）依法取得的其他财产，即根据法律、行政法规的规定合法取得的其他财产，如合法接受赠与的财产等。

（二）合伙企业财产的性质

合伙企业的财产属于共有财产，而且属于共同共有性质。合伙企业的财产具有独立性和完整性两方面的特征。所谓独立性是指合伙企业的财产独立于合伙人，合伙人出资以后，一般说来，便丧失了对其作为出资部分的财产的所有权或者持有权、占有权，合伙企业的财产权主体是合伙企业，而不是单独的每一个合伙人。所谓完整性是指合伙企业的财产作为一个完整的统一体而存在，合伙人对合伙企业财产权益的表现形式仅是依照合伙协议所确定的财产收益份额或者比例。对合伙企业财产的占有、使用、收益和处分，均应当依据全体合伙人的共同意志。因此，《合伙企业法》第二十一条第一款规定：“合伙人在合伙企业清算前，不得请求分割合伙企业的财产；但是，本法另有规定的除外。”

（三）合伙企业财产的处分

合伙企业的财产属于共有财产，因此，其处分应当得到全体合伙人的授权。但如果个别合伙人处分了企业的财产被认定为无效的话，不利于对善意第三人的保护。因此，为了保护交易安全和促进交易开展，有利于合伙企业的经营和发展，《合伙企业法》第二十一条第二款规定：“合伙人在合伙企业清算前私自转移或者处分合伙企业财产的，合伙企业不得以此对抗不知情的善意第三人。”

（四）合伙人财产份额的转让

合伙人财产份额的转让是指合伙企业的合伙人向他人转让其在合伙企业中的全部或者部分财产份额的行为。由于合伙人财产份额的转让将会影响到合伙企业以及各合伙人的切身利益，因此，《合伙企业法》对合伙人财产份额的转让做了以下限制性规定：

（1）除合伙协议另有约定外，合伙人向合伙人以外的人转让其在合伙企业中的全部或者部分财产份额时，须经其他合伙人一致同意。

（2）合伙人之间转让在合伙企业中的全部或者部分财产份额时，应当通知其他合伙人。

（3）合伙人向合伙人以外的人转让在合伙企业中的财产份额的，在同等条件下，其他合伙人有优先购买权；但是，合伙协议另有约定的除外。所谓优先购买权是指在合伙人转让其财产份额时，在多数人接受转让的情况下，其他合伙人基于同等条件可先于其他非合伙人购买的权利。优先购买权的发生存在两个前提：①合伙人财产份额的转让没有约定的转让条件、转让范围的限制；②优先购买的前提是同等条件。

合伙人以外的人依法受让合伙人在合伙企业中的财产份额的，经全体合伙人同意和修改合伙协议即成为合伙企业的合伙人，依照《合伙企业法》和修改后的合伙协议享有权利、履行义务。合伙人以外的人成为合伙人须修改合伙协议，未修改合伙协议的，不应算作是法律所称的“合伙企业的合伙人”。合伙人以外的人成为合伙人后，依照《合伙企业法》和修改后的合伙协议享有权利、履行义务。

此外，由于合伙人以财产份额出质可能导致该财产份额依法发生权利转移，《合伙企业法》规定，合伙人以其在合伙企业中的财产份额出质的，须经其他合伙人一致同意；未经其他合伙人一致同意，其行为无效，由此给善意第三人造成损失的，由行为人依法承担赔偿责任。

［**案例提示**］本案例涉及合伙企业成立后，合伙人试图转让其合伙出资所应遵从的相关法律规定。

四、合伙企业事务的执行

［**案例讨论**］甲、乙、丙、丁共同投资设立合伙企业，约定利润分配比例为4：2：2：2。现甲、乙已退伙，丙、丁未就现有合伙企业的利润分配约定新的比例，经过协商后也无法确定，亦无法确定二人的实缴出资比例。依照法律规定，现该合伙企业的利润在丙、丁之间应如何分配？

（一）合伙事务执行的形式

1. 全体合伙人共同执行合伙事务

这是合伙事务执行的基本形式，也是在合伙企业中经常使用的一种形式，尤其是在合伙人较少的情况下更为适宜。在采取这种形式的合伙企业中，按照合伙协议的约定，各个合伙人都直接参与经营，处理合伙企业的事务，对外代表合伙企业。

2. 委托一个或者数个合伙人执行合伙事务

该形式是在各合伙人共同执行合伙事务的基础上引申而来的。在合伙企业中，有权执行合伙事务的合伙人并不都愿意行使这种权利，而愿意委托其中的一个或者数个合伙人执行合伙事务，从而就从共同执行合伙事务的基本形式中，引申出了共同委托一部分人去执行合伙事务的形式。按照合伙协议的约定或者经全体合伙人决定，可以委托一个或者数个合伙人对外代表合伙企业，执行合伙事务。

关于合伙企业事务委托给一个或者数个合伙人执行时，其他未接受委托的合伙人是否还可以再执行合伙企业事务的问题，《合伙企业法》对此做了明确规定，即委托一个或者数个合伙人执行合伙事务的，其他合伙人不再执行合伙事务。这一规定主要是考虑到按照合伙协议的约定或者经全体合伙人决定，将合伙事务委托给部分合伙人执行，没有必要再由其他合伙人执行，否则容易引起冲突与矛盾。当然，对合伙协议或者全体合伙人做出的决定以外的某些事项，如果没有委托一个或数个合伙人执行时，可以由全体合伙人共同执行或者由全体合伙人决定委托给某一个特定的合伙人办理。

合伙人可以将合伙事务委托一个或者数个合伙人执行，但并非所有的合伙事务都可以委托给部分合伙人决定。根据《合伙企业法》的规定，除合伙协议另有约定外，合伙企业的下列事项应当经全体合伙人一致同意：①改变合伙企业的名称；②改变合伙企业的经营范围、主要经营场所的地点；③处分合伙企业的不动产；④转让或者处分合伙企业的知识产权和其他财产权利；⑤以合伙企业名义为他人提供担保；⑥聘任合伙人以外的人担任合伙企业的经营管理人员。

（二）合伙人在事务执行中的权利

1. 管理参与权与事务授权

各合伙人对执行合伙事务享有同等的权利，可以由全体合伙人共同执行合伙事务，也可以由合伙协议约定或者全体合伙人决定，委托一名或者数名合伙人执行合伙企业事务。执行合伙企业事务的合伙人，对外代表合伙企业。但是，并非所有的合伙事务的决定权都可以被授予个别合伙人。根据《合伙企业法》第三十一条的规定，合伙企业的下列事务必须经全体合伙人同意：①改变合伙企业的名称；②改变合伙企业的经营范围、主要经营场所的地点；③处分合伙企业的不动产；④转让或者处分合伙企业的知识产权和其他财产权利；⑤以合伙企业名义为他人提供担保；⑥聘任合伙人以外的人担任合伙企业的经营管理人员。

2. 知情权和监督权

《合伙企业法》第二十八条第二十一款明确规定，合伙人为了解合伙企业的经营状况和财务状况，有权查阅账簿。在委托个别合伙人执行合伙企业事务的情况下，其他合伙人应当尊重事务执行人的事务执行权。所以，《合伙企业法》第二十七条第二款明确规定："不执行合伙事务的合伙人有权监督执行事务合伙人执行合伙事务的情况。"这样规定，有利于维护全体合伙人的共同利益，同时也可以促使事务执行人更加谨慎和勤勉地处理合伙事务。

3. 异议权和撤销权

《合伙企业法》第二十九条第一款规定："合伙人分别执行合伙事务的，执行事务合伙人可以对其他合伙人执行的事务提出异议。提出异议时，应当暂停该项事务的执行。如果发生争议，依照本法第三十条规定作出决定。"被委托执行合伙企业事务的合伙人不按照合伙协议或者全体合伙人的决定执行事务的，其他合伙人可以决定撤销该委托。

（三）合伙人在事务执行中的义务

《合伙企业法》将合伙人的义务规定为以下三项：

（1）竞争禁止，即合伙人不得自营或者同他人合伙经营与本合伙企业相竞争的业务。

（2）交易禁止，即合伙人非经合伙协议约定或者全体合伙人同意，不得同本合伙企业进行交易。

（3）法律规定的其他义务。

（四）合伙事务执行的决议办法

《合伙企业法》规定，合伙人对合伙企业有关事项做出决议，按照合伙协议约定的表决办法办理。合伙协议未约定或者约定不明确的，实行合伙人一人一票并经全体合伙人过半数通过的表决办法。《合伙企业法》对合伙企业的表决办法另有规定的，从其规定。这一规定确定了合伙事务执行决议的三种法定办法。

（1）由合伙协议对决议办法做出约定。这种约定有两个前提：一是不与法律相抵触，即法律有规定的按照法律的规定执行，法律未做规定的可在合伙协议中约定。二是在合伙协议中做出的约定，应当由全体合伙人协商一致共同做出。至于在合伙协议中所约定的决议办法，是采取全体合伙人一致通过，还是采取2/3以上多数通过，或者采取其他办法，由全体合伙人视所决议的事项而做出约定。

（2）实行合伙人一人一票并经全体合伙人过半数通过的表决办法。这种办法也有一个前提，即合伙协议未约定或者约定不明确的，才实行合伙人一人一票并经全体合伙人过半数通过的表决办法。需要注意的是，对各合伙人，无论出资多少和以何物出资，表决权数应以合伙人的人数为准，亦即每一个合伙人对合伙企业有关事项均有同等的表决权，使用经全体合伙人过半数通过的表决办法。

（3）依照《合伙企业法》的规定做出决议。如《合伙企业法》规定，合伙人按照合伙协议的约定或者经全体合伙人决定，可以增加或者减少对合伙企业的出资；又如《合伙企业法》规定，处分合伙企业的不动产、改变合伙企业的名称等，除合伙协议另有约定外，应当经全体合伙人一致同意。

（五）合伙企业的损益分配

1. 合伙损益

合伙损益包括两方面的内容：一是合伙利润。合伙利润是指以合伙企业的名义所取得的经济利益，它反映了合伙企业在一定期间的经营成果。二是合伙亏损。合伙亏损是指以合伙企业的名义从事经营活动所形成的亏损。合伙亏损是全体合伙人所共同面临的风险，或者说是共同承担的经济责任。

2. 合伙损益分配原则

合伙损益分配包含合伙企业的利润分配与亏损分担两个方面。对合伙损益分配原则，《合伙企业法》做了原则规定。其主要内容为：①合伙企业的利润分配、亏损分担，按照合伙协议的约定办理；合伙协议未约定或者约定不明确的，由合伙人协商决定；协商不成的，由合伙人按照实缴出资比例分配、分担；无法确定出资比例的，由合伙人平均分配、分担。②合伙协议不得约定将全部利润分配给部分合伙人或者由部分合伙人承担全部亏损。

（六）非合伙人参与经营管理

在合伙企业中，往往由于合伙人经营管理能力不足，需要在合伙人之外聘任非合伙人担任合伙企业的经营管理人员，参与合伙企业的经营管理工作。《合伙企业法》规定，除合伙协议另有约定处，经全体合伙人一致同意，可以聘任合伙人以外的人担任合伙企业的经营管理人员。这项法律规定表明了以下三层含义：①合伙企业可以从合伙人之外聘任经营管理人员；②聘任非合伙人的经营管理人员，除合伙协议另有约定外，应当经全体合伙人一致同意；③被聘任的经营管理人员，仅是合伙企业的经营管理人员，不是合伙企业的合伙人，因而不具有合伙人的资格。

关于被聘任的经营管理人员的职责，《合伙企业法》做了明确规定，主要包括以下内容：①被聘任的合伙企业的经营管理人员应当在合伙企业授权范围内履行职务；②被聘任的合伙企业的经营管理人员，超越合伙企业授权范围履行职务，或者在履行职务过程中因故意或者重大过失给合伙企业造成损失的，依法承担赔偿责任。

[案例提示] 本案例涉及合伙企业如果没有约定分配比例或者分配比例不明时，合伙人如何处理合伙收益分配的法律规定。

五、合伙企业与第三人的关系

[案例讨论] 甲向乙借款10万元作为出资与他人以普通合伙企业的形式设立了一家饮料厂。借款到期后。乙要求甲偿还借款，甲的个人财产不足以清偿。请问：乙可以通过哪些方式得到清偿?

合伙企业与第三人关系，是指有关合伙企业的对外关系，涉及合伙企业对外代表权的效力、合伙企业和合伙人的债务清偿等问题。

（一）合伙企业对外代表权的效力

1. 合伙企业与第三人关系

所谓合伙企业与第三人关系是指合伙企业的外部关系，即合伙企业与合伙人以外的第三人的关系。合伙企业是由自然人、法人和其他组织依照《合伙企业法》通过订立合伙协议而设立的营利性组织。在合伙企业设立以后，必然要以合伙企业的名义从事生产经营活动，进行商品的交换、服务的供需和财产的流转，从而与其他市场主体（包括自然人、法人和其他组织）发生联系，形成其外部关系。因此，合伙企业与第三人关系也就是合伙企业与外部的关系。由于合伙企业在债务承担上是一种连带责任关系，这种关系在一定程度上就会与合伙人自身发生一定的牵连。例如，当合伙企业对外发生了债务并且合伙企业的财产不能清偿其债务时，这一关系即可转化为合伙人与债权人（第三人）之间的关系。

2. 合伙事务执行中的对外代表权

可以取得合伙企业对外代表权的合伙人，主要有三种情况：一是由全体合伙人共同执行合伙企业事务的，全体合伙人都有权对外代表合伙企业，即全体合伙人都取得了合伙企业的对外代表权；二是由部分合伙人执行合伙企业事务的，只有受委托执行合伙企业事务的那一部分合伙人有权对外代表合伙企业，而不参加执行合伙企业事务的合伙人则不具有对外代表合伙企业的权利；三是由于特别授权在单项合伙事务上有执行权的合伙人，依照授权范围可以对外代表合伙企业。执行合伙企业事务的合伙人在取得对外代表权后，即可以合伙企业的名义进行经营活动，在其授权的范围做出法律行为。合伙人的这种代表行为，对全体合伙人发生法律效力，即其执行合伙事务所产生的收益归合伙企业，所产生的费用和亏损由合伙企业承担。

3. 合伙企业对外代表权的限制

合伙人执行合伙事务的权利和对外代表合伙企业的权利，都会受到一定的内部限制。如果这种内部限制对第三人发生效力，必须以第三人知道这一情况为条件；否则，该内部限制不对该第三人发生抗辩力。《合伙企业法》规定，合伙企业对合伙人执行合伙事务以及对外代表合伙企业权利的限制，不得对抗善意第三人。这里所指的合伙人，是指在合伙企业中有合伙事务执行权与对外代表权的合伙人；这里所指的限制，是指合伙企业对合伙人所享有的事务执行权与对外代表权权利能力的一种界定；这里所指的对抗，是指合伙企业否定第三人的某些权力和利益，拒绝承担某些责任；这里所指的不知情，是指与合伙企业有经济联系的第三人不知道合伙企业所做的内部限制，或者不知道合伙企业对合伙人行使权力所做限制的事实；这里所指的善意第三人，是指本着合法交易的目的，诚实地通过合伙企业的事务执行人，与合伙企业之间建立民事、商事法律关系的法人、非法人团体或自然人。

如果第三人与合伙企业事务执行人恶意串通、损害合伙企业利益，则不属善意的情形。需要指出的是，不得对抗善意第三人，主要是针对给第三人造成的损失而言，即当执行合伙事务的合伙人给善意第三人造成损失时，合伙企业不能因为有对合伙人执行合伙事务以及对外代表合伙企业权利的限制，就对善意第三人不承担责任。

保护善意第三人的利益是为了维护经济往来的交易安全，这是一项被广泛认同的法律原则。例如，合伙企业内部规定，有对外代表权的合伙人甲在签订合同时，须经乙和丙两个执行事务的合伙人的同意，如果甲自作主张没有征求乙和丙的同意，与第三人丁签订了一份买卖合同，而丁不知道在合伙企业内部对甲所做的限制，在合同的履行中，也没有从中获得不正当的利益。在这种情况下，第三人丁应当为善意第三人，丁所得到的利益应当予以保护，合伙企业不得以其内部所做的在行使权利方面的限制为由，否定善意第三人丁的正当权益，拒绝履行合伙企业应承担的责任。

（二）合伙企业和合伙人的债务清偿

1. 合伙企业的债务清偿与合伙人的关系

（1）合伙企业财产优先清偿。《合伙企业法》规定，合伙企业对其债务，应先以其全部财产进行清偿。所谓合伙企业的债务，是指在合伙企业存续期间产生的债务。合伙企业对其债务，应先以其全部财产进行清偿。也就是说，合伙企业的债务，应先由合伙企业的财产来承担，即在合伙企业存在自己的财产时，合伙企业的债权人应首先从合伙企业的全部财产中求偿，而不应当向合伙人个人直接请求债权。这样，既有利于理顺合伙企业与第三人的法律关系、明确合伙企业的偿债责任，也有利于保护债权人的债权实现。

（2）合伙人的无限连带清偿责任。《合伙企业法》规定，合伙企业不能清偿到期债务的，合伙人承担无限连带责任。所谓合伙人的无限责任是指当合伙企业的全部财产不足以偿付到期债务时，各个合伙人承担合伙企业的债务不是以其出资额为限，而是以其自有财产来清偿合伙企业的债务。合伙人的连带责任，是指当合伙企业的全部财产不足以偿付到期债务时，合伙企业的债权人对合伙企业所负债务，可以向任何一个合伙人主张，该合伙人不得以其出资的份额大小、合伙协议有特别约定、合伙企业债务另有担保人或者自己已经偿付所承担的份额的债务等理由来拒绝。

（3）合伙人之间的债务分担和追偿。《合伙企业法》规定，合伙人由于承担无限连带责任，清偿数额超过规定其亏损分担比例的，有权向其他合伙人追偿。关于合伙企业亏损分担比例，《合伙企业法》规定，合伙企业的亏损分担，按照合伙协议的约定办理；合伙协议未约定或者约定不明确的，由合伙人协商决定；协商不成的，由合伙人按照实缴出资比例分担；无法确定出资比例的，由合伙人平均分担。

合伙人之间的分担比例对债权人没有约束力。债权人可以根据自己的清偿利益，请求全体合伙人中的一人或数人承担全部清偿责任，该合伙人有权就超过部分向其他未支付或者未足额支付应承担数额的合伙人追偿。但是，合伙人的这种追偿权，应当具备以下三项条件：一是追偿人已经实际承担连带责任，并且其清偿数额超过了他应当承担的数额；二是被追偿人未实际承担或者未足额承担其应当承担的数额；三是追偿的数额不得超过追偿人超额清偿部分的数额或被追偿人未足额清偿部分的数额。

2. 合伙人的债务清偿与合伙企业的关系

在合伙企业存续期间，可能发生个别合伙人因不能偿还其私人债务而被追索的情况。由于合伙人在合伙企业中拥有财产利益，合伙人的债权人可能向合伙企业提出各种清偿请求。为了保护合伙企业和其他合伙人的合法权益，同时也为了保护债权人的合法权益，《合伙企业法》做了如下规定：

（1）合伙人发生与合伙企业无关的债务，相关债权人不得以其债权抵消其对合伙企业的债务，也不得代位行使合伙人在合伙企业中的权利。

（2）合伙人的自有财产不足以清偿其与合伙企业无关的债务的，该合伙人可以以其从合伙企业中分取的收益用于清偿；债权人也可以依法请求人民法院强制执行该合伙人在合伙企业中的财产份额用于清偿。而在债权人依法请求人民法院强制执行债务人在合伙企业中的财产份额作为清偿的情况下，如果该债权人因取得该财产份额而成为合伙企业合伙人，则无异于合伙份额的转让。因此，债权人取得合伙人地位后，就要承担与其他合伙人同样的责任，因而不存在转嫁责任风险的问题。

人民法院强制执行合伙人的财产份额时，应当通知全体合伙人，其他合伙人有优先购买权；其他合伙人未购买，又不同意将该财产份额转让给他人的，依照《合伙企业法》的规定为该合伙人办理退伙结算，或者办理削减该合伙人相应财产份额的结算。这里需要注意三点：一是这种清偿必须通过《民事诉讼法》规定的强制执行程序进行，债权人不得自行接管债务人在合伙企业中的财产份额；二是人民法院强制执行合伙人的财产份额时，应当通知全体合伙人；三是在强制执行个别合伙人在合伙企业中的财产份额时，其他合伙人有优先购买权。受让人支付的价金，用于向该债权人清偿债务。

[案例提示] 本案例涉及合伙人的债务和合伙企业之间的关系，合伙人的债权人如何行使自己的债权的法律规定。

六、合伙企业的入伙、退伙

（一）合伙企业的入伙

入伙是指合伙存续期间，合伙人以外的第三人加入合伙，从而取得合伙人资格。根据《合伙企业法》第四十三条的规定，新合伙人入伙时，应当经全体合伙人同意，并依法订立书面入伙协议。订立入伙协议时，原合伙人应当向新合伙人告知原合伙企业的经营状况和财务状况。《合伙企业法》第四十四条规定：“入伙的新合伙人与原合伙人享有同等权利，承担同等责任。入伙协议另有规定的，从其规定。新合伙人对入伙前合伙企业的债务承担连带责任。”

（二）合伙企业的退伙

退伙是指合伙人退出合伙，从而丧失合伙人资格。合伙人退伙，可分为两种情况：一是声明退伙，即合伙人通过向其他合伙人做出退伙的正式表示而退伙；二是法定退伙，即合伙人基于法律规定的事由而退伙。

1. 声明退伙

声明退伙又称为自愿退伙，是指合伙人基于自愿的意思表示而退伙。这种意思表示的形式，可以为事前协议（协议退伙），也可以是届时通知（通知退伙）。

关于协议退伙，《合伙企业法》第四十五条规定："合伙协议约定合伙期限的，在合伙企业存续期间，有下列情形之一的，合伙人可以退伙：（一）合伙协议约定的退伙事由出现；（二）经全体合伙人一致同意；（三）发生合伙人难以继续参加合伙的事由；（四）其他合伙人严重违反合伙协议约定的义务。"其中，第（二）项规定意味着在合伙协议有约定经营期限的情况下，合伙人未经其他合伙人一致同意，不得以单方通知退伙。

关于通知退伙，《合伙企业法》第四十六条规定："合伙协议未约定合伙期限的，合伙人在不给合伙企业事务执行造成不利影响的情况下，可以退伙，但应当提前三十日通知其他合伙人。"由此可见，法律对合伙人通知退伙有一定的限制，附有三个条件：①合伙协议未约定合伙企业的经营期限；②该合伙人的退伙不至于给合伙企业事务执行造成不利影响；③须提前30日通知其他合伙人。《合伙企业法》第四十七条规定："合伙人违背本法第四十五条、第四十六条的规定退伙的，应当赔偿由此给合伙企业造成的损失。"

2. 法定退伙

法定退伙是指合伙人因出现法律规定的事由而退伙。这种法定事由可分为两类：①客观情况引起（当然退伙）；②其他合伙人的决议（除名退伙）。

关于当然退伙，《合伙企业法》第四十八条第一款规定："合伙人有下列情形之一的，当然退伙：（一）作为合伙人的自然人死亡或者被依法宣告死亡；（二）个人丧失偿债能力；（三）作为合伙人的法人或者其他组织依法被吊销营业执照、责令关闭、撤销，或者被宣告破产；（四）法律规定或者合伙协议约定合伙人必须具有相关资格而丧失该资格；（五）合伙人在合伙企业中的全部财产份额被人民法院强制执行。"

关于除名退伙，《合伙企业法》第四十九条规定："合伙人有下列情形之一的，经其他合伙人一致同意，可以决议将其除名：（一）未履行出资义务；（二）因故意或者重大过失给合伙企业造成损失；（三）执行合伙企业事务时有不正当行为；（四）发生合伙协议约定的其他事由。对合伙人的除名决议应当书面通知被除名人。被除名人自接到除名通知之日起，除名生效，被除名人退伙。被除名人对除名决议有异议的，可以自接到除名通知之日起三十日内，向人民法院起诉。"

3. 退伙的效果

退伙的效果是指退伙时退伙人在合伙企业中的财产份额和民事责任的归属变动。分为两类情况：①财产继承；②退伙结算。

（1）财产继承。《合伙企业法》规定，合伙人死亡或者被依法宣告死亡的，对该合伙人在合伙企业中的财产份额享有合法继承权的继承人，按照合伙协议的约定或者经全体合伙人一致同意，从继承开始之日起，取得该合伙企业的合伙人资格。

有下列情形之一的，合伙企业应当向合伙人的继承人退还被继承合伙人的财产份额：①继承人不愿意成为合伙人；②法律规定或者合伙协议约定合伙人必须具有相关资格，而该继承人未取得该资格；③合伙协议约定不能成为合伙人的其他情形。合伙人的继承人为无民事行为能力人或者限制民事行为能力人的，经全体合伙人一致同意，可以依法成为有限合伙人，普通合伙企业依法转为有限合伙企业。全体合伙人未能一致同意的，合伙企业应当将被继承合伙人的财产份额退还该继承人。根据这一法律规定，合伙人死亡时其继承人可依法定条件取得该合伙企业的合伙人资格：一是有合法继承权；二是有合伙协议的约定或者全体合伙人的一致同意；三是继承人愿意。死亡的合伙人的继承人取得该合伙企业的合伙人资格，从继承开始之日起获得。

（2）退伙结算。除合伙人死亡或者被依法宣告死亡的情形外，《合伙企业法》对退伙结算做了以下规定：①合伙人退伙，其他合伙人应当与该退伙人按照退伙时的合伙企业财产状况进行结算，退还退伙人的财产份额。退伙人对给合伙企业造成的损失负有赔偿责任的，相应扣减其应当赔偿的数额。退伙时有未了结的合伙企业事务的，待该事务了结后进行结算。②退伙人在合伙企业中财产份额的退还办法，由合伙协议约定或者由全体合伙人决定，既可以退还货币，也可以退还实物。③合伙人退伙时，合伙企业财产少于合伙企业债务的，退伙人应当依照法律规定分担亏损，即如果合伙协议约定亏损分担比例的，按照合伙协议的约定办理；合伙协议未约定或者约定不明确的，由合伙人协商决定；协商不成的，由合伙人按照实缴出资比例分担；无法确定出资比例的，由合伙人平均分担。

合伙人退伙以后，并不能解除对于合伙企业既往债务的连带责任。根据《合伙企业法》的规定，退伙人对基于其退伙前的原因发生的合伙企业债务，承担无限连带责任。

七、特殊的普通合伙企业

［**案例讨论**］注册会计师甲、乙、丙三人投资设立A会计师事务所，该会计师事务所的形式为特殊的普通合伙企业。后注册会计师甲在对B上市公司的年度会计报告进行审计过程中，因接受B上市公司的贿赂出具了虚假的审计报告，经人民法院判决，企业承担赔偿责任。根据《合伙企业法》的相关规定，合伙人应如何分担该债务责任？

（一）特殊的普通合伙企业的概念

特殊的普通合伙企业是指以专业知识和专门技能为客户提供有偿服务的专业服务机构。特殊的普通合伙企业名称中应当标明“特殊普通合伙”字样。

（二）特殊的普通合伙企业的责任形式

1. 责任承担

《合伙企业法》规定，一个合伙人或者数个合伙人在执业活动中因故意或者重大过失造成合伙企业债务的，应当承担无限责任或者无限连带责任，其他合伙人以其在合伙企业中的财产份额为限承担责任。合伙人在执业活动中非因故意或者重大过失造成的合伙企业债务以及合伙企业的其他债务，由全体合伙人承担无限连带责任。所谓重大过失是指明知可能造成损失而轻率地作为或者不作为。根据这一法律规定，特殊的普通合伙企业的责任形式分为有限责任与无限连带责任相结合、无限连带责任两种。

（1）有限责任与无限连带责任相结合，即一个合伙人或者数个合伙人在执业活动中因故意或者重大过失造成合伙企业债务的，应当承担无限责任或者无限连带责任，其他合伙人以其在合伙企业中的财产份额为限承担责任。

（2）无限连带责任。对合伙人在执业活动中非因故意或者重大过失造成的合伙企业债务以及合伙企业的其他债务，全体合伙人承担无限连带责任。这是在责任划分的基础上做出的合理性规定，以最大限度地实现公平、正义和保障债权人的合法权益。当然，这种责任形式的前提是，合伙人在执业过程中不存在重大过错，也就是说，既没有故意也不存在重大过失。

2. 责任追偿

《合伙企业法》规定，合伙人执业活动中因故意或者重大过失造成的合伙企业债务，以合伙企业财产对外承担责任后，该合伙人应当按照合伙协议的约定对给合伙企业造成的损失承担赔偿责任。

（三）对特殊的普通合伙企业债权人的保护

由于特殊的普通合伙企业合伙人责任形式的不同，对合伙企业的债权人的保护相对削弱。因此，《合伙企业法》规定：特殊的普通合伙企业应当建立执业风险基金、办理职业保险。执业风险基金主要是指为了化解经营风险，特殊的普通合伙企业从其经营收益中提取相应比例的资金留存或者根据相关规定上缴至指定机构所形成的资金。执业风险基金用于偿付合伙人执业活动造成的债务。执业风险基金应当单独立户管理。职业保险又称为职业责任保险，是指承保各种专业技术人员因工作上的过失或者疏忽大意所造成的合同一方或者他人的人身伤害或者财产损失的经济赔偿责任的保险。

[案例提示] 本案例涉及合伙企业的合伙人以合伙企业的名义对外开展业务造成损失时，作为特殊普通合伙人应该怎样承担责任的法律规定。

第三节 有限合伙企业

一、有限合伙企业概述

（一）有限合伙企业的概念

有限合伙企业是指由有限合伙人和普通合伙人共同组成，普通合伙人对合伙企业债务承担无限连带责任，有限合伙人以其认缴的出资额为限对合伙企业债务承担责任的合伙组织。有限合伙企业引入有限责任制度，有利于调动各方的投资热情，实现投资者与创业者的最佳结合。

有限合伙企业与普通合伙企业和有限责任公司相比较，具有以下显著特征：①在经营管理上，普通合伙企业的合伙人，一般均可参与合伙企业的经营管理。有限责任公司的股东也有权参与公司的经营管理（含直接参与和间接参与）。而在有限合伙企业中，有限合伙人不执行合伙事务，而由普通合伙人从事具体的经营管理。②在风险承担上，普通合伙企业的合伙人之间对合伙债务承担无限连带责任。有限责任公司的股东对公司债务以其各自的出资额为限承担有限责任。而在有限合伙企业中，不同类型的合伙人所承担的责任则存在差异，其中有限合伙人以其各自的出资额为限承担有限责任、普通合伙人之间承担无限连带责任。

（二）有限合伙企业的法律适用

《合伙企业法》规定了两种类型的企业，即普通合伙企业和有限合伙企业。有限合伙企业与普通合伙企业之间既有相同点也有区别，其中两者的差别主要表现为合伙企业的内部构造上。普通合伙企业的成员均为普通合伙人（特殊的普通合伙企业除外），而有限合伙企业的成员则被划分为两部分，即有限合伙人和普通合伙人。这两部分合伙人在主体资格、权利享有、义务承受与责任承担等方面存在着明显的差异。在法律适用中，凡是《合伙企业法》中对有限合伙企业有特殊规定的，应当适用有关《合伙企业法》中对有限合伙企业的特殊规定。无特殊规定的，适用有关普通合伙企业及其合伙人的一般规定。

二、有限合伙企业设立的特殊规定

（一）有限合伙企业人数

《合伙企业法》规定，有限合伙企业由 2 个以上 50 个以下合伙人设立，但是，法律另有规定的除外。有限合伙企业至少应当有 1 个普通合伙人。按照规定，自然人、法人和其他组织可以依照法律规定设立有限合伙企业，但国有独资公司、国有企业、上市公司以及公益性的事业单位、社会团体不得成为有限合伙企业的普通合伙人。

在有限合伙企业存续期间，有限合伙人的人数可能发生变化。然而，无论如何变化，有限合伙企业中必须包括有限合伙人与普通合伙人两部分；否则，有限合伙企业应当进行组织形式变化。《合伙企业法》规定，有限合伙企业仅剩有限合伙人的，应当解散；有限合伙企业仅剩普通合伙人的，应当转为普通合伙企业。

（二）有限合伙企业名称

《合伙企业法》规定，有限合伙企业名称中应当标明“有限合伙”字样。按照企业名称登记管理的有关规定，企业名称中应当含有企业的组织形式。为便于社会公众以及交易相对人对有限合伙企业的了解，有限合伙企业名称中应当标明“有限合伙”的字样，而不能标明“普通合伙”“特殊普通合伙”“有限公司”“有限责任公司”等字样。

（三）有限合伙企业协议

有限合伙企业协议是有限合伙企业生产经营的重要法律文件。有限合伙企业协议除符合普通合伙企业合伙协议的规定外，还应当载明下列事项：①普通合伙人和有限合伙人的姓名或者名称、住所；②执行事务合伙人应具备的条件和选择程序；③执行事务合伙人权限与违约处理办法；④执行事务合伙人的除名条件和更换程序；⑤有限合伙人入伙、退伙的条件、程序以及相关责任；⑥有限合伙人和普通合伙人相互转变程序。

（四）有限合伙人出资形式

《合伙企业法》规定，有限合伙人可以用货币、实物、知识产权、土地使用权或者其他财产权利作价出资。有限合伙人不得以劳务出资。有限合伙人的出资可能成为有限合伙企业的最低财产，劳务出资的实质是用未来劳动创造的收入来投资，其难以通过市场变现，法律上执行困难。如果普通合伙人用劳务出资，有限合伙人也用劳务出资，将来该有限合伙企业将难以承担债务责任，这将不利于保护债权人的利益。

（五）有限合伙人出资义务

《合伙企业法》规定，有限合伙人应当按照合伙协议的约定按期足额缴纳出资；未按期足额缴纳的，应当承担补缴义务，并对其他合伙人承担违约责任。按期足额出资是有限合伙人必须履行的义务，因此有限合伙人应当按照合伙协议的约定按期足额缴纳出资。合伙人未按照协议的约定履行缴纳出资义务的，首先应当承担补缴出资的义务，同时还应对其他合伙人承担违约责任。

（六）有限合伙企业登记事项

《合伙企业法》规定，有限合伙企业登记事项中应当载明有限合伙人的姓名或者名称及认缴的出资数额。

三、有限合伙企业事务执行的特殊规定

有限合伙企业由普通合伙人执行合伙事务。执行事务合伙人可以要求在合伙协议中确定执行事务的报酬及报酬提取方式。有限合伙人不执行合伙事务，不得对外代表有限合伙企业。有限合伙人的下列行为，不视为执行合伙事务：①参与决定普通合伙人入伙、退伙；②对企业的经营管理提出建议；③参与选择承办有限合伙企业审计业务的会计师事务所；④获取经审计的有限合伙企业财务会计报告；⑤对涉及自身利益的情况，查阅有限合伙企业财务会计账簿等财务资料；⑥在有限合伙企业中的利益受到侵害时，向有责任的合伙人主张权利或者提起诉讼；⑦执行事务合

伙人怠于行使权力时，督促其行使权力或者为了本企业的利益以自己的名义提起诉讼；⑧为本企业提供担保。

四、有限合伙人权利、义务的特殊规定

（一）有限合伙人可以同本有限合伙企业进行交易

《合伙企业法》规定，有限合伙人可以同本有限合伙企业进行交易，但是，合伙协议另有约定的除外。因为有限合伙人并不参与有限合伙企业事务的执行，对有限合伙企业的对外交易行为，有限合伙人并无直接或者间接的控制权，有限合伙人与本有限合伙企业进行交易时，一般不会损害本有限合伙企业的利益。有限合伙协议可以对有限合伙人与有限合伙企业之间的交易进行限定，如果有限合伙协议另有约定的，则必须按照约定的要求进行。普通合伙人如果禁止有限合伙人同本有限合伙企业进行交易，应当在合伙协议中做出约定。

（二）有限合伙人可以经营与本有限合伙企业相竞争的业务

《合伙企业法》规定，有限合伙人可以自营或者同他人合作经营与本有限合伙企业相竞争的业务，但是，合伙协议另有约定的除外。与普通合伙人不同，有限合伙人一般不承担竞业禁止义务。普通合伙人如果禁止有限合伙人自营或者同他人合作经营与本有限合伙企业相竞争的业务，应当在合伙协议中做出约定。

五、有限合伙企业财产出质与转让的特殊规定

（一）有限合伙人财产份额出质

《合伙企业法》规定，有限合伙人可以将其在有限合伙企业中的财产份额出质，但是合伙协议另有约定的除外。所谓有限合伙人将其在有限合伙企业中的财产份额出质，是指有限合伙人以其在合伙企业中的财产份额对外进行权利质押。有限合伙人在有限合伙企业中的财产份额，是有限合伙人的财产权益，在有限合伙企业存续期间，有限合伙人可以对该财产权利进行一定的处分。有限合伙人将其在有限合伙企业中的财产份额进行出质，产生的后果仅仅是有限合伙企业的有限合伙人存在变更的可能，这对有限合伙企业的财产基础并无根本的影响。因此，有限合伙人可以按照《担保法》及其相关规定进行财产份额的出质。但是，有限合伙企业合伙协议可以对有限合伙人的财产份额出质做出约定，如有特殊约定，应按特殊约定进行。

（二）有限合伙人财产份额转让

《合伙企业法》规定，有限合伙人可以按照合伙协议的约定向合伙人以外的人转让其在有限合伙企业中的财产份额，但应当提前30日通知其他合伙人。这是因为有限合伙人向合伙人以外的其他人转让其在有限合伙企业中的财产份额，并不影响有限合伙企业债权人的利益。但是，有限合伙人对外转让其在有限合伙企业中的财产份额应当依法进行，一是要按照合伙协议的约定进行转让，二是应当提前30日通

知其他合伙人。有限合伙人对外转让其在有限合伙企业的财产份额时，有限合伙企业的其他合伙人有优先购买权。

六、有限合伙人债务清偿的特殊规定

《合伙企业法》规定，有限合伙人的自有财产不足以清偿其与合伙企业无关的债务的，该合伙人可以以其从有限合伙企业中分取的收益用于清偿；债权人也可以依法请求人民法院强制执行该合伙人在有限合伙企业中的财产份额用于清偿。人民法院强制执行有限合伙人的财产份额时，应当通知全体合伙人。在同等条件下，其他合伙人有优先购买权。因此，有限合伙人清偿其债务时，应当以自有财产进行清偿。只有自有财产不足以清偿时，有限合伙人才可以使用其在有限合伙企业中分取的收益进行清偿，也只有在有限合伙人的自有财产不足以清偿其与合伙企业无关的债务的，人民法院才可以应债权人请示强制执行该合伙人在有限合伙企业中的财产份额用于清偿。人民法院强制执行有限合伙人的财产份额时，应当通知全体合伙人，且在同等条件下，其他合伙人有优先购买权。

七、有限合伙企业入伙与退伙的特殊规定

（一）入伙

《合伙企业法》规定，新入伙的有限合伙人对入伙前有限合伙企业的债务，以其认缴的出资额为限承担责任。这里需要注意，在普通合伙企业中，新入伙的合伙人对入伙前合伙企业的债务承担连带责任。而在有限合伙企业中，新入伙的有限合伙人对入伙前有限合伙企业的债务，以其认缴的出资额为限承担责任。

（二）退伙

1. 有限合伙人当然退伙

《合伙企业法》规定，有限合伙人出现下列之一情形时应当然退伙：①作为合伙人的自然人死亡或者被依法宣告死亡；②作为合伙人的法人或者其他组织依法被吊销营业执照、责令关闭、撤销，或者被宣告破产；③法律规定或者合伙协议约定合伙人必须具有相关资格而丧失该资格；④合伙人在合伙企业中的全部财产份额被人民法院强制执行。

2. 有限合伙人丧失民事行为能力的处理

《合伙企业法》规定，作为有限合伙人的自然人在有限合伙企业存续期间丧失民事行为能力的，其他合伙人不得因此要求其退伙。这是因为有限合伙人对有限合伙企业只进行投资，而不负责事务执行。作为有限合伙人的自然人在有限合伙企业存续期间丧失民事行为能力，并不影响有限合伙企业的正常生产经营活动，其他合伙人不能要求该丧失民事行为能力的合伙人退伙。

3. 有限合伙人继承人的权利

《合伙企业法》规定，作为有限合伙人的自然人死亡、被依法宣告死亡或者作

为有限合伙人的法人及其他组织终止时，其继承人或者权利承受人可以依法取得该有限合伙人在有限合伙企业中的资格。

4. 有限合伙人退伙后的责任承担

《合伙企业法》规定，有限合伙人退伙后，对基于其退伙前的原因发生的有限合伙企业债务，以其退伙时从有限合伙企业中取回的财产承担责任。

八、合伙人性质转变的特殊规定

《合伙企业法》规定，除合伙协议另有约定外，普通合伙人转变为有限合伙人，或者有限合伙人转变为普通合伙人，应当经全体合伙人一致同意。有限合伙人转变为普通合伙人的，对其作为有限合伙人期间有限合伙企业发生的债务承担无限连带责任。普通合伙人转变为有限合伙人的，对其作为普通合伙人期间合伙企业发生的债务承担无限连带责任。

第四节　合伙企业的解散和清算

一、合伙企业的解散

合伙企业的解散是指合伙企业终止经营资格退出市场的法律行为。根据《合伙企业法》第八十五条的规定，合伙企业有下列情形之一的，应当解散：①合伙期限届满，合伙人决定不再经营；②合伙协议约定的解散事由出现；③全体合伙人决定解散；④合伙企业已不具备法定人数满三十天；⑤合伙协议约定的合伙目的已经实现或者无法实现；⑥依法被吊销营业执照、责令关闭或者被撤销；⑦法律、行政法规规定的其他原因。

二、合伙企业的清算

［**案例讨论**］福顺祥公司是一个合伙企业，在清算时，其企业财产加上各合伙人的可执行财产，共计有50万元现金和价值150万元的实物。其负债为：职工工资10万元，银行贷款40万元和其他债务160万元，欠缴税款60万元。

问：(1) 如果你是清算人，该如何清算和清偿？

(2) 全部财产不足清偿其债务时，应该如何处理？

合伙企业解散的，应当进行清算。《合伙企业法》规定的关于清算的程序规则如下：

(一) 选任清算人

《合伙企业法》第八十六条规定："合伙企业解散，应当由清算人进行清算。清算人由全体合伙人担任；经全体合伙人过半数同意，可以自合伙企业解散事由出现后十五日内指定一个或者数个合伙人，或者委托第三人，担任清算人。”

（二）通知和公告

《合伙企业法》第八十八条规定：“清算人自被确定之日起十日内将合伙企业解散事项通知债权人，并于六十日内在报纸上公告。债权人应当自接到通知书之日起三十日内，未接到通知书的自公告之日起四十五日内，向清算人申报债权。债权人申报债权，应当说明债权的有关事项，并提供证明材料。清算人应当对债权进行登记。清算期间，合伙企业存续，但不得开展与清算无关的经营活动。”

（三）执行清算事务

根据《合伙企业法》第八十七条的规定，清算人在清算期间，应执行以下事务：①清理合伙企业财产，分别编制资产负债表和财产清单；②处理与清算有关的合伙企业未了结事务；③清缴所欠税款；④清理债权、债务；⑤处理合伙企业清偿债务后的剩余财产；⑥代表合伙企业参加诉讼或者仲裁活动。

（四）财产清偿顺序

根据《合伙企业法》第八十九条的规定，在清算过程中，合伙企业财产应当首先用于支付清算费用。随后，按如下顺序清偿：①合伙企业有招用职工的，清偿所欠职工工资和社会保险费用、法定补偿金；②合伙企业所欠税款；③合伙企业的债务；④合伙企业的利润分配、亏损分担，按照合伙协议的约定办理；合伙协议未约定或者约定不明确的，由合伙人协商决定；协商不成的，由合伙人按照实缴出资比例分配、分担；无法确定出资比例的，由合伙人平均分配、分担。

（五）注销登记

根据《合伙企业法》第九十条的规定，清算结束，清算人应当编制清算报告，经全体合伙人签字、盖章后，在十五日内向企业登记机关报送清算报告，申请办理合伙企业注销登记。合伙企业注销后，原普通合伙人对合伙企业存续期间的债务仍应承担无限连带责任。

三、违反合伙企业法的法律责任

（1）违反本法规定，提交虚假文件或者采取其他欺骗手段，取得合伙企业登记的，由企业登记机关责令改正，处以五千元以上五万元以下的罚款；情节严重的，撤销企业登记，并处以五万元以上二十万元以下的罚款。

（2）违反本法规定，合伙企业未在其名称中标明“普通合伙”“特殊普通合伙”或者“有限合伙”字样的，由企业登记机关责令限期改正，处以两千元以上一万元以下的罚款。

（3）违反本法规定，未领取营业执照，而以合伙企业或者合伙企业分支机构名义从事合伙业务的，由企业登记机关责令停止，处以五千元以上五万元以下的罚款。

(4) 合伙企业登记事项发生变更时，未依照本法规定办理变更登记的，由企业登记机关责令限期登记；逾期不登记的，处以两千元以上二万元以下的罚款。

(5) 合伙企业登记事项发生变更，执行合伙事务的合伙人未按期申请办理变更登记的，应当赔偿由此给合伙企业、其他合伙人或者善意第三人造成的损失。

(6) 合伙人执行合伙事务，或者合伙企业从业人员利用职务上的便利，将应当归合伙企业的利益据为己有的或者采取其他手段侵占合伙企业财产的，应当将该利益和财产退还合伙企业；给合伙企业或者其他合伙人造成损失的，依法承担赔偿责任。

(7) 合伙人对本法规定或者合伙协议约定必须经全体合伙人一致同意才能执行的事务进行擅自处理，给合伙企业或者其他合伙人造成损失的，依法承担赔偿责任。

(8) 不具有事务执行权的合伙人擅自执行合伙事务，给合伙企业或者其他合伙人造成损失的，依法承担赔偿责任。

(9) 合伙人违反本法规定或者合伙协议的约定，从事与本合伙企业相竞争的业务或者与本合伙企业进行交易的，该收益归合伙企业所有；给合伙企业或者其他合伙人造成损失的，依法承担赔偿责任。

(10) 清算人未依照本法规定向企业登记机关报送清算报告，或者报送清算报告隐瞒重要事实，或者有重大遗漏的，由企业登记机关责令改正。由此产生的费用和损失，由清算人承担和赔偿。

(11) 清算人执行清算事务，牟取非法收入或者侵占合伙企业财产的，应当将该收入和侵占的财产退还合伙企业；给合伙企业或者其他合伙人造成损失的，依法承担赔偿责任。

(12) 清算人违反本法规定，隐匿、转移合伙企业财产，对资产负债表或者财产清单做虚假记载，或者在未清偿债务前分配财产，损害债权人利益的，依法承担赔偿责任。

(13) 合伙人违反合伙协议的，应当依法承担违约责任。

[**案例提示**] 本案例涉及合伙企业在财产清算时，债务清偿的顺序。当合伙企业财产不足以清偿债务时，合伙人承担责任的法律规定。

本章思考题

1. 合伙企业设立的条件有哪些？
2. 合伙事务如何执行？
3. 合伙企业法对善意第三人的保护是如何实现的？
4. 有限合伙人与普通合伙人对合伙企业的责任有什么区别？
5. 合伙企业在什么情况下解散？

案例讨论

甲、乙、丙、丁四人出资设立A有限合伙企业，其中甲、乙为普通合伙人，丙、丁为有限合伙人。合伙企业成立后的时间里，发生以下事项：

1. 5月，合伙人丙同本合伙企业进行了120万元的交易。合伙人甲认为，由于合伙协议对此没有约定，因此，有限合伙人丙不得同本合伙企业进行交易。

2. 6月，合伙人丁自营同本合伙企业相竞争的业务，获利150万元。合伙人乙认为，由于合伙协议对此没有约定，因此，丁不得自营同本合伙企业相竞争的业务，其获利150万元应当归A合伙企业所有。

3. 7月，本合伙企业向工商银行贷款200万元。

4. 8月，经全体合伙人一致同意，普通合伙人乙转变为有限合伙人，有限合伙人丙转变为普通合伙人。

5. 9月，甲、丁提出退伙。经结算，甲从合伙企业分回15万元，丁从合伙企业分回25万元。

6. 10月，戊、庚新入伙，戊为有限合伙人，庚为普通合伙人。其中，戊、庚的出资均为40万元。

7. 12月，工商银行200万元的贷款到期，A合伙企业的全部财产只有80万元。

要求：根据《合伙企业法》的规定，分别回答以下问题。

（1）根据本题要点1所提示的内容，指出甲的主张是否符合法律规定，并说明理由。

（2）根据本题要点2所提示的内容，指出乙的主张是否符合法律规定，并说明理由。

（3）对于不足的120万元，债权人工商银行能否要求合伙人甲全部清偿？为什么？

（4）对于不足的120万元，债权人工商银行能否要求合伙人乙全部清偿？为什么？

（5）对于不足的120万元，债权人工商银行能否要求合伙人丙全部清偿？为什么？

（6）对于不足的120万元，债权人工商银行能否要求合伙人丁全部清偿？为什么？

（7）对于不足的120万元，债权人工商银行能否要求合伙人戊全部清偿？为什么？

（8）对于不足的120万元，债权人工商银行能否要求合伙人庚全部清偿？为什么？

第四章　个人独资企业法律制度

内容提示

本章主要介绍了个人独资企业的概念和特征，个人独资企业的经营范围，个人独资企业的设立、变更和解散，投资人及其对企业事务的管理。

相关法规

1.《中华人民共和国个人独资企业法》（以下简称《个人独资企业法》）（全国人大常委会，1999 年 8 月 30 日通过）

2.《个人独资企业登记管理办法》（国家工商行政管理局，2000 年 1 月 1 日发布，2014 年 2 月 20 日修订）

第一节　个人独资企业法概述

一、个人独资企业的概念和特点

[案例讨论] 投资人甲于 2012 年 1 月 1 日以个人财产投资设立个人独资企业 A，2012 年 4 月 1 日 A 企业与 B 银行签订 10 万元的借款合同。

问：在签订借款合同时，能否以 A 企业的名义签订？银行贷款到期后，如果以 A 企业的全部财产仍不能偿还时，B 银行能否要求投资人甲以其个人财产进行清偿？

（一）个人独资企业的概念

个人独资企业是指依照《个人独资企业法》在中国境内设立，由一个自然人投资，财产为投资人个人所有，投资人以其个人财产对企业债务承担无限责任的经营实体。

（二）个人独资企业的特点

（1）个人独资企业是指由一个自然人投资的企业。根据《个人独资企业法》的规定，设立个人独资企业只能是一个自然人，国家机关、国家授权投资的机构或者国家授权的部门、企业、事业单位等都不能作为个人独资企业的设立人。《个人独资企业法》所指的自然人只是指中国公民，不能是外国人、外商独资企业，也不能是国家禁止从事盈利活动的人。禁止从事盈利活动的人主要包括国家机关的工作人员、国家公务员、银行的工作人员、警察、检察官、法官。

（2）个人独资企业的投资人对企业的债务承担无限责任，即当企业的资产不足以清偿到期债务时，投资人应以自己个人的全部财产用于清偿，这实际上是将企业的责任与投资人的责任连为一体。

（3）个人独资企业的内部机构设置简单，经营管理方式灵活。个人独资企业的投资人既是企业的所有者，又可以是企业的经营者，因此，法律对其内部机构和经营管理方式不像公司和其他企业那样加以严格的规定。

（4）个人独资企业是非法人企业。个人独资企业由一个自然人出资，投资人对企业的债务承担无限责任，在权利、义务上，企业和个人是融为一体的，企业的责任即是投资人个人的责任，企业的财产即是投资人的财产。因此，个人独资企业不具有法人资格，也无独立承担民事责任的能力。个人独资企业虽然不具有法人资格，但却是独立的民事主体，可以自己的名义从事民事活动。

[**案例提示**] 个人独资企业是独立的民事主体，可以自己的名义从事民事活动。但个人独资企业不具有法人资格，无独立承担民事责任的能力。

二、个人独资企业法的概念和基本原则

（一）个人独资企业法的概念

个人独资企业法有广义和狭义之分。广义的个人独资企业法是指国家关于个人独资企业的各种法律规范的总称；狭义的个人独资企业法是指 1999 年 8 月 30 日第九届全国人大常委会第十一次会议通过的《个人独资企业法》。

（二）个人独资企业法的基本原则

《个人独资企业法》遵循下列基本原则：

（1）依法保护个人独资企业的财产和其他合法权益。个人独资企业的财产是指个人独资企业的财产所有权，包括对财产的占有、使用、处分和收益的权利；其他合法权益是指财产所有权以外的有关权益，如有关名称权、自主经营权、平等竞争

权、拒绝摊派权等。

（2）个人独资企业从事经营活动必须遵守法律、行政法规，遵守诚实信用原则，不得损害社会公共利益。个人独资企业在经营活动中，还必须遵守社会公德，不得滥用权力。

（3）个人独资企业应当依法履行纳税义务。个人独资企业在经营活动中应当依法缴纳国家税收法律法规及规章规定的各项税款。个人独资企业每一纳税年度的收入总额减去成本、费用以及损失后的余额，作为投资者个人的生产经营所得，比照个人所得税法的“个体工商户的生产经营所得”应税项目，适用5%~35%的五级超额累进税率，计算征收个人所得税。收入总额是指企业从事生产经营以及从事与生产经营有关的活动所取得的各项收入，包括商品（产品）销售收入、营运收入、劳务服务收入、工程价款收入、财产出租或转让收入、利息收入、其他业务收入和营业外收入。

第二节　个人独资企业的法律规定

一、个人独资企业的设立

（一）个人独资企业的设立条件

根据《个人独资企业法》第八条的规定，设立个人独资企业应当具备下列条件：

（1）投资人为一个自然人。

（2）有合法的企业名称。名称是企业的标志，企业必须有相应的名称，并应符合法律法规的要求。个人独资企业的名称应当符合国家关于企业名称登记管理的有关规定，企业名称应与其责任形式及从事的营业相符合，个人独资企业的名称中不得使用“有限”“有限责任”或者“公司”字样。

（3）有投资人申报的出资。《个人独资企业法》对设立个人独资企业的出资数额未作限制。设立个人独资企业可以用货币出资，也可以用实物、土地使用权、知识产权或者其他财产权利出资，采取实物、土地使用权、知识产权或者其他财产权利出资的，应将其折算成货币数额。投资人申报的出资额应当与企业的生产经营规模相适应。投资人可以个人财产出资，也可以家庭共有财产作为个人出资。以家庭共有财产作为个人出资的，投资人应当在设立（变更）登记申请书上予以注明。

（4）有固定的生产经营场所和必要的生产经营条件。生产经营场所包括企业的住所和与生产经营相适应的处所。住所是企业的主要办事机构所在地，是企业的法定地址。

（5）有必要的从业人员，即要有与其生产经营范围、规模相适应的从业人员。

（二）个人独资企业的设立程序

（1）提出申请。申请设立个人独资企业，应当由投资人或者其委托的代理人向个人独资企业所在地的登记机关提出设立申请。投资人申请设立登记，应当向登记机关提交下列文件：①投资人签署的个人独资企业设立申请书，设立申请书应当载明的事项包括企业的名称和住所、投资人的姓名和居所、投资人的出资额和出资方式、经营范围及方式。个人独资企业投资人以个人财产出资或者以其家庭共有财产作为个人出资的，应当在设立申请书中予以明确。②投资人身份证明，主要是身份证和其他有关证明材料。③企业住所证明和生产经营场所使用证明等文件，如土地使用证明、房屋产权证或租赁合同等。④委托代理人申请设立登记的，应当提交投资人的委托书和代理人的身份证明或者资格证明。⑤国家工商行政管理局规定提交的其他文件。从事法律、行政法规规定须报经有关部门审批的业务的，应当提交有关部门的批准文件。

（2）工商登记。登记机关应当在收到设立申请文件之日起 15 日内，对符合《个人独资企业法》规定条件的予以登记，发给营业执照；对不符合《个人独资企业法》规定条件的，不予登记，并发给企业登记驳回通知书。个人独资企业的营业执照的签发日期，为个人独资企业成立日期，在领取个人独资企业营业执照前，投资人不得以个人独资企业名义从事经营活动。

（3）分支机构登记。个人独资企业设立分支机构，应当由投资人或者其委托的代理人向分支机构所在地的登记机关申请设立登记。分支机构的登记事项应当包括：分支机构的名称、经营场所、负责人姓名和居所、经营范围及方式。个人独资企业申请设立分支机构，应当向登记机关提交下列文件：①分支机构设立登记申请书；②登记机关加盖印章的个人独资企业营业执照复印件；③经营场所证明；④国家工商行政管理局规定提交的其他文件。分支机构从事法律、行政法规规定须报经有关部门审批的业务，还应当提交有关部门的批准文件。个人独资企业投资人委派分支机构负责人的，应当提交投资人委派分支机构负责人的委托书及其身份证明。委托代理人申请分支机构设立登记的，应当提交投资人的委托书和代理人的身份证明或者资格证明。

登记机关应当在收到按规定提交的全部文件之日起 15 日内，做出核准登记或者不予登记的决定。核准登记的，发给营业执照；不予登记的，发给登记驳回通知书。个人独资企业分支机构申请变更登记、注销登记，比照本办法关于个人独资企业申请变更登记、注销登记的有关规定办理。个人独资企业应当在其分支机构经核准设立、变更或者注销登记后 15 日内，将登记情况报该分支机构隶属的个人独资企业的登记机关备案。个人独资企业向登记机关备案，应当提交下列文件：①分支机构登记机关加盖印章的分支机构营业执照复印件、变更登记通知书或者注销登记通知书；②国家工商行政管理局规定提交的其他文件。分支机构经核准登记后，应将登记情况报该分支机构隶属的个人独资企业的登记机关备案。分支机构的民事责任由设立该分支机构的个人独资企业承担。

二、个人独资企业的投资人及事务管理

[**案例讨论**] 个人独资企业投资人张三聘用李四管理企业事务，同时对李四的职权予以限制，凡是李四对外签订标的额超过10万元的合同，必须经张三同意。某日，李四未经张三同意与善意第三人王五签订了一份标的额为20万元的买卖合同。

问：该买卖合同是否有效？如果给张三造成损失，他可以要求李四赔偿吗？

（一）个人独资企业的投资人的权利与义务

个人独资企业投资人对本企业的财产依法享有所有权，其有关权利可以依法进行转让或继承。企业的财产不论是投资人的原始投入还是经营所得，都归投资人所有。虽然个人独资企业投资人对企业的债务要承担无限责任，但是，投资人的财产和企业财产仍是有区别的：①投资人申办个人独资企业，要申报出资，这一出资的财产与投资人的其他财产不同；②企业应有一定稳定独立的资金，这是企业生产经营的需要；③将两者的财产加以区别，这有利于计算企业的生产经营成果。

个人独资企业投资人在申请企业设立登记时，明确以其家庭共有财产作为个人出资的，应当依法以家庭共有财产对企业债务承担无限责任。

（二）个人独资企业的事务管理

个人独资企业投资人既可以自行管理企业事务，也可以委托或者聘用其他具有民事行为能力的人负责企业的事务管理。投资人委托或者聘用他人管理个人独资企业事务，应当与受托人或者被聘用的人签订书面合同。合同应明确委托的具体内容、授予的权利范围、受托人或者被聘用的人应履行的义务、报酬和责任等。受托人或者被聘用的人员应当履行诚信、勤勉义务，以诚实信用的态度对待投资人，对待企业，尽其所能依法保障企业利益，按照与投资人签订的合同负责个人独资企业的事务管理。

投资人对受托人或者被聘用的人员职权的限制，不得对抗善意第三人。所谓第三人是指除受托人或被聘用的人员之外与企业发生经济业务关系的人。所谓善意第三人是指第三人在就有关经济业务事项交往中，没有从事与受托人或者被聘用的人员串通，故意损害投资人的利益的人。个人独资企业的投资人与受托人或者被聘用的人员之间有关权利、义务的限制只对受托人或者被聘用的人员有效，对第三人并无约束力，受托人或者被聘用的人员超出投资人的限制与善意第三人的有关业务交往应当有效。

《个人独资企业法》规定，投资人委托或者聘用的管理个人独资企业事务的人员不得从事下列行为：①利用职务上的便利，索取或者收受贿赂；②利用职务或者工作上的便利侵占企业财产；③挪用企业的资金归个人使用或者借贷给他人；④擅自将企业资金以个人名义或者以他人名义开立账户储存；⑤擅自以企业财产提供担

保；⑥未经投资人同意，从事与本企业相竞争的业务；⑦未经投资人同意，同本企业订立合同或者进行交易；⑧未经投资人同意，擅自将企业商标或者其他知识产权转让给他人使用；⑨泄露本企业的商业秘密；⑩法律、行政法规禁止的其他行为。

[**案例提示**] 需要分清对内、对外的效力：①对外不得对抗善意第三人；②在企业内部应当承担赔偿责任。

三、个人独资企业的解散和清算

（一）个人独资企业的解散

个人独资企业的解散是指个人独资企业终止活动使其民事主体资格消灭的行为。《个人独资企业法》第二十六条规定："个人独资企业有下列情形之一时，应当解散：（一）投资人决定解散；（二）投资人死亡或者被宣告死亡，无继承人或者继承人决定放弃继承；（三）被依法吊销营业执照；（四）法律、行政法规规定的其他情形。"

（二）个人独资企业的清算

在个人独资企业不能清偿到期债务，并且资产不足以清偿全部债务或者明显缺乏清偿能力的情况下，可以参照适用企业破产法规定的破产清算程序进行清算。

个人独资企业解散时，应当进行清算。《个人独资企业法》对个人独资企业清算做了如下规定：

（1）通知和公告债权人。《个人独资企业法》第二十七条规定："个人独资企业解散，由投资人自行清算或者由债权人申请人民法院指定清算人进行清算。投资人自行清算的，应当在清算前十五日内书面通知债权人，无法通知的，应当予以公告。债权人应当在接到通知之日起三十日内，未接到通知的应当在公告之日起六十日内，向投资人申报其债权。"

（2）财产清偿顺序。《个人独资企业法》第二十九条规定："个人独资企业解散的，财产应当按照下列顺序清偿：（一）所欠职工工资和社会保险费用；（二）所欠税款；（三）其他债务。"个人独资企业财产不足以清偿债务的，投资人应当以其个人的其他财产予以清偿。

（3）清算期间对投资人的要求。《个人独资企业法》第三十条规定："清算期间，个人独资企业不得开展与清算目的无关的经营活动。在按前条规定清偿债务前，投资人不得转移、隐匿财产。"

（4）投资人的持续偿债责任。《个人独资企业法》第二十八条规定："个人独资企业解散后，原投资人对个人独资企业存续期间的债务仍应承担偿还责任，但债权人在五年内未向债务人提出偿债请求的，该责任消灭。"

（5）注销登记。个人独资企业清算结束后，投资人或者人民法院指定的清算人应当编制清算报告，并于清算结束之日起 15 日内向原登记机关申请注销登记。个人独资企业申请注销登记。应当向登记机关提交下列文件：①投资人或者清算人签署的注销登记申请书；②投资人或者清算人签署的清算报告；③国家工商行政管理局规定提交的其他文件。登记机关应当在收到按规定提交的全部文件之日起15日内，做出核准登记或者不予登记的决定。予以核准的，发给核准通知书；不予核准的，发给企业登记驳回通知书。经登记机关注销登记，个人独资企业终止。个人独资企业办理注销登记时，应当交回营业执照。

本章思考题

1. 个人独资企业具有哪些特征？
2. 个人独资企业应具备的设立条件有哪些？
3. 个人独资企业的投资人的主要权利和义务是什么？
4. 个人独资企业的事务管理有哪些形式？

案例讨论

2016年1月15日，甲出资50 000元设立A个人独资企业。甲聘请乙管理企业事务，同时规定，凡乙对外签订标的额超过10 000元以上的合同，须经甲同意。2月10日，乙未经甲同意，以A企业名义向善意第三人丙购入价值20 000元的货物。2017年7月4日，A企业亏损，不能支付到期的丁的债务，甲决定解散该企业，并请求人民法院指定清算人。7月10日，人民法院指定戊作为清算人对A企业进行清算。经查，A企业和甲的资产及债权、债务情况如下：①A企业欠缴税款2 000元，欠乙工资5 000元，欠社会保险费用5 000元，欠丁100 000元；②A企业的银行存款10 000元，实物折价80 000元；③甲在B合伙企业出资60 000元，占50%的出资额，B合伙企业每年可向合伙人分配利润；④甲个人其他可执行的财产价值20 000元。

问：(1) 乙于2月10日以A企业名义向丙购买价值20 000元货物的行为是否有效？

(2) 试述A企业的财产清偿顺序。

(3) 如何满足丁的债权请求？

第五章　企业破产法律制度

内容提示

企业破产法是实体法与程序法的结合，既明确了企业破产的原因，又规范了企业破产中的财产管理与清算，同时还规定了重整与和解程序。

相关法规

《中华人民共和国企业破产法》（以下简称《企业破产法》）（全国人大常委会，2006 年 8 月 27 日通过，2007 年 6 月 1 日起施行）

第一节　破产法概述

一、破产的概念与特征

（一）破产的概念

破产是指对丧失清偿能力的债务人，在法院的审理与监督之下，强制清算其全部财产，公平清偿全体债权人的法律制度。破产一般是指破产清算程序，但在谈及破产法律制度时，通常是从广义上理解，不仅包括破产清算制度，而且包括以挽救债务人、避免破产为目的的和解、重整等法律制度。

（二）破产的法律特征

（1）破产程序中的债务人已无清偿能力，不能对债权人履行全部义务，故须以破产方式公平解决债务清偿问题。

（2）破产清算是对全体债权人的利益进行保护，强调清偿在债权人之间的公平，解决多数债权人之间因债务人财产不足以清偿而发生的矛盾。

（3）破产是对债务人财产法律关系的全面清算与执行，破产宣告后，将终结企业法人与债务人的商事经营，并使其丧失民事主体资格。

二、破产法的概念与特征

（一）破产法的概念

破产法是指规定在债务人丧失清偿能力时，法院强制对其全部财产进行清算分配，公平清偿给债权人，或通过债务人与债权人会议达成的和解协议清偿债务，或进行企业重整，避免债务人破产的法律规范的总称。破产法有广义和狭义之分。狭义的破产法特指破产法典；广义的破产法则还包括其他有关破产的法律、法规、行政规章、司法解释以及其他立法中的调整破产关系的法律规范。现代意义上的破产法均由破产清算制度与挽救债务人的和解、重整制度两方面的法律构成。

（二）破产法的特征

（1）破产法是集实体与程序内容合一的综合性法律，其调整范围一般限于债务人丧失清偿能力的特殊情况，主要解决的是如何公平清偿债务，即执行问题。对当事人之间的实体权利、义务争议则应在破产程序之外通过民事诉讼、仲裁等方式解决。

（2）破产法的基本制度主要源于民事债权和民事执行制度，并根据破产程序的特点、原则加以变更，对当事人的权利、义务予以必要的扩张或限制，同时兼顾对社会利益的维护。破产法和民法、民事诉讼法、企业法、公司法、劳动法、社会保障法乃至刑法、行政法等都有密切联系，破产法的实施要依靠这些相关法律及配套制度的保障。

三、破产法的意义

破产法的意义体现在其社会调整作用。通过其特有的调整手段保障债务关系在债务人丧失清偿能力时的最终公平实现，从而维护全体债权人和债务人的合法权益，维护社会利益与正常经济秩序。

破产法在调整债务关系的同时，对市场经济必然会产生广泛的间接社会影响。它可以进一步完善市场经济优胜劣汰的竞争机制，利用破产压力促进企业提高经济效益；通过破产与重整等制度，优化社会资源的配置；等等。

四、我国破产法的适用范围

（一）破产法调整的主体

企业破产法适用范围是所有的企业法人。《企业破产法》第一百三十五条规定，其他法律规定企业法人以外的组织的清算，属于破产清算的，参照适用本法规定的程序。《企业破产法》同时还规定了有若干主体适用法律的特殊情况。

（二）破产法适用的地域范围

破产法的适用地域范围是指破产宣告的域外效力问题。《企业破产法》第五条规定："依照本法开始的破产程序，对债务人在中华人民共和国领域外的财产发生效力。对外国法院作出的发生法律效力的破产案件的判决、裁定，涉及债务人在中华人民共和国领域内的财产，申请或者请求人民法院承认和执行的，人民法院依照中华人民共和国缔结或者参加的国际条约，或者按照互惠原则进行审查，认为不违反中华人民共和国法律的基本原则，不损害国家主权、安全和社会公共利益，不损害中华人民共和国领域内债权人的合法权益的，裁定承认和执行。"

第二节　破产案件的申请和受理

一、破产的原因

《企业破产法》第二条第一款规定："企业法人不能清偿到期债务，并且资产不足以清偿全部债务或者明显缺乏清偿能力的，依照本法规定清理债务。"根据该条规定，破产有两个可供选择的原因：①企业法人不能清偿到期债务，并且资产不足以清偿全部债务；②企业法人不能清偿到期债务，并且明显缺乏清偿能力。由此可见，破产界限的实质标准就是企业法人不能清偿到期债务，通常简称为不能清偿。

不能清偿在法律上的着眼点是债务关系能否正常维系，其要点为：①债务人丧失清偿能力，不能以财产、信用或能力等任何方法清偿债务；②债务人不能清偿的是已到期、债权人提出偿还要求的、无争议或已有确定名义（指已经生效的判决、裁决确定）的债务；③债务人对全部或主要债务长期连续不能偿还。为了解决债权人提出破产申请时的举证责任问题，最高人民法院在其司法解释中规定："债务人停止支付到期债务并呈连续状况，如无相反证据，可推定为不能清偿到期债务。"

宣告债务人企业破产必须符合法律规定的破产界限，但并非所有达到破产界限的企业均应被宣告破产。《企业破产法》第二条第二款规定："企业法人有前款规定情形，或者有明显丧失清偿能力可能的，可以依照本法规定进行重整。"根据这一规定，达到破产界限的企业法人，不一定马上被宣告破产，可以依照《企业破产法》规定的程序进行重整。重整作为企业破产的一个程序，是为防止企业破产，经企业债权人或债务人向法院申请，对该企业实施强制治理，以避免破产清算的制度。大多数国家的企业破产法制定了重整制度，目的在于防止一些企业尤其是大中型企业的破产引发失业等社会问题，以稳定经济、稳定社会。

二、破产案件的申请和受理

（一）申请的主体

破产申请的主体包括债务人、债权人以及依法负有清算责任的人。《企业破产法》赋予债务人重整、和解或者破产清算申请权，目的在于使其得以主动通过破产程序解决纠纷，摆脱债务困境，甚至避免破产清算，恢复生产经营；赋予债权人重整或者破产清算申请权，即债权人可以根据情形提出对债务人进行重整的申请，也可以提出对债务人进行破产清算的申请，目的在于保护债权人的利益。此外，对于债务人和债权人而言，申请破产是一项民事权利，但在特殊情况下提出破产则是一项义务。在企业法人已解散但未清算或者未清算完毕且资产不足以清偿债务的情况下，负有清算责任的人有向法院申请破产清算的法律义务。

当事人向人民法院提出破产申请，应当提交破产申请书和有关证据。破产申请书应当载明下列事项：①申请人、被申请人的基本情况；②申请目的；③申请的事实和理由；④人民法院认为应当载明的其他事项。

债务人提出申请的，还应当向人民法院提交财产状况说明、债务清册、债权清册、有关财务会计报告、职工安置预案以及职工工资的支付和社会保险费用的缴纳情况。人民法院受理破产申请前，申请人可以请求撤回申请。

（二）破产申请的受理

1. 破产案件的管辖

破产申请应向对破产案件有管辖权的人民法院提出。企业破产案件由债务人住所地人民法院管辖。债务人住所地是指债务人的主要办事机构所在地，债务人主要办事机构不明确的，由其注册地人民法院管辖。基层人民法院一般管辖县、县级市或者区的工商行政管理机关核准登记企业的破产案件；中级人民法院一般管辖地区、地级市（含本级）以上的工商行政管理机关核准登记企业的破产案件；纳入国家计划调整的企业破产案件，由中级人民法院管辖。另外，根据《民事诉讼法》的规定，上级人民法院可以审理下级人民法院管辖的企业破产案件，或者将本院管辖的企业破产案件移交下级人民法院审理，以及下级人民法院需要将自己管辖的企业破产案件交由上级人民法院审理的，可以报请上级人民法院审理；省、自治区、直辖市范围内因特殊情况需对个别企业破产案件的地域管辖做调整的，须经共同上级人民法院批准。

2. 破产申请受理的程序

债权人提出破产申请的，人民法院应当自收到申请之日起 5 日内通知债务人。

债务人对申请有异议的，应当自收到人民法院的通知之日起 7 日内向人民法院提出。人民法院应当自异议期满之日起 10 日内裁定是否受理。除上述情形外，人民法院应当自收到破产申请之日起 15 日内裁定是否受理。有特殊情况需要延长受理案件期限的，经上一级人民法院批准，可以延长 15 日。

人民法院裁定受理破产申请的，应当将裁定自做出之日起 5 日内送达申请人。债权人提出申请的，人民法院应当自裁定做出之日起 5 日内送达债务人。债务人应当自裁定送达之日起 15 日内，向人民法院提交财产状况说明、债务清册、债权清册、有关财务会计报告以及职工工资的支付和社会保险费用的缴纳情况。

人民法院裁定不受理破产申请的，应当将裁定自做出之日起 5 日内送达申请人并说明理由。申请人对裁定不服的，可以自裁定送达之日起 10 日内向上一级人民法院提起上诉。

人民法院裁定受理破产申请的，应当同时指定管理人，并在裁定受理破产申请之日起 25 日内通知已知债权人，并予以公告。

3. 破产申请受理的结果

为保证破产程序顺利进行，自人民法院受理破产申请的裁定送达债务人之日起至破产程序终结之日，债务人的有关人员承担下列义务：①妥善保管其占有和管理的财产、印章和账簿、文书等资料；②根据人民法院、管理人的要求进行工作，并如实回答询问；③列席债权人会议并如实回答债权人的询问；④未经人民法院许可，不得离开住所地；⑤不得新任其他企业的董事、监事、高级管理人员。所谓债务人的有关人员是指企业的法定代表人。经人民法院决定，可以包括企业的财务管理人员和其他经营管理人员。

为保证对全体债权人的公平清偿，《企业破产法》第十六条规定：“人民法院受理破产申请后，债务人对个别债权人的债务清偿无效。”但是，债务人以其自有财产向债权人提供物权担保的，其在担保物价值内向债权人所作的债务清偿，不受上述规定限制。

三、债权申报与确认

（一）债权申报

《企业破产法》第四十五条规定：“人民法院受理破产申请后，应当确定债权人申报债权的期限。债权申报期限自人民法院发布受理破产申请公告之日起计算，最短不得少于三十日，最长不得超过三个月。”在法律规定的期间，人民法院可以根据案件具体情况确定申报债权的期限。

债权人应当在人民法院确定的债权申报期限内向管理人申报债权。但债务人所欠职工的工资和医疗、伤残补助、抚恤费用，所欠的应当划入职工个人账户的基本养老保险、基本医疗保险费用，以及法律、行政法规规定应当支付给职工的补偿金，不必申报，由管理人调查后列出清单并予以公示。

债权人申报债权时，应当书面说明债权的数额和有无财产担保，并提交有关证据。申报的债权是连带债权的，应当说明。连带债权人可以由其中一人代表全体连带债权人申报债权，也可以共同申报债权。

《企业破产法》第五十六条规定："在人民法院确定的债权申报期限内，债权人未申报债权的，可以在破产财产最后分配前补充申报；但是，此前已进行的分配，不再对其补充分配。为审查和确认补充申报债权的费用，由补充申报人承担。债权人未依照本法规定申报债权的，不得依照本法规定的程序行使权利。"

（二）债权确认

根据《企业破产法》的规定，管理人收到债权申报材料后，应当登记造册，对申报的债权进行审查，并编制债权表。管理人必须将申报的债权全部编入债权表，不允许以其认为债权不成立等为由拒绝编入债权表。管理人依法编制的债权表，应当提交第一次债权人会议核查。

第三节　债务人财产与财产管理人

一、债务人财产

（一）债务人财产的范围

根据《企业破产法》第三十条的规定，债务人财产包括破产申请受理时属于债务人的全部财产，以及破产申请受理后至破产程序终结前债务人取得的财产。债务人财产在破产宣告后称为破产财产。

破产法将确定债务人财产范围的时点从破产宣告时改为破产申请受理时，未将作为担保物的财产排除出债务人财产即破产财产之外。

（二）债务人财产权利的行使

1. 债务人财产的追回

《企业破产法》第三十五条规定："人民法院受理破产申请后，债务人的出资人尚未完全履行出资义务的，管理人应当要求该出资人缴纳所认缴的出资，而不受出资期限的限制。"

为维护债权人及债务人的合法权益，《企业破产法》第三十六条规定："债务人的董事、监事和高级管理人员利用职权从企业获取的非正常收入和侵占的企业财产，管理人应当追回。"

在人民法院受理破产申请后，管理人可以通过清偿债务或者提供因债权人接受的担保，取回质物、留置物。管理人所做的债务清偿或者替代担保，在质物或者留置物的价值低于被担保的债权额时，以该质物或者留置物当时的市场价值为限。

2. 取回权的行使

破产法上的取回权分为一般取回权与特别取回权。《企业破产法》第三十八条规定："人民法院受理破产申请后，债务人占有的不属于债务人的财产，该财产的权利人可以通过管理人取回。但是，本法另有规定的除外。"这是对一般取回权的规定。

《企业破产法》第三十九条规定："人民法院受理破产申请时，出卖人已将买卖标的物向作为买受人的债务人发运，债务人尚未收到且未付清全部价款的，出卖人可以取回在运途中的标的物。但是，管理人可以支付全部价款，请求出卖人交付标的物。"这是对特别取回权中出卖人取回权的规定。

买方在破产申请受理时尚未付清货款，同时也没有收到货物，未取得所有权。如不允许卖方将尚属于自己的货物取回，其未得到支付的货款便只能作为破产债权受偿，有失公平。为此，特设立出卖人取回权。

出卖人向管理人表示行使取回权，即发生取回法律效力，并不要求出卖人必须在买方收到货物前实际控制并取回货物。

二、破产撤销权与无效行为制度

破产法规定了破产撤销权与无效行为制度。撤销权是指管理人对债务人在破产案件受理前的法定期间进行的欺诈逃债或损害公平清偿的行为，有申请法院撤销的权利。我国破产法上的无效行为则是针对《民法通则》《合同法》中规定的无效民事行为在破产程序中的表现特点做出的强调性规定。

（一）破产撤销权

《企业破产法》第三十一条规定："人民法院受理破产申请前一年内，涉及债务人财产的下列行为，管理人有权请求人民法院予以撤销：（一）无偿转让财产的；（二）以明显不合理的价格进行交易的；（三）对没有财产担保的债务提供财产担保的；（四）对未到期的债务提前清偿的；（五）放弃债权的。"《企业破产法》第三十二条规定："人民法院受理破产申请前六个月内，债务人有本法第二条第一款规定的情形，仍对个别债权人进行清偿的，管理人有权请求人民法院予以撤销。但是，个别清偿使债务人财产受益的除外。"这两条是对可撤销行为的规定。

根据《企业破产法》的规定，撤销权的行使应当符合下列要求：

（1）必须由管理人行使撤销权。在人民法院受理破产申请后，管理人即全面接管破产企业并负责破产财产的保管、清理、估价、处理和分配，总管破产事务。因此，应由管理人向人民法院请求撤销债务人的不当行为，其他任何人不能行使这一权利。

（2）可撤销的行为必须发生在人民法院受理破产申请前 1 年内；超过 1 年的，债务人即使发生上述行为，也不属于可撤销的行为。

经管理人的请求被人民法院撤销的行为即归于消灭。如果据此取得财产，管理人有权予以追回。对于已领受债务人财产的第三人，应负有返还财产的义务，原物不存在时，应折价赔偿。

（二）破产无效行为

破产法对撤销权制度予以全面完善，分别规定无效行为与可撤销行为。《企业破产法》第三十三条规定："涉及债务人财产的下列行为无效：（一）为逃避债务而隐匿、转移财产的；（二）虚构债务或者承认不真实的债务的。"这是对无效行为的规定。

三、破产抵销权

（一）破产抵销权的概念

破产抵销权是指债权人在破产申请受理前对债务人即破产人负有债务的，无论是否已到清偿期限、标的是否相同，均可在破产财产最终分配确定前向管理人主张相互抵销的权利。

（二）破产抵销权的行使

《企业破产法》第四十条规定，债权人在破产申请受理前对债务人负有债务的，可以向管理人主张抵销，即破产抵销权。破产抵销权是破产债权只能依破产程序受偿的例外，它的实施使该债权在抵销范围内得以由破产财产中得到优先清偿。

为防止破产抵销权被当事人所滥用，损害他人利益，《企业破产法》第四十条规定，有下列情形之一的，不得抵销：①债务人的债务人在破产申请受理后取得他人对债务人的债权的；②债权人已知债务人有不能清偿到期债务或者破产申请的事实，对债务人负担债务的；但是，债权人因为法律规定或者有破产申请一年前所发生的原因而负担债务的除外；③债务人的债务人已知债务人有不能清偿到期债务或者破产申请的事实，对债务人取得债权的；但是，债务人的债务人因为法律规定或者有破产申请一年前所发生的原因而取得债权的除外。

四、破产费用与共益债务

（一）破产费用

在破产案件中，为维护全体债权人的共同利益，会产生各种各样的费用支出；为在必要时继续破产企业的营业、继续履行合同、进行破产财产的管理等，也可能会使破产财产负担一定的债务。

破产费用是在破产程序中为全体债权人共同利益而支付的各项费用的总称。《企业破产法》第四十一条规定："人民法院受理破产申请后发生的下列费用，为破产费用：（一）破产案件的诉讼费用；（二）管理、变价和分配债务人财产的费用；③管理人执行职务的费用、报酬和聘用工作人员的费用。"

（二）共益债务

共益债务是指在破产程序中为全体债权人利益而由债务人财产负担的债务的总称。《企业破产法》第四十二条规定："人民法院受理破产申请后发生的下列债务，为共益债务：（一）因管理人或者债务人请求对方当事人履行双方均未履行完毕的合同所产生的债务；（二）债务人财产受无因管理所产生的债务；（三）因债务人不当得利所产生的债务；（四）为债务人继续营业而应支付的劳动报酬和社会保险费用以及由此产生的其他债务；（五）管理人或者相关人员执行职务致人损害所产生的债务；（六）债务人财产致人损害所产生的债务。"

（三）破产费用与共益债务的清偿

破产费用与共益债务均是以债务人财产为清偿对象的，并享有优先于其他债权的受偿权。《企业破产法》第四十三条规定："破产费用和共益债务由债务人财产随时清偿。债务人财产不足以清偿所有破产费用和共益债务的，先行清偿破产费用。债务人财产不足以清偿所有破产费用或者共益债务的，按照比例清偿。债务人财产不足以清偿破产费用的，管理人应当提请人民法院终结破产程序。人民法院应当自收到请求之日起十五日内裁定终结破产程序，并予以公告。"债务人财产虽然不足以支付所有破产费用和共益债务，但是破产案件的债权人、管理人、债务人的出资人或者其他利害关系人愿意垫付相关费用的，经人民法院同意，破产程序可以继续进行。

在债权人或债务人等提出破产清算申请时，即发现破产人财产不足以支付破产费用、无财产可供分配的，人民法院在确认其属实之后，应当受理破产案件，并做出破产宣告，同时做出终结破产程序的裁定，不应拒绝受理破产案件。

五、破产法中的管理人制度

[**案例讨论**] 人民法院受理了甲公司的破产申请案件，管理人解除了破产受理申请前甲公司与乙公司签订的尚未履行的设备买卖合同。该买卖合同标的额为100万元，解除该合同的行为使得乙公司遭受了10万元的经济损失。

问：管理人有权解除未履行的合同吗？乙公司的10万元的经济损失应如何处理？

（一）管理人的资格与指定

管理人是破产程序中最为重要的机构。通常，管理人是指破产宣告后成立的，全面接管破产企业并负责破产财产的保管、清理、估价、处理和分配等破产清算事务的专门机构。管理人概念有广义与狭义之分。破产法将破产清算、和解与重整三个程序的受理阶段合并规定，管理人的工作自案件受理开始横贯三个程序，其使用的是广义的管理人概念，所以称为管理人而不是破产管理人。

《企业破产法》第二十二条规定："管理人由人民法院指定。债权人会议认为管理人不能依法、公正执行职务或者有其他不能胜任职务情形的，可以申请人民法院予以更换。指定管理人和确定管理人报酬的办法，由最高人民法院规定。”管理人没有正当理由不得辞去职务。管理人辞去职务应当经人民法院许可。管理人经人民法院许可，可以聘用必要的工作人员。

管理人依法执行职务，向人民法院报告工作，并接受债权人会议和债权人委员会的监督。管理人应当列席债权人会议，向债权人会议报告职务执行情况，并回答询问。

对管理人的资格条件，《企业破产法》第二十四条规定：“管理人可以由有关部门、机构的人员组成的清算组或者依法设立的律师事务所、会计师事务所、破产清算事务所等社会中介机构担任。人民法院根据债务人的实际情况，可以在征询有关社会中介机构的意见后，指定该机构具备相关专业知识并取得执业资格的人员担任管理人。有下列情形之一的，不得担任管理人：（一）因故意犯罪受过刑事处罚；（二）曾被吊销相关专业执业证书；（三）与本案有利害关系；（四）人民法院认为不宜担任管理人的其他情形。个人担任管理人的，应当参加执业责任保险。”

（二）管理人的职责与报酬

1. 管理人的职责

管理人应当勤勉尽责，忠实执行职务。《企业破产法》第二十五条规定：“管理人履行下列职责：（一）接管债务人的财产、印章和账簿、文书等资料；（二）调查债务人财产状况，制作财产状况报告；（三）决定债务人的内部管理事务；（四）决定债务人的日常开支和其他必要开支；（五）在第一次债权人会议召开之前，决定继续或者停止债务人的营业；（六）管理和处分债务人的财产；（七）代表债务人参加诉讼、仲裁或者其他法律程序；（八）提议召开债权人会议；（九）人民法院认为管理人应当履行的其他职责。”《企业破产法》对管理人的职责另有规定的，适用其规定。同时，《企业破产法》第二十六条规定：“在第一次债权人会议召开之前，管理人决定继续或者停止债务人的营业或者有本法第六十九条规定行为之一的，应当经人民法院许可。”

2. 管理人的报酬

管理人履行职责，应当获得合理的报酬。管理人的报酬由人民法院确定。债权人会议对管理人的报酬有异议的，有权向人民法院提出。

管理人未依照法律规定勤勉尽责，忠实执行职务的，人民法院可以依法处以罚款；给债权人、债务人或者第三人造成损失的，依法承担赔偿责任。

[**案例提示**] 本案例涉及在企业破产中管理人的权利和义务；在企业破产申请前发生的债权处理的问题。

第四节　债权人会议

[**案例讨论**] 某被申请破产企业的债权人有 9 人，债权总额为 3 000 万元。其中，有 2 位债权人的债权 900 万元有破产企业的财产做担保，债权人未声明放弃优先受偿权。

问：在讨论和解协议时，如果全体债权人都出席了会议，使和解协议通过的债权人人数和所代表的债权总额各是多少？

一、债权人会议的组成

（一）债权人会议的概念

我国破产程序中的债权人会议是由所有依法申报债权的债权人组成，以保障债权人共同利益为目的，为实现债权人的破产程序参与权，讨论决定有关破产事宜，表达债权人意志，协调债权人行为的破产议事机构。

在破产程序中，债权人会议不是一个独立的民事权利主体，而只是具有自治性质的机构。债权人会议仅在破产程序中与法院、管理人、债务人或破产人等有关当事人进行交涉，负责处理涉及全体债权人共同利益的问题，协调债权人的法律行为，采用多数决策的决定方式在其职权范围内议决有关破产事宜。债权人会议不是常设的机构，仅为决议机关，虽享有法定职权，但本身无执行功能，其所做出的相关决议一般由管理人负责执行。

（二）债权人会议的组成与成员权利

债权人会议由依法申报债权的债权人组成，凡是申报债权者均有权参加第一次债权人会议，有权参加对其债权的核查、确认活动，并可依法提出异议。对于第一次会议以后的债权人会议，便只有债权得到确认者才有权参加并行使表决权。债权被否认而又未提起债权确认诉讼者，不得再参加债权人会议。债权尚未确定的债权人，除人民法院能够为其行使表决权而临时确定债权额者外，不得行使表决权。

为维护企业职工的权益，立法规定，债权人会议应当有债务人的职工和工会的代表参加，对有关事项发表意见。但通常认为，债务人的职工和工会的代表在债权人会议上没有表决权。

为保证债权人会议的顺利进行，我国立法规定，债权人会议设主席一人，由人民法院在有表决权的债权人中指定，通常是在破产程序中无优先权的债权人。债权人会议主席依法行使职权，负责债权人会议的召集、主持等工作。

在债权人会议上除有权出席会议的债权人之外，还有其他列席人员。债权人会议的列席人员是指不属于会议的正式成员，无表决权，其是为协助债权人会议顺利召开，因履行法定义务或职务义务而参加会议的人员。债务人的法定代表人有义务列席债权人会议。

二、债权人会议的召集与职权

（一）债权人会议的召集

债权人会议是依召集方式活动的决议机关。第一次债权人会议由人民法院召集，自债权申报期限届满之日起15日内召开。以后的债权人会议，在人民法院认为必要时，或者管理人、债权人委员会、占债权总额1/4以上的债权人向债权人会议主席提议时召开。召开债权人会议，管理人应当提前15日通知已知的债权人。

（二）债权人会议的职权

《企业破产法》第六十一条规定："债权人会议行使下列职权：（一）核查债权；（二）申请人民法院更换管理人，审查管理人的费用和报酬；（三）监督管理人；（四）选任和更换债权人委员会成员；（五）决定继续或者停止债务人的营业；（六）通过重整计划；（七）通过和解协议；（八）通过债务人财产的管理方案；（九）通过破产财产的变价方案；（十）通过破产财产的分配方案；（十一）人民法院认为应当由债权人会议行使的其他职权。债权人会议应当对所议事项的决议作成会议记录。"

《企业破产法》第六十四条第一款规定："债权人会议的决议，由出席会议的有表决权的债权人过半数通过，并且其所代表的债权额占无财产担保债权总额的二分之一以上。但是，本法另有规定的除外。"债权人会议的决议，对于全体债权人均有约束力。同时，立法为反对债权人会议决议者提供了救济渠道。债权人认为债权人会议的决议违反法律规定，损害其利益的，可以自债权人会议做出决议之日起15日内，请求人民法院裁定撤销该决议，责令债权人会议依法重新做出决议。

三、债权人委员会

（一）债权人委员会的概念与组成

《企业破产法》规定，在债权人会议中可以设置债权人委员会。债权人委员会是遵循债权人的共同意志，代表债权人会议监督管理人行为以及破产程序的合法、公正进行，处理破产程序中的有关事项的常设监督机构。

债权人委员会为破产程序中的选任机关，由债权人会议根据案件具体情况决定是否设置。债权人委员会中的债权人代表由债权人会议选任、罢免。此外，债权人委员会中还应当有一名债务人企业的职工代表或者工会代表。为便于决定事项、开展工作，债权人委员会的成员人数原则上应为奇数，最多不得超过9人。债权人委员会成员应当经人民法院书面认可。

（二）债权人委员会的职权

债权人委员会行使下列职权：①监督债务人财产的管理和处分；②监督破产财

产分配；③提议召开债权人会议；④债权人会议委托的其他职权。

债权人委员会执行职务时，有权要求管理人、债务人的有关人员对其职权范围内的事务做出说明或者提供有关文件。管理人、债务人的有关人员违反法律规定拒绝接受监督的，债权人委员会有权就监督事项请求人民法院做出决定，强制施行。人民法院接到债权人委员会的请求应当在5日内做出决定。

为保障债权人委员会能够及时了解破产程序进行的有关信息，行使监督权力，《企业破产法》还规定，管理人实施下列行为，应当及时报告债权人委员会：①涉及土地、房屋等不动产权益的转让；②探矿权、采矿权、知识产权等财产权的转让；③全部库存或者营业的转让；④借款；⑤设定财产担保；⑥债权和有价证券的转让；⑦履行债务人和对方当事人均未履行完毕的合同；⑧放弃权利；⑨担保物的收回；⑩对债权人利益有重大影响的其他财产处分行为。未设立债权人委员会的，管理人实施上述行为应当及时报告人民法院。

[**案例提示**] 本案例涉及在企业破产中债权人会议的组成及职权，在重大议题的表决过程中对决议通过的法定要求。

第五节　重整制度

一、重整概述

（一）重整的概念

重整是指对可能或已经发生破产原因但又有挽救希望的法人企业，通过对各方利害关系人的利益协调，借助法律强制进行营业重组与债务清理，以避免破产、获得更生的法律制度。我国重整制度的适用范围为企业法人破产。

（二）重整的特征

重整制度具有以下特点：

（1）重整申请时间提前、启动主体多元化。提出破产与和解申请，是以债务人已发生破产原因为前提；而重整申请则在债务人有发生破产原因的可能时即可提出。不仅债务人、债权人可提出重整申请，债务人的股东也可在一定条件下提出。根据《企业破产法》第一百三十四条的规定，国务院金融监督管理机构也可以向人民法院提出对金融机构进行重整的申请。

（2）参与重整活动的主体多元化、重整措施多样化。债权人包括有物权担保的债权人、债务人及债务人的股东等各方利害关系人均参与重整程序的进行。重整企业可运用多种重整措施，达到恢复经营能力、清偿债务、避免破产的目的，除延期或减免偿还债务外，还可采取向重组者无偿转让全部或部分股权，核减或增加注册资本，向特定对象定向发行新股或债券，将债权转为股份，转让营业或资产等方法。

（3）担保物权受限。在重整程序中，物权担保债权人的优先受偿权受到限制，这是其与破产法上其他程序的重大不同之处。

（4）重整程序具有强制性。只要债权人会议各表决组及股东组以法定多数通过重整计划，经法院批准，就对所有当事人均具有法律效力。而且，在未获全部表决组通过的情况下（但至少有一组通过），如重整计划草案符合法定条件，债务人或者管理人可以申请人民法院予以批准。法院可在保证反对者的既得利益不受损害等法定条件下强制批准重整计划。

（5）债务人可负责制订、执行重整计划。除非债务人存在破产欺诈、无经营能力等情况，根据《企业破产法》的规定，在重整期间，经债务人申请、法院批准，债务人可以在管理人的监督下制订重整计划草案，在重整计划批准后自行管理财产和营业事务。

二、重整申请和重整期间

（一）重整申请

《企业破产法》规定，债务人或者债权人可以依法直接向人民法院申请对债务人进行重整。债权人申请对债务人进行破产清算的，在人民法院受理破产申请后、宣告债务人破产前，债务人或者出资额占债务人注册资本1/10以上的出资人，可以向人民法院申请重整。国务院金融监督管理机构可以向人民法院提出对金融机构进行重整的申请。人民法院经审查认为重整申请符合法律规定的，应当裁定债务人重整，并予以公告。

根据《企业破产法》的规定，债务人在不同的阶段重整申请人不同：

（1）债务人尚未进入破产程序时，债务人或者债权人可以直接向人民法院申请对债务人进行重整。债务人对自己的资产、财务状况、困境及发展有着准确的了解，因此可以直接向人民法院提出重整申请。债权人为保证自己债权的实现，也可以向人民法院提出重整申请，使债务人经过重整后恢复偿债能力。

（2）债权人申请对债务人进行破产清算的，在人民法院受理破产申请后，宣告债务人破产前，债务人或者出资额占债务人注册资本1/10以上的出资人，可以向人民法院申请重整。

债务人与债权人申请重整的原因是不同的。债务人申请重整的原因是企业法人不能清偿到期债务，并且其资产不足以清偿全部债务或者明显缺乏清偿能力。而债权人申请重整的原因是债务人不能清偿到期债务。因为债权人对债务人的资产情况很难有全面、准确的了解，所以只要债务人不能清偿到期债务，就可以向人民法院申请对债务人进行重整。

人民法院经审查认为重整申请符合规定的，应当裁定债务人重整，并予以公告。

（二）重整期间

自人民法院裁定债务人重整之日起至重整程序终止，为重整期间。需注意的是，所谓重整期间，仅指重整申请受理至重整计划草案得到债权人会议分组表决通过及人民法院审查批准，或重整计划草案未能得到债权人会议分组表决通过或人民法院不予批准的期间，不包括重整计划得到批准后的执行期间。

在重整期间，有下列情形之一的，经管理人或者利害关系人请求，人民法院应当裁定终止重整程序，并宣告债务人破产：

（1）债务人的经营状况和财产状况继续恶化，缺乏挽救的可能性；

（2）债务人有欺诈、恶意减少债务人财产或者其他显著不利于债权人的行为；

（3）由于债务人的行为致使管理人无法执行职务。

三、重整计划的制订与批准

（一）重整计划的制订

当事人的重整申请被受理之后，应当在法定期限内提交重整计划草案。债务人自行管理财产和营业事务的，由债务人制订重整计划草案；管理人负责管理财产和营业事务的，由管理人制订重整计划草案。

根据《企业破产法》第八十一条的规定：“重整计划草案应当包括下列内容：（一）债务人的经营方案；（二）债权分类；（三）债权调整方案；（四）债权受偿方案；（五）重整计划的执行期限；（六）重整计划执行的监督期限；（七）有利于债务人重整的其他方案。”

（二）重整计划草案的表决

债权人参加讨论重整计划草案的债权人会议，依照下列债权分类，分组对重整计划草案进行表决：①对债务人的特定财产享有担保权的债权；②债务人所欠职工的工资和医疗、伤残补助、抚恤费用，所欠的应当划入职工个人账户的基本养老保险、基本医疗保险费用，以及法律、行政法规规定应当支付给职工的补偿金；③债务人所欠税款；④普通债权。此外，人民法院在必要时可以决定在普通债权组中设小额债权组对重整计划草案进行表决。重整计划不得规定减免债务人欠缴的上述第②项规定以外的社会保险费用，该项费用的债权人不参加重整计划草案的表决。

人民法院应当自收到重整计划草案之日起 30 日内召开债权人会议，对重整计划草案进行表决。出席会议的同一表决组的债权人过半数同意重整计划草案，并且其所代表的债权额占该组债权总额的 2/3 以上的，即为该组通过重整计划草案。债务人或者管理人应当向债权人会议就重整计划草案做出说明，并回答询问。

债务人的出资人代表可以列席讨论重整计划草案的债权人会议。重整计划草案涉及出资人权益调整事项的，应当设出资人组，对该事项进行表决。

各表决组均通过重整计划草案时，重整计划即为通过。自重整计划通过之日起 10 日内，债务人或者管理人应当向人民法院提出批准重整计划的申请。人民法院经审查认为符合规定的，应当自收到申请之日起 30 日内裁定批准，终止重整程序，并予以公告。

部分表决组未通过重整计划草案的，债务人或者管理人可以同未通过充值计划草案的表决组协商。该表决组可以在协商后再表决一次。双方协商的结果不得损害其他表决组的利益。未通过重整计划草案的表决组拒绝再次表决或者再次表决仍未通过重整计划草案，但重整计划草案符合下列条件的，债务人或者管理人可以申请人民法院批准重整计划草案：第一，按照重整计划草案。上述债权分类第①项所列债权就该特定财产将获得全额清偿，其因延期清偿所受的损失将得到公平补偿，并且其担保权未受到实质性损害，或者该表决组已经通过重整计划草案；第二，按照重整计划草案，上述债权分类第②③项所列债权将获得全额清偿，或者相应表决组已经通过重整计划草案；第三，按照重整计划草案，普通债权所获得的清偿比例，不低于其在重整计划草案被提请批准时依照破产清算程序所能获得的清偿比例，或者该表决组已经通过重整疾患草案；第四，重整计划草案对出资人权益的调整公平、公正，或者出资人组已经通过重整计划草案；第五，重整计划草案公平对待同一表决组的成员，并且所规定的债权清偿顺序不违反《企业破产法》的规定；第六，债务人的经营方案具有可行性。人民法院经审查认为重整计划草案符合规定的，应当自收到申请之日起 30 日内裁定批准，终止重整程序，并予以公告。

重整计划草案未获得通过且未依照《企业破产法》的规定获得批准，或者已通过的重整计划未获得批准的，人民法院应当裁定终止重整程序，并宣告债务人破产。

四、重整计划的执行、监督与终止

（一）重整计划的执行

根据《企业破产法》的规定，重整计划由债务人负责执行。人民法院裁定批准重整计划后，已接管财产和营业事务的管理人应当向债务人移交财产和营业事务。

（二）重整计划的监督

在重整计划中，应当规定其执行监督期限。自人民法院裁定批准重整计划之日起，在重整计划规定的监督期内，由管理人监督重整计划的执行。在监督期内，债务人应当向管理人报告重整计划执行情况和债务人财务状况。

（三）重整计划的效力

经人民法院裁定批准的重整计划，对债务人和全体债权人均有约束力，包括对债务人的特定财产享有的担保权的债权人。债权人对债务人的保证人和其他连带债务人所享有的权利，不受重整计划的影响，可以依据原合同约定行使权利。

第六节　和解制度

一、和解的概念及其程序

（一）和解的概念

和解是预防债务人破产的法律制度之一。在发生破产原因时，债务人可以提出和解申请及和解协议草案，由债权人会议表决，如能获得通过，再经法院裁定认可后生效执行，可以避免被宣告破产。

（二）和解程序

和解申请只能由债务人一方提出，这与破产清算申请和重整申请还可由债权人等提出不同。债务人既可以依法直接向人民法院申请和解，也可以在人民法院受理破产申请后、宣告破产前，向人民法院申请和解。申请和解的原因是债务人发生破产原因。债务人申请和解，应当提出和解协议草案。

人民法院经审查认为和解申请符合法律规定的，应当受理其申请，裁定和解，予以公告，并召集债权人会议讨论和解协议草案。

债权人会议通过和解协议的决议，由出席会议的有表决权的债权人过半数同意，并且其所代表的债权额占无财产担保债权总额的2/3以上。对债务人的特定财产享有担保权的债权人，对此事项无表决权。

债权人会议通过和解协议的，由人民法院裁定认可，终止和解程序，并予以公告。管理人应当向债务人移交财产和营业事务，并向人民法院提交执行职务的报告。

二、和解协议通过的效力

（一）和解协议对债务人与和解债权人的效力

经人民法院裁定认可的和解协议，对债务人和全体和解债权人均有约束力。和解债权人是指人民法院受理破产申请时对债务人享有无财产担保债权的人。债务人应当按照和解协议规定的条件清偿债务。按照和解协议减免的债务，自和解协议执行完毕时起，债务人不再承担清偿责任。

（二）和解协议对债务人的保证人和其他连带债务人的效力

和解债权人对债务人的保证人和其他连带债务人所享有的权利，不受和解协议的影响。因债务人的欺诈或者其他违法行为而成立的和解协议，人民法院应当裁定无效，并宣告债务人破产。有上述情形的，和解债权人因执行和解协议所受的清偿，在其他债权人所受清偿同等比例的范围内，不予返还。

（三）和解协议的终止

债务人不能执行或者不执行和解协议的，人民法院经和解债权人请求，应当裁定终止和解协议的执行，并宣告债务人破产。

第七节 破产清算程序

[案例讨论] 甲公司被依法宣告破产，管理人的清算结果表明：甲公司的破产财产共1 900万元，发生破产清算费用110万元，欠职工工资140万元，欠税款1 500万元，普通债权3 000万元，其中乙公司拥有普通债权1 000万元。

问：根据《企业破产法》的规定，乙公司就破产债权受偿的金额为多少万元？

一、破产财产的变价和分配

（一）破产宣告

破产宣告是指法院依据当事人的申请或法定职权裁定宣布债务人破产以清偿债务的活动。人民法院依法宣告债务人破产，应当自裁定做出之日起5日内送达债务人和管理人，自裁定做出之日起10日内通知已知债权人，并予以公告。

《企业破产法》第一百零八条规定："破产宣告前，有下列情形之一的，人民法院应当裁定终结破产程序，并予以公告：（一）第三人为债务人提供足额担保或者为债务人清偿全部到期债务的；（二）债务人已清偿全部到期债务的。"因为在此种情况下，债务人已不存在破产原因，自然应终结破产程序。

（二）破产财产的变价

破产财产的分配以货币分配为基本方式，所以，在破产宣告后，管理人应当及时拟订破产财产变价方案，提交债权人会议讨论。管理人应当按照债权人会议通过的或者人民法院依法裁定的破产财产变价方案，适时变价出售破产财产。变价出售破产财产应当通过拍卖方式进行，但债权人会议另有决议的除外。

（三）别除权

《企业破产法》第一百零九条规定："对破产人的特定财产享有担保权的权利人，对该特定财产享有优先受偿的权利。"此项权利即是破产法理论上的别除权。别除权是基于担保物权及特别优先权产生的，其优先受偿权的行使不受破产清算与和解程序的限制，但在重整程序中受到限制。

别除权人行使优先受偿权利未能完全受偿的，其未受偿的债权作为普通债权；别除权人放弃优先受偿权利的，其债权作为普通债权。

（四）破产财产的分配

破产分配是指将破产财产按照法律规定的债权清偿顺序和案件实际情况决定的受偿比例进行清偿的程序。《企业破产法》第一百一十三条规定："破产财产在优先清偿破产费用和共益债务后，依照下列顺序清偿：

（一）破产人所欠职工的工资和医疗、伤残补助、抚恤费用，所欠的应当划入职工个人账户的基本养老保险、基本医疗保险费用，以及法律、行政法规规定应当支付给职工的补偿金；

（二）破产人欠缴的除前项规定以外的社会保险费用和破产人所欠税款；

（三）普通破产债权。

破产财产不足以清偿同一顺序的清偿要求的，按照比例分配。”

破产企业的董事、监事和高级管理人员的工资按照该企业职工的平均工资计算。破产财产的分配应当以货币分配方式进行。但是，债权人会议另有决议的除外。

《企业破产法》第一百三十二条对职工债权的清偿问题有特别规定：“本法施行后，破产人在本法公布之日前所欠职工的工资和医疗、伤残补助、抚恤费用，所欠的应当划入职工个人账户的基本养老保险、基本医疗保险费用，以及法律、行政法规规定应当支付给职工的补偿金，依照本法第一百一十三条的规定清偿后不足以清偿的部分，以本法第一百零九条规定的特定财产优先于对该特定财产享有担保权的权利人受偿。”

二、破产程序的终结

（一）破产终结程序

破产法规定的破产程序终结方式有三种。①因和解、重整程序顺利完成而终结；②因债务人的破产财产不足以支付破产费用而终结；③因破产财产分配完毕而终结。在破产清算程序中仅涉及后两种情况。

管理人应当自破产程序终结之日起 10 日内，持人民法院终结破产程序的裁定，向破产人的原登记机关办理注销登记。

（二）遗留事务的处理

在破产程序因债务人财产不足以支付破产费用而终结，或者因破产人无财产可供分配或破产财产分配完毕而终结时，自终结之日起两年内，有下列情形之一的，债权人可以请求人民法院按照破产财产分配方案进行追加分配。

（1）发现在破产案件中有可撤销行为、无效行为或者债务人的董事、监事和高级管理人员利用职权从企业获取非正常收入和侵占企业财产的情况，应当追回财产的；

（2）发现破产人有可供分配的其他财产的。

有上述情形，但财产数量不足以支付分配费用的，不再进行追加分配，由人民法院将其上交国库。

破产人的保证人和其他连带债务人，在破产程序终结后，对债权人依照破产清算程序未受清偿的债权，依法继续承担清偿责任。但这并不是说，债权人要追究保证人和其他连带债务人的清偿责任必须等到破产程序终结后，在破产程序中，债权人就可以依法追究他们的责任。

（三）破产事宜的特殊规定

（1）《企业破产法》施行后，破产人在《企业破产法》公布之日前所欠职工的工资和医疗、伤残补助、抚恤费用。所欠的应当划入职工个人账户的基本养老保险、基本医疗保险费用，以及法律、行政法规规定应当支付给职工的补偿金，依照规定清偿后不足以清偿的部分，以规定的特定财产优先于对该特定财产享有担保权的权利人受偿。

（2）在《企业破产法》施行前国务院规定的期限和范围内的国有企业实施破产的特殊事宜，按照国务院有关规定办理。

（3）商业银行、证券公司、保险公司等金融机构有不能清偿到期债务情形的，国务院金融监督管理机构可以向人民法院提出对该金融机构进行重整或者破产清算的申请。国务院金融监督管理机构依法对出现重大经营风险的金融机构采取接管、托管等措施的，可以向人民法院申请中止以该金融机构为被告或者被执行人的民事诉讼程序或者执行程序。

（4）其他法律规定企业法人以外的组织的清算，属于破产清算的，参照适用《企业破产法》规定的程序。

[**案例提示**] 本案例涉及企业破产中，破产财产在清偿破产债权时的顺序，以及破产财产不足以清偿破产债权时的处理措施。

本章思考题

1. 企业破产的原因和破产制度的法律意义是什么？
2. 破产财产包括哪些财产？
3. 企业破产中，财产管理人的职责有哪些？
4. 破产程序中，为什么要设置重整和和解？
5. 破产财产清偿的法定顺序是什么？

案例讨论

甲有色金属厂是某市产业部下属的国有企业。假设 2017 年 4 月 28 日，甲有色金属厂由于经营管理不善，长期不能清偿到期债务，被债权人申请破产。2017 年 5 月 14 日，人民法院受理了此案，并通知了甲有色金属厂。法院于 2017 年 9 月 26 日裁定宣告该有色金属厂破产。管理人及时拟订了破产财产分配方案后交由债权人会议讨论，已知债权人会议共有债权人 10 人，债权总额为 1 000 万元，其中全部有财产担保的债权人为甲、乙二人，其代表的债权额为 300 万元。破产分配方案经债权人会议依法通过后，直接交给管理人执行。

2017 年 11 月 20 日，破产程序依法终结。2018 年 4 月，人民法院在审理其他案件时发现，该厂曾在 2017 年 3 月时放弃对某机器厂的 150 万元债权；同时，有人举报 2016 年 11 月 20 日，该市产业部将甲有色金属厂所有的一台价值 60 万元的金属切割机无偿调拨给另一企业使用。

问：

（1）甲、乙二人在债权人会议的此次表决中是否享有表决权？说明理由。

（2）此次债权人会议中破产财产分配方案的决议如何通过？说明理由。

（3）破产财产分配方案执行的程序是否符合规定？说明理由。

（4）该厂放弃的 150 万元债权，债权人是否可以请求人民法院按照破产财产分配方案进行追加分配？说明理由。

（5）对某市产业部无偿调拨价值 60 万元的金属切割机，债权人是否可以请求人民法院按照破产财产分配方案进行追加分配？说明理由。

第六章 证券法律制度

内容提示

证券的概念、特征及种类；证券市场的主体；证券发行的种类和条件；证券承销的方式；证券上市的条件；证券交易的方式和程序。

相关法规

1.《中华人民共和国证券法》（以下简称《证券法》）（全国人大常委会，2014年8月31日修正）

2. 全国人大常委会关于授权国务院在实施股票发行注册制改革中调整适用《中华人民共和国证券法》有关规定的决定（2015年12月27日发布）

3.《证券交易所管理办法》（证监会，2017年11月17日发布）

4.《公开募集证券投资基金运作管理办法》（国务院，2014年7月7日通过）

5.《首次公开发行股票并上市管理办法》（证监会，2006年5月17日通过，2015年12月30日通过修改）

6 .《证券市场禁入规定》（证监会，2006年6月7日发布，2015年11月6日通过修改）

7.《股票发行与交易管理暂行条例》（国务院，1993年4月22日通过）

8.《证券公司风险处置条例》（国务院，2008年4月23日通过）

第一节　证券法概述

一、证券的概念和特征

（一）证券的概念

证券是证明特定经济权利的凭证。证券必须依法设置，依照法律或行政法规规定的形式、内容、格式与程序制作、签发。

证券有广义和狭义之分。广义的证券一般指财物证券（如货运单、提单等）、货币证券（如支票、汇票、本票等）和资本证券（如股票、公司债券、投资基金份额等）；狭义的证券仅指资本证券。《证券法》规定的证券为股票、公司债券和国务院依法认定的其他证券。其他证券主要指投资基金份额、非公司企业债券、国家政府债券等。

（二）证券的特征

（1）证券是权利凭证；

（2）证券是投资凭证；

（3）证券是要式凭证；

（4）证券是流通性凭证。

二、证券的种类

证券根据不同的标准可做多种分类。目前我国证券市场发行和流通的证券主要包括股票、债券和证券投资基金券。

（一）股票

股票是股份公司发行的，表示股东按其持有的股份享有权利和承担义务的书面凭证，具有非返还性、收益性、风险性、流通性、参与性等特点。股票按不同的标准可做如下分类：

（1）按股东的权利、义务不同，股票可分为普通股和优先股。普通股是享有普通权利、承担普通义务的股份。优先股是享有优先权的股份。一般而言，公司对优先股的股利按照约定的股利率优先支付，有特别约定时，如当年可供分配的利润不足支付时，还可由以后年度可供分配的利润补足。优先股股东在公司清算时先于普通股股东取得剩余财产。但优先股股东不参与公司经营管理决策。

（2）按投资主体的性质不同，股票分为国有股、发起人股、社会公众股。国有股包括国家股和国有法人股。在我国的股票分为流通股与非流通股的情况下，社会公众股原是指可在证券交易所上市流通的股份。目前我国正在对股权分置问题进行改革，在改革完成之后，将不再存在流通股与非流通股的区别，社会公众股的区分也将失去其实质意义。

(3) 按投资者是以人民币认购和买卖还是以外币认购和买卖股票划分，股票可分为内资股和外资股。内资股一般是由境内人士或机构以人民币认购和买卖的股票；外资股一般是以外币认购和买卖的股票。外资股有境内上市外资股即 B 股和境外上市外资股。境外上市外资股一般以境外上市地的英文名称中的第一个字母命名，如在香港上市的 H 股、在纽约上市的 N 股、在新加坡上市的 S 股等。

(4) 按票面上是否记载股东的姓名或名称，股票可分为记名股票和无记名股票。

(二) 债券

债券是指合格主体依法定程序发行的，约定在一定期限还本付息的有价证券。与股票相比，债券具有偿还性、低收益和低风险性、非参与性等特点。按照发行主体的不同，债券可分为政府债券、金融债券和公司债券。

(三) 证券投资基金券

证券投资基金是通过公开发售基金份额募集资金，由基金管理人管理，基金托管人托管，为基金份额持有人的利益，以资产组合方式进行股票、债券投资的集合证券投资方式。基金券是基金份额的表现形式。证券投资基金是一种间接投资工具，可实现规模经营、组合投资、分散风险。

三、证券市场

证券市场是指证券发行与交易的场所。证券市场分为发行市场和流通市场。发行市场又称一级市场，是发行新证券的市场。证券发行人通过证券发行市场将已获准公开发行的证券第一次销售给投资者，以获取现金。证券流通市场又称二级市场，是对已发行的证券进行买卖、转让交易的场所。投资者在一级市场取得的证券可以在二级市场进行交易。

证券市场的经营对象包括证券及其衍生产品，如股票期货、股票期权、认股权证、债券期货、债券期权等。

四、证券法的概念及调整范围

证券法是规范证券发行与交易的法律。证券法的概念有狭义和广义之分。狭义的证券法是指《证券法》；广义的证券法泛指一切与证券有关的法律规范。

《证券法》的调整范围，是指在中华人民共和国境内股票、公司债券和国务院依法认定的其他证券的发行和交易。《证券法》未规定的，适用《公司法》和其他法律、行政法规的规定。政府债券、证券投资基金份额的上市交易，适用本法；其他法律、行政法规另有规定的，适用其规定。证券衍生品种发行、交易的管理办法，由国务院依照本法的原则规定。

五、证券活动和证券管理原则

《证券法》的立法宗旨是为了规范证券发行和交易行为，保护投资者的合法权益，维护社会经济秩序和社会公共利益，促进社会主义市场经济的发展。根据《证券法》的规定，在证券活动和证券管理中应坚持如下原则：

［**案例讨论**］某机电公司向社会配股说明书，由于其在机电行业内的声誉卓著，股价迅速攀升。但是，该公司在股价一路攀升的情况下，没有发布任何信息和公告，其国有股转配红股在证交所上市，导致股价狂跌，中小股民损失惨重。

问：该公司违反了证券法的什么基本原则？

（一）公开、公平、公正原则

公开原则是指市场信息要公开。在内容上，凡是可能影响投资者决策的信息都应当公开，如公司章程、招股说明书、有关财务会计资料等。公开的形式包括向社会公告，将有关信息刊登在报刊上，将有关资料置备于有关场所，供公众随时查阅等。公开的信息必须及时、完整、真实、准确。

公平原则是指所有市场参与者都具有平等的地位，其合法权益都应受到公平的保护。它们在证券发行和交易中应当机会均等、待遇相同。

公正原则是指在证券发行和交易的有关事务处理上，要在坚持客观事实的基础上，做到一视同仁，对所有证券市场参与者都要给予公正的待遇，尤其是证券监管机关要坚持公正原则。

（二）自愿、有偿、诚实信用原则

《证券法》第四条规定，证券发行、交易活动的当事人具有平等的法律地位，应当遵守自愿、有偿、诚实信用的原则。

自愿是指当事人有权按照自己的意愿参与证券发行与证券交易活动，其他人不得干涉，也不得采取欺骗、威吓或胁迫等手段影响当事人决策。在市场交易活动中，任何一方都不得把自己的意志强加给对方。

有偿是指在证券发行和交易活动中，一方当事人不得无偿占有他方当事人的财产和劳动。

诚实是指要客观真实，不欺人、不骗人；信用是指遵守承诺，并及时、全面地履行承诺。

（三）守法原则

遵守法律、法规是我们在一切社会活动中都必须遵守的原则。《证券法》第五条规定：“证券发行、交易活动必须遵守法律、行政法规；禁止欺诈、内幕交易和操纵证券市场的行为。”

（四）以证券业与其他金融业分业经营管理为主，混业经营另做规定的原则

《证券法》第六条规定：“证券业和银行业、信托业、保险业分业经营、分业管

理。证券公司与银行、信托、保险业务机构分别设立。国家另有规定的除外”。原《证券法》实行分业经营、分业管理的原则。现行《证券法》在规定分业经营、分业管理原则的同时，规定“国家另有规定的除外”，为混业经营留下了一定的法律空间，也为银行资金间接进入证券市场准备了条件。

（五）政府统一监管与行业自律原则

制约和化解市场风险，维护市场正常秩序，必须对证券市场进行监管。各国对证券市场的监管包括由政府设立证券监管部门进行监管和由证券经营机构等成立自律性组织进行监管两种模式。我国实行政府统一监管与行业自律相结合的模式。《证券法》第七条规定：“国务院证券监督管理机构依法对全国证券市场实行集中统一监督管理。国务院证券监督管理机构根据需要可以设立派出机构，按照授权履行监督管理职责。”《证券法》第八条规定：“在国家对证券发行、交易活动实行集中统一监督管理的前提下，依法设立证券业协会，实行自律性管理。”

（六）国家审计监督原则

国家审计监督是由国家审计机关对证券交易所、证券公司、证券登记结算机构、证券监督管理机构依法进行的审计监督。国家审计监督有利于促使证券机构依法经营和开展活动，有利于国家对证券市场的监督，有利于保护投资者的利益。

[**案例提示**]《证券法》第三条规定，证券的发行、交易活动，必须实行公开、公平、公正的原则。

第二节 证券的发行

一、证券发行的一般规定

证券发行实行核准制。《证券法》第十条规定：“公开发行证券，必须符合法律、行政法规规定的条件，并依法报经国务院证券监督管理机构或者国务院授权的部门核准；未经依法核准，任何单位和个人不得公开发行证券。

有下列情形之一的，为公开发行：

（一）向不特定对象发行证券；

（二）向特定对象发行证券累计超过二百人的；

（三）法律、行政法规规定的其他发行行为。

非公开发行证券，不得采用广告、公开劝诱和变相公开方式。”

发行人申请公开发行股票、可转换为股票的公司债券，依法采取承销方式的，或者公开发行法律、行政法规规定实行保荐制度的其他证券的，应当聘请具有保荐资格的机构担任保荐人。保荐人应当遵守业务规则和行业规范，诚实守信，勤勉尽责，对发行人的申请文件和信息披露资料进行审慎核查，督导发行人规范运作。

二、证券发行的方式

[**案例讨论**] 某建材股份有限公司采取募集方式设立，拟向社会公开发行4 000万元股票，每股面值10元，为了吸引投资者，发行价格为每股8元。

问：该建材股份有限公司的发行策略是否可行？

（一）设立发行和增资发行

依发行的目的不同，证券发行分为设立发行和增资发行。设立发行又称初次发行、首次发行，是指股份有限公司在公司设立时向发起人和社会公众发行股份的行为，旨在完成公司的设立。若发行失败，则导致公司不能设立。增资发行又称新股发行，是指已成立的股份公司为增加注册资本或改变公司股本结构而发行股票的行为。依认购股份者是否缴纳股款，增资发行又分为有偿增资、无偿增资和有偿无偿混合增资。

（二）直接发行和间接发行

依是否借助中介机构，证券发行分为直接发行和间接发行。直接发行即发行人不通过证券中介机构而直接向投资者发售证券的方式。直接发行成本较低，发行人能控制发行过程，实现发行意图，但受专业知识和销售渠道的限制，发行的经济效益会受到影响，一般被少数信誉卓著并拥有专门人才和机构的大公司或金融机构采用。间接发行即发行人委托证券承销机构办理证券发行事宜并支付佣金的方式。间接发行成本较高，但借助证券承销机构的专业化运作和销售渠道，能提高证券发行的成功率，并扩大公司的社会知名度，为证券发行的主要方式。

（三）公募发行和私募发行

依发行对象的不同，证券发行分为公募发行和私募发行。公募发行又称公开发行，是指发行人向非特定的社会投资者发售证券的方式，一般需要借助证券中介机构进行。私募发行又称非公开发行，是指面向特定投资者发售证券的方式，认购人一般是与发行人关系密切的内部雇员、有经常业务往来的重要客户以及相关的金融机构等。

（四）平价发行、溢价发行和折价发行

依发行价格的不同，证券发行分为平价发行、溢价发行和折价发行。平价发行即证券发行价格与证券面额相等。因不考虑证券市场的供求状况，易造成发行市场与流通市场之间存在较大的价格落差，引发证券投机行为。溢价发行即以高于证券面额的价格发行，超过面额部分计入公司的资本公积金。溢价发行一般分为时价发行和中间价发行。前者又称市价发行，即以同种或同类证券的市场流通价为基准确定发行价格，保持发行市场与流通市场价格的连续性；后者则是以证券面额与市场流通价格的中间值确定发行价格，兼顾了股东、投资者及公司的利益。折价发行即以低于证券面额的价格进行发行。我国法律禁止以折价的方式发行证券。

此外，依发行条件确定的方式不同，证券发行分为询价发行、议价发行和招标发行；依发行的地点不同，证券发行分为境内发行和境外发行等。

[**案例提示**] 折价发行会导致公司实际资本与名义资本不一致，因此，我国法律禁止以折价的方式发行证券，以保障公司资本充足，防止资产流失。

三、证券发行的种类

（一）股票发行

股票发行是指股份有限公司依照法定的条件和程序向投资者发售股票的行为。股票发行分为设立发行和新股发行。

（二）公司债券发行

《证券法》第十六条规定："公开发行公司债券，应当符合下列条件：

（一）股份有限公司的净资产不低于人民币三千万元，有限责任公司的净资产不低于人民币六千万元；

（二）累计债券余额不超过公司净资产的百分之四十；

（三）最近三年平均可分配利润足以支付公司债券一年的利息；

（四）筹集的资金投向符合国家产业政策；

（五）债券的利率不超过国务院限定的利率水平；

（六）国务院规定的其他条件。

公开发行公司债券筹集的资金，必须用于核准的用途，不得用于弥补亏损和非生产性支出。

上市公司发行可转换为股票的公司债券，除应当符合第一款规定的条件外，还应当符合本法关于公开发行股票的条件，并报国务院证券监督管理机构核准。"

（三）证券投资基金发行

证券投资基金是一种利益共享、风险共担的集合证券投资方式，即通过发行基金单位，集中投资者的资金，由基金托管人托管，由基金管理人管理和运用资金，从事股票、债券等金融工具投资的方式。证券投资基金主要有如下特点：

（1）投资基金的单位面值、管理费用和购买费用一般较低，有利于吸引社会闲散资金。在我国，每份基金单位面值为人民币1元。

（2）投资基金由投资基金管理公司管理，聘请专家经营，有利于降低风险，得到较高的投资回报。

（3）实行组合投资。《证券投资基金法》规定，"基金管理人运用基金财产进行证券投资，应当采用资产组合的方式"，有利于分散风险、保障投资者资产的安全。

证券投资基金的分类较多，主要有开放式基金与封闭式基金、股票基金与债券基金等。开放式基金是指基金份额总额不固定，基金份额可以在基金合同约定的时间和场所申购或者赎回的一种基金。封闭式基金是指经核准的基金份额总额在基金合同期限内固定不变，基金份额可以在依法设立的证券交易场所交易，但基金份额持有人不得申请赎回的一种基金。股票基金是指主要投资于股票的基金，债券基金是指主要投资于债券的基金。根据《证券投资基金办法》的规定，基金运作方式可以采用封闭式、开放式或者其他方式。

四、证券承销

发行人股票发行申请经核准后，发行的股票一般由证券公司承销。承销是指证券公司依照协议包销或者代销，发行人向社会公开发行的证券的行为。发行人向不特定对象公开发行的证券，法律、行政法规规定应当由证券公司承销的，发行人应当同证券公司签订承销协议。

（一）证券承销的方式

1. 根据承销商承担责任的方式不同，证券承销分为代销和包销

证券代销是指证券公司代发行人发售证券，在承销期结束时，将未售出的证券全部退还给发行人的承销方式。证券包销分为两种情况：一是证券公司将发行人的证券按照协议全部购入，然后再向投资者销售，当卖出价高于购入价时，其差价归证券公司所有；当卖出价低于购入价时，其损失由证券公司承担。二是证券公司在承销期结束后，将售后剩余证券全部自行购入。在这种承销方式下，证券公司要与发行人签订合同，在承销期内，是一种代销行为；在承销期满后，是一种包销行为。

股票发行采取溢价发行的，其发行价格由发行人与承销的证券公司协商确定。股票依法发行后，发行人经营与收益的变化，由发行人自行负责；由此变化引致的投资风险，由投资者自行负责。

2. 根据承销机构数目的不同，证券承销分为单独承销和联合承销

向不特定对象公开发行的证券票面总值超过人民币 5 000 万元的，应当由承销团承销。

（二）承销协议

承销协议是指证券发行人与承销机构签订的明确证券承销权利、义务的协议。《证券法》第三十条规定："证券公司承销证券，应当同发行人签订代销或者包销协议，载明下列事项：（一）当事人的名称、住所及法定代表人姓名；（二）代销、包销证券的种类、数量、金额及发行价格；（三）代销、包销的期限及起止日期；（四）代销、包销的付款方式及日期；（五）代销、包销的费用和结算办法；（六）违约责任；（七）国务院证券监督管理机构规定的其他事项。"

证券公司承销证券，应当对公开发行募集文件的真实性、准确性和完整性进行核查；发现有虚假记载、误导性陈述或者重大遗漏的，不得进行销售活动；已经销售的，必须立即停止销售活动，并采取纠正措施。

证券的代销、包销期限最长不得超过 90 日。证券公司在代销、包销期内，对所

代销、包销的证券应当保证先行出售给认购人，证券公司不得为本公司预留所代销的证券和预先购入并留存所包销的证券。

股票发行采用代销方式，代销期限届满，向投资者出售的股票数量未达到拟公开发行股票数量70%的，为发行失败。发行人应当按照发行价并加算银行同期存款利息返还股票认购人。

公开发行股票，代销、包销期限届满，发行人应当在规定的期限内将股票发行情况报国务院证券监督管理机构备案。

第三节　证券的交易

一、证券交易的一般规则

根据《证券法》的规定，在证券交易中，应遵守如下一般规则：

(一) 证券交易的标的与主体必须合法

首先，证券交易当事人依法买卖的证券，必须是依法发行并交付的证券。非依法发行的证券，不得买卖。证券交易当事人买卖的证券可以采用纸面形式或者国务院证券监督管理机构规定的其他形式。其次，依法发行的股票、公司债券及其他证券，法律对其转让期限有限制性规定的，在限定的期限内不得买卖。如《公司法》规定，发起人持有的本公司股份，自公司成立之日起1年内不得转让。

为了防止出现内幕交易、操纵市场等证券欺诈行为，维护证券市场的秩序，立法对有关内幕人员持有、买卖股票做出限制。《证券法》第四十三条规定："证券交易所、证券公司和证券登记结算机构的从业人员、证券监督管理机构的工作人员以及法律、行政法规禁止参与股票交易的其他人员，在任期或者法定限期内，不得直接或者以化名、借他人名义持有、买卖股票. 也不得收受他人赠送的股票。任何人在成为前款所列人员时，其原已持有的股票，必须依法转让。"

《证券法》第四十五条规定："为股票发行出具审计报告、资产评估报告或者法律意见书等文件的证券服务机构和人员，在该股票承销期内和期满后六个月内，不得买卖该种股票。除前款规定外，为上市公司出具审计报告、资产评估报告或者法律意见书等文件的证券服务机构和人员，自接受上市公司委托之日起至上述文件公开后五日内，不得买卖该种股票。"

《证券法》第四十七条规定："上市公司董事、监事、高级管理人员、持有上市公司股份百分之五以上的股东，将其持有的该公司的股票在买入后六个月内卖出，或者在卖出后六个月内又买入，由此所得收益归该公司所有，公司董事会应当收回其所得收益。但是，证券公司因包销购入售后剩余股票而持有百分之五以上股份的，卖出该股票不受六个月时间限制。

公司董事会不按照前款规定执行的，股东有权要求董事会在三十日内执行。公司董事会未在上述期限内执行的，股东有权为了公司的利益以自己的名义直接向人民法院提起诉讼。

公司董事会不按照第一款的规定执行的，负有责任的董事依法承担连带责任。”

（二）在合法的证券交易场所交易

依法公开发行的股票、公司债券及其他证券，应当在依法设立的证券交易所上市交易或者在国务院批准的其他证券交易场所转让。我国的证券交易所有上海证券交易所和深圳证券交易所。发行人发行证券既可以上市交易（即在证券交易所交易），也可以不上市交易（即在国务院批准的其他证券交易场所转让）。

（三）以合法方式交易

证券交易有现货交易和期货交易两种情况。《证券法》规定，证券交易以现货和国务院规定的其他方式进行交易，从而为发展证券期货交易留有法律空间。

《证券法》第四十条规定：“证券在证券交易所上市交易，应当采用公开的集中交易方式或者国务院证券监督管理机构批准的其他方式。”这个规定为证券在证券交易所以公开的集中竞价交易以外的其他方式交易留下了发展余地。

此外，现行《证券法》取消了证券公司不得从事向客户融资或融券的证券交易活动的规定。

（四）规范证券交易服务

首先，为客户保密。证券交易所、证券公司、证券登记结算机构必须依法为客户开立的账户保密。除法律和行政法规另有规定外，证券交易所、证券公司、证券登记结算机构不得向任何人提供客户开立账户的情况，否则将承担相应的法律责任。

其次，证券交易的收费必须合理，并公开收费项目、收费标准和收费办法。证券交易的收费项目、收费标准和管理办法由国务院有关主管部门统一规定。

二、证券上市

申请证券上市交易，应当向证券交易所提出申请，由证券交易所依法审核同意，并由双方签订上市协议。政府债券的上市交易，由证券交易所根据国务院授权部门的决定安排。申请股票、可转换为股票的公司债券或者法律、行政法规规定实行保荐制度的其他证券上市交易，应当聘请具有保荐资格的机构担任保荐人。

证券交易所可以依法做出对证券不予上市、暂停上市、终止上市的决定，对证券交易所的上述决定不服的，可以向证券交易所设立的复核机构申请复核。

（一）股票上市

1. 股票上市条件

国家鼓励符合产业政策并符合上市条件的公司股票上市交易。《证券法》第五十条规定：“股份有限公司申请股票上市，应当符合下列条件：

（一）股票经国务院证券监督管理机构核准已公开发行；

（二）公司股本总额不少于人民币三千万元；

（三）公开发行的股份达到公司股份总数的百分之二十五以上；公司股本总额超过人民币4亿元的，公开发行股份的比例为百分之十以上；

（四）公司最近三年无重大违法行为，财务会计报告无虚假记载。

证券交易所可以规定高于上述规定的上市条件，并报国务院证券监督管理机构批准。”

2. 股票暂停上市情形

上市公司丧失法律规定的上市条件的，其股票应当依法暂停上市或者终止上市。《证券法》规定，上市公司有下列情形之一的，由证券交易所决定暂停其股票上市交易：

（1）公司股本总额、股权分布等发生变化不再具备上市条件；

（2）公司不按照规定公开其财务状况，或者对财务会计报告做虚假记载，可能误导投资者；

（3）公司有重大违法行为；

（4）公司最近3年连续亏损；

（5）证券交易所上市规则规定的其他情形。

3. 股票终止上市情形

上市公司有下列情形之一的，由证券交易所决定终止其股票上市交易：

（1）公司股本总额、股权分布等发生变化不再具备上市条件，在证券交易所规定的期限内仍不能达到上市条件；

（2）公司不按照规定公开其财务状况，或者对财务会计报告做虚假记载且拒绝纠正；

（3）公司最近3年连续亏损，在其后一个年度内未能恢复盈利；

（4）公司解散或者被宣告破产；

（5）证券交易所上市规则规定的其他情形。

股票终止上市的公司可以依照有关规定与中国证券业协会批准的证券公司签订协议，委托证券公司办理股份转让。

（二）债券上市

1. 债券上市条件

公司申请公司债券上市交易，应当符合下列条件：

（1）公司债券的期限为1年以上；

（2）公司债券实际发行额不少于人民币5 000万元；

（3）公司申请债券上市时仍符合法定的公司债券发行条件。

2. 债券暂停上市或终止上市情形

公司债券上市交易后，公司有下列情形之一的，由证券交易所决定暂停其公司债券上市交易：

（1）公司有重大违法行为；

（2）公司情况发生重大变化不符合公司债券上市条件；

（3）公司债券所募集资金不按照核准的用途使用；

（4）未按照公司债券募集办法履行义务；

（5）公司最近两年连续亏损。

公司有上述第（1）项、第（4）项所列情形之一经查实后果严重的，或者有第（2）项、第（3）项、第（5）项所列情形之一，在限期内未能消除的，由证券交易所决定终止其公司债券上市交易。

公司解散或者被宣告破产的，由证券交易所终止其公司债券上市交易。

（三）证券投资基金上市

《证券投资基金法》规定："封闭式基金的基金份额，经基金管理人申请，国务院证券监督管理机构核准，可以在证券交易所上市交易。国务院证券监督管理机构可以授权证券交易所依照法定条件和程序核准基金份额上市交易。""基金上市交易规则由证券交易所制定，报中国证监会批准。"

1. 申请上市的基金必须符合的条件

申请上市的基金必须符合下列条件：①基金的募集符合《证券投资基金法》的规定；②基金合同期限为 5 年以上；③基金募集金额不低于 2 亿元人民币；④基金持有人不少于 1 000 人；⑤基金份额上市交易规则规定的其他条件。

2. 基金的暂停上市或终止上市

基金上市期间，出现下列情形之一的，将暂时停止上市：①发生重大变更而不符合上市条件；②违反国家法律法规，国务院证券监督管理机构决定暂停上市；③严重违反投资基金上市规则；④国务院证券监督管理机构和证券交易所认为须暂停上市的其他情形。

基金上市期间，有下列情形之一的，将终止上市：①不再具备《证券投资基金法》规定的上市交易条件；②基金合同期限届满；③基金份额持有人大会决定提前终止上市交易；④基金合同约定的或者基金份额上市交易规则规定的终止上市交易的其他情形。

开放式基金在销售机构的营业场所销售及赎回，不上市交易。开放式基金单位的认购、申购和赎回业务，既可以由基金管理人直接办理，也可以由基金管理人委托经国务院证券监督管理机构认定的其他机构代为办理。基金管理人应当在每个工作日办理基金申购、赎回业务；基金合同另有约定的，按照其约定办理。投资人申购基金时，必须全额交付申购款项。款项一经交付，申购申请即为有效。基金管理人应当于收到基金投资人申购、赎回申请之日起 3 个工作日内，对该交易的有效性进行确认。除不可抗力等特殊情况外，基金管理人不得拒绝接受基金投资人的赎回申请。

三、证券交易的方式

(一) 现货交易和期货交易

这是根据证券成交时间和交割时间是否同步进行的划分。

(二) 足额保证金交易和信用交易

这是根据保证金交纳的比例进行的划分。

四、证券交易的程序

[**案例讨论**] 一日，龙某听朋友介绍C股票走势很好，于是买进了1 000股。谁知自龙某购进该股票后，该股票价格一路下跌。龙某十分着急，要求其委托买卖的证券公司当即抛出该股票。

问：龙某的要求证券公司能否答应?

(一) 开户

投资者进行证券交易前应当开设证券账户和资金账户，证券交易以转账的方式进行。证券账户是指证券登记结算机构为投资者设立的，用于记载投资者所持证券及相应的权益变动情况的账册。

(二) 委托

投资者买卖证券必须委托证券商办理。投资者向证券商下达以一定的条件买进或卖出证券的指令称为委托，方式有柜台递单委托、电话自动委托、电脑自动委托和远程终端委托。目前我国实行的是当日有效的限价委托，证券商不得接受内容不全的委托或全权委托。

(三) 成交

证券商接受投资者的委托指令后，传递到证券交易所的撮合主机。撮合主机对接受的委托进行合法性检测后，按照“时间优先、价格优先”的规则，对同一种证券进行集中竞价，确定成交价格，自动撮合成交，并通过通信手段将成交回报给证券商。不能成交的委托按上述规则排队，当日不能成交的委托自动失效，第二日需重新委托。

(四) 清算和交割

清算是指各证券商通过证券交易所的清算机构对证券买卖的数额、金额进行结算和抵销的行为，实行“中央结算、净额交收”的原则。交割是指证券成交后通过证券结算系统进行券款转移的行为。目前，我国的A股、债券、基金实行“T+1”制度，在成交的次日办理交割；B股则实行“T+3”制度，在成交次日起第3日办理交割。

[**案例提示**]“T+1”制度要求当日买入的证券不得在当日卖出。

五、持续信息公开

公开发行证券的发行人、上市公司负有持续信息公开的义务。持续披露的信息包括定期报告和临时报告等。信息公开应当依照中国证监会发布的有关公开发行证券的公司信息披露内容与格式准则进行。发行人、上市公司依法披露的信息，必须真实、准确、完整，不得有虚假记载、误导性陈述或者重大遗漏。

（一）定期报告

定期报告是上市公司和公司债券上市交易的公司进行持续信息披露的主要形式之一，包括中期报告和年度报告。上市公司和公司债券上市交易的公司，应当在每一会计年度的上半年结束之日起两个月内，向国务院证券监督管理机构和证券交易所报送记载以下内容的中期报告，并予公告：

（1）公司财务会计报告和经营情况；

（2）涉及公司的重大诉讼事项；

（3）已发行的股票、公司债券变动情况；

（4）提交股东大会审议的重要事项；

（5）国务院证券监督管理机构规定的其他事项。

上市公司和公司债券上市交易的公司，应当在每一会计年度结束之日起 4 个月内，向国务院证券监督管理机构和证券交易所报送记载以下内容的年度报告，并予公告：

（1）公司概况；

（2）公司财务会计报告和经营情况；

（3）董事、监事、高级管理人员简介及其持股情况；

（4）已发行的股票、公司债券情况，包括持有公司股份最多的前 10 名股东名单和持股数额；

（5）公司的实际控制人；

（6）国务院证券监督管理机构规定的其他事项。

（二）临时报告

发生可能对上市公司股票交易价格产生较大影响的重大事件，投资者尚未得知时，上市公司应当立即将有关该重大事件的情况向国务院证券监督管理机构和证券交易所报送临时报告，并予公告，说明事件的起因、目前的状态和可能产生的法律后果。

下列情况为应当报送临时报告的重大事件：

（1）公司的经营方针和经营范围的重大变化；

（2）公司的重大投资行为和重大的购置财产的决定；

（3）公司订立重要合同，可能对公司的资产、负债、权益和经营成果产生重要影响；

（4）公司发生重大债务和未能清偿到期重大债务的违约情况；

（5）公司发生重大亏损或者重大损失；

（6）公司生产经营的外部条件发生的重大变化；

（7）公司的董事、1/3以上监事或者经理发生变动；

（8）持有公司5%以上股份的股东或者实际控制人，其持有股份或者控制公司的情况发生较大变化；

（9）公司减资、合并、分立、解散及申请破产的决定；

（10）涉及公司的重大诉讼，股东大会、董事会决议被依法撤销或者宣告无效；

（11）公司涉嫌犯罪被司法机关立案调查，公司董事、监事、高级管理人员涉嫌犯罪被司法机关采取强制措施；

（12）国务院证券监督管理机构规定的其他事项。

上市公司董事、高级管理人员应当对公司定期报告签署书面确认意见。上市公司监事会应当对董事会编制的公司定期报告进行审核并提出书面审核意见。上市公司董事、监事、高级管理人员应当保证上市公司所披露的信息真实、准确、完整。

披露的信息有虚假记载、误导性陈述或者重大遗漏，致使投资者在证券交易中遭受损失的，发行人、上市公司应当承担赔偿责任；发行人、上市公司的董事、监事、高级管理人员和其他直接责任人员以及保荐人、承销的证券公司，应当与发行人、上市公司承担连带赔偿责任，但是能够证明自己没有过错的除外；发行人、上市公司的控股股东、实际控制人有过错的，应当与发行人、上市公司承担连带赔偿责任。

依法必须披露的信息，应当在国务院证券监督管理机构指定的媒体发布；同时将其置备于公司住所、证券交易所，供社会公众查阅。

国务院证券监督管理机构对上市公司年度报告、中期报告、临时报告以及公告的情况进行监督，对上市公司分派或者配售新股的情况进行监督，对上市公司控股股东及其他信息披露义务人的行为进行监督。

证券监督管理机构、证券交易所、保荐人、承销的证券公司及有关人员，对公司依照法律、行政法规规定必须做出的公告，在公告前不得泄露其内容。

六、禁止的交易行为

根据《证券法》的规定，禁止的交易行为包括内幕交易行为、操纵证券市场行为、制造虚假信息行为和欺诈客户行为。

[案例讨论] 吕新建与朱焕良合谋操纵深圳康达尔股份有限公司的流通股（股票名称为康达尔，股票代码为0048），双方签订了合作协议，并按约定比例共同持有0048股票。在吕新建的指使下，丁福根、董沛霖、何宁一等人，在北京、上海、

浙江等20余个省、自治区、直辖市，以单位或个人名义先后在120余家证券营业部开设股东账户1 500余个，并通过相关证券营业部等机构，以委托理财等方式向出资单位或个人融资人民币50余亿元。吕新建利用其在海南成立的海南燕园投资管理有限公司等几家公司大量收购深圳康达尔股份有限公司法人股，并控制了该公司董事会。后吕新建将深圳康达尔股份有限公司更名为深圳市中科创业投资股份有限公司，股票名称为“中科创业”，并通过发布开发高科技产品及企业重组等“利好”消息方式影响0048股票的交易价格。在操纵0048股票的过程中，丁福根、庞博根据吕新建的指令，在与朱焕良商定了0048股票交易的时间、价位、数量后，亲自或指令他人交易0048股票。丁福根、庞博、何宁一、张祜等人利用开设的多个证券交易账户和股东账户，集中资金优势、持股优势，连续对0048股票进行不转移所有权的自买自卖等活动。

问：吕新建等人的行为属于法律禁止的何种交易行为？

（一）内幕交易行为

内幕交易是指证券交易内幕信息的知情人员利用内幕信息进行证券交易的行为。内幕交易的主体是内幕信息知情人员，行为特征是利用其掌握的内幕信息买卖证券，或者是建议他人买卖证券。内幕信息知情人员自己未买卖证券，也未建议他人买卖证券，但将内幕信息泄露给他人，接受内幕信息者依此买卖证券的，也属内幕交易行为。内幕交易行为是一种违法行为。它不仅侵犯了广大投资者的利益、违反了证券发行与交易中的“公开、公平、公正”原则，而且还会扰乱证券市场，所以，各国的证券立法都将其列为禁止的证券交易行为之一。

《证券法》禁止证券交易内幕信息的知情人和非法获取内幕信息的人利用内幕信息从事证券交易活动。证券交易内幕信息的知情人包括：

（1）发行人的董事、监事、高级管理人员；

（2）持有公司5%以上股份的股东及其董事、监事、高级管理人员，公司的实际控制人及其董事、监事、高级管理人员；

（3）发行人控股的公司及其董事、监事、高级管理人员；

（4）由于所任公司职务可以获取公司有关内幕信息的人员；

（5）证券监督管理机构工作人员以及由于法定职责对证券的发行、交易进行管理的其他人员；

（6）保荐人、承销的证券公司、证券交易所、证券登记结算机构、证券服务机构的有关人员；

（7）国务院证券监督管理机构规定的其他人。

证券交易活动中，涉及公司的经营、财务或者对该公司证券的市场价格有重大影响的尚未公开的信息，为内幕信息。下列信息皆属内幕信息：

（1）《证券法》第七十五条第二款所列应报送临时报告的重大事件；

（2）公司分配股利或者增资的计划；

(3) 公司股权结构的重大变化;

(4) 公司债务担保的重大变更;

(5) 公司营业用主要资产的抵押、出售或者报废一次超过该资产的百分之三十;

(6) 公司的董事、监事、高级管理人员的行为可能依法承担重大损害赔偿责任;

(7) 上市公司收购的有关方案;

(8) 国务院证券监督管理机构认定的对证券交易价格有显著影响的其他重要信息。

证券交易内幕信息的知情人和非法获取内幕信息的人，在内幕信息公开前，不得买卖该公司的证券，或者泄露该信息，或者建议他人买卖该证券。

持有或者通过协议、其他安排与他人共同持有公司5%以上股份的自然人、法人、其他组织收购上市公司的股份,《证券法》另有规定的，适用其规定。

内幕交易行为给投资者造成损失的，行为人应当依法承担赔偿责任。

(二) 操纵市场行为

操纵市场是指单位或个人以获取利益或者减少损失为目的，利用其资金、信息等优势或者滥用职权影响证券市场价格，制造证券市场假象，诱导或者致使投资者在不了解事实真相的情况下做出买卖证券的决定，扰乱证券市场秩序的行为。

《证券法》第七十七条规定:“禁止任何人以下列手段操纵证券市场:

(一) 单独或者通过合谋，集中资金优势、持股优势或者利用信息优势联合或者连续买卖，操纵证券交易价格或者证券交易量;

(二) 与他人串通，以事先约定的时间、价格和方式相互进行证券交易，影响证券交易价格或者证券交易量;

(三) 在自己实际控制的账户之间进行证券交易，影响证券交易价格或者证券交易量;

(四) 以其他手段操纵证券市场。

操纵证券市场行为给投资者造成损失的，行为人应当依法承担赔偿责任。”

(三) 制造虚假信息行为

制造虚假信息包括编造、传播虚假信息和进行虚假陈述或信息误导两种情况。《证券法》第七十八条规定:“禁止国家工作人员、传播媒介从业人员和有关人员编造、传播虚假信息，扰乱证券市场。禁止证券交易所、证券公司、证券登记结算机构、证券服务机构及其从业人员，证券业协会、证券监督管理机构及其工作人员，在证券交易活动中作出虚假陈述或者信息误导。各种传播媒介传播证券市场信息必须真实、客观，禁止误导。”

(四) 欺诈客户行为

欺诈客户是指证券公司及其从业人员在证券交易中违背客户的真实意愿，侵害客户利益的行为。《证券法》第七十九条规定："禁止证券公司及其从业人员从事下列损害客户利益的欺诈行为：

（一）违背客户的委托为其买卖证券；

（二）不在规定时间内向客户提供交易的书面确认文件；

（三）挪用客户所委托买卖的证券或者客户账户上的资金；

（四）未经客户的委托，擅自为客户买卖证券，或者假借客户的名义买卖证券；

（五）为牟取佣金收入，诱使客户进行不必要的证券买卖；

（六）利用传播媒介或者通过其他方式提供、传播虚假或者误导投资者的信息；

（七）其他违背客户真实意思表示，损害客户利益的行为。

欺诈客户行为给客户造成损失的，行为人应当依法承担赔偿责任。"

（五）其他有关规定

《证券法》第八十一条规定："依法拓宽资金入市渠道，禁止资金违规流入股市。"这一规定修改了原有的"禁止银行资金违规流入股市"规定，为拓宽证券公司融资渠道提供了法律依据。

《证券法》规定：禁止法人非法利用他人账户从事证券交易；禁止法人出借自己或者他人的证券账户。禁止任何人挪用公款买卖证券。国有企业和国有资产控股的企业买卖上市交易的股票，必须遵守国家有关规定。

证券交易所、证券公司、证券登记结算机构、证券服务机构及其从业人员对证券交易中发现的禁止的交易行为，应当及时向证券监督管理机构报告。

［**案例提示**］吕新建等人意图操纵0048股票价格，指使他人或直接参与操纵0048股票价格，严重影响了0048股票的交易价格和交易量，侵害了国家对证券交易的管理制度和投资者的合法权益，情节严重，其行为已构成操纵证券交易价格罪，依法应予惩处。

七、违反证券法的法律责任

《证券法》规定承担法律责任的形式主要有：责令停止；责令改正；责令依法处理；责令关闭；退还资金；依法赔偿；取缔；撤销证券任职或从业资格；暂停或撤销相关业务许可；暂停或撤销自营业务许可；撤销证券业务许可；吊销公司营业执照；警告；罚款；依治安处罚条例处罚；没收；行政处分；刑事处分。其中，罚款有的是在一定标准内按一定比例罚款，最高达20%；有的按一定标准的倍数罚款，最高达5倍；有的按金额罚款，最高达人民币60万元；有的则是按其非法买卖的证券等值以下罚款；等等。

违反法律、行政法规或者国务院证券监督管理机构的有关规定，情节严重的，国务院证券监督管理机构可以对有关责任人员采取证券市场禁入的措施。所谓证券市场禁入，是指在一定期限内直至终身不得从事证券业务或者不得担任上市公司董事、监事、高级管理人员的制度。

违反《证券法》的规定，应承担民事赔偿责任和缴纳罚款、罚金，其财产不足以同时支付时，先承担民事赔偿责任。依法收缴的罚款和没收的违法所得应全部上缴国库。

当事人对证券监督管理机构或者国务院授权部门的处罚决定不服的，可以依法申请行政复议，或者依法直接向人民法院提起诉讼。

违反《证券法》规定，构成犯罪的，依法追究刑事责任。

第四节　证券市场主体

一、证券交易所的设立和组织机构

（一）证券交易所的概念

证券交易所是指为证券集中交易提供场所和设施，组织和监督证券交易，实行自律管理的法人。

（二）证券交易所的组织形式

1. 会员制证券交易所

会员制证券交易所是指以会员协会形式成立的不以营利为目的的法人组织。其会员主要为证券商，只有会员以及有特许权的经纪人，才有资格在交易所中交易。会员制证券交易所实行会员自治、自律、自我管理。目前，多数国家的证券交易所都实行会员制。

2. 公司制证券交易所

公司制证券交易所是指以营利为目的的公司法人。公司制证券交易所对在本所内的证券交易负有担保责任。公司制证券交易所的证券商及其股东不得担任证券交易所的董事、监事或经理。

（三）我国的证券交易所

根据《证券法》及 2001 年 12 月 12 日证监会发布的《证券交易所管理办法》的规定，我国的证券交易所是指依法设立，不以营利为目的，为证券的集中和有组织的交易提供场所、设施，实行自律性管理的法人。

（四）证券交易所的组织机构

1. 理事会

《证券法》规定，证券交易所设理事会。理事会是证券交易所的决策机构，目前每届任期 3 年。理事会的主要职责是：制定修改证券交易所的业务规则；审定总经理提出的工作计划、财务预算、决算方案；审定对会员的接纳、处分；根据需要决定专门委员会的设置。

2. 总经理

证券交易所设总经理一人，由国务院证券监督管理机构任免。总经理为证券交易所的法定代表人，主持证券交易所的日常管理工作。证券交易所可根据需要设立专门委员会，如证券发行审核委员会、监察委员会等。

有《公司法》第一百四十六条规定的情形或者下列情形之一的，不得担任证券交易所的负责人：

（1）因违法行为或者违纪行为被解除职务的证券交易所、证券登记结算机构的负责人或者证券公司的董事、监事、高级管理人员，自被解除职务之日起未逾5年。

（2）因违法行为或者违纪行为被撤销资格的律师、注册会计师或者投资咨询机构、财务顾问机构、资信评级机构、资产评估机构、验证机构的专业人员，自被撤销资格之日起未逾5年。

（3）因违法行为或者违纪行为被开除的证券交易所、证券登记结算机构、证券服务机构、证券公司的从业人员和被开除的国家机关工作人员，不得招聘为证券交易所的从业人员。

二、证券公司

（一）证券公司的设立

证券公司是指依照《公司法》和《证券法》规定设立的经营证券业务的有限责任公司或者股份有限公司。证券公司依法享有自主经营的权利，其合法经营不受干涉。

设立证券公司，必须经国务院证券监督管理机构审查批准；未经国务院证券监督管理机构批准，任何单位和个人不得经营证券业务。

设立证券公司，应当具备下列条件：

（1）有符合法律、行政法规规定的公司章程；

（2）主要股东具有持续盈利能力，信誉良好，最近3年无重大违法违规记录，净资产不低于人民币2亿元；

（3）有符合《证券法》规定的注册资本；

（4）董事、监事、高级管理人员具备任职资格，从业人员具有证券从业资格；

（5）有完善的风险管理与内部控制制度；

（6）有合格的经营场所和业务设施；

（7）法律、行政法规规定的和经国务院批准的国务院证券监督管理机构规定的其他条件。

证券公司必须在其名称中标明“证券有限责任公司”或者“证券股份有限公司”字样。

根据《证券法》的规定，经国务院证券监督管理机构批准。证券公司可以经营下列部分或者全部业务：

（1）证券经纪；

（2）证券投资咨询；

（3）与证券交易、证券投资活动有关的财务顾问；

（4）证券承销与保荐；

（5）证券自营；

（6）证券资产管理；

（7）其他证券业务。

证券公司经营上述第（1）项至第（3）项业务的，注册资本最低限额为人民币5 000万元；经营第（4）项至第（7）项业务之一的，注册资本最低限额为人民币1亿元；经营第（4）项至第（7）项业务中两项以上的，注册资本最低限额为人民币5亿元。证券公司的注册资本应当是实缴资本。

国务院证券监督管理机构根据审慎监管原则和各项业务的风险程度，可以调整注册资本最低限额，但不得少于上述规定的限额。

证券公司设立、收购或者撤销分支机构，变更业务范围或者注册资本，变更持有5%以上股权的股东、实际控制人，变更公司章程中的重要条款，合并、分立、变更公司形式、停业、解散、破产，在境外设立、收购或者参股证券经营机构，必须经国务院证券监督管理机构批准。

（二）证券公司的经营管理

[案例讨论] 身为散户的林某，分别持有上海证券交易所和深圳证券交易所账号。2000年3月22日，林某在该证券公司营业部开户办理了指定交易，资金账户为××××。同时，林某还委托炒股高手钱某代为炒股。2001年6月15日，钱某在交通银行某支行下属营业部，以林某的名义申请开立银行的太平洋借记卡业务，该业务所需的太平洋卡借记（IC）卡申请表由该证券公司代银行办理。同月18日，钱某又以林某的名义与证券公司营业部签订银证转账协议书，办理了银证转账业务。银证转账协议书以及太平洋卡借记（IC）卡申请表上签名均由钱某代为签署。在2001年6月至2002年9月13日，钱某通过银证转账业务，从林某资金账户内多次把资金划入太平洋借记卡账户，经银行ATM自动取款机从太平洋借记卡账户分批取出资金10.452元。2006年7月下旬，林某起诉称自己在该证券公司营业部开设了交易账户，但从未办过银证转账业务，也没有从资金账户中提取现金。在一次无意的查询中，却发现该资金账户内余额仅为12.21元，股东账户内股票数为零。经过再追查才发现，资金账户内有10万余元通过提现和银证转账的方式不知去向，要求该证券公司营业部偿还。

问：该证券公司是否应赔偿林某的损失？

该证券公司应当根据《公司法》和《证券法》的规定，建立和完善公司法人治理结构，建立健全管理制度和内部控制制度，实行监事会制度、信息披露制度，自觉防范和化解经营风险。

（1）在资产管理上，国务院证券监督管理机构应当对证券公司的净资本，净资本与负债的比例，净资本与净资产的比例，净资本与自营、承销、资产管理等业务规模的比例，负债与净资产的比例，以及流动资产与流动负债的比例等风险控制指标做出规定。证券公司不得为其股东或者股东的关联人提供融资或者担保。

（2）在人员管理上，证券公司的高级管理人员应符合法定的任职资格。证券公司的董事、监事、高级管理人员，应当正直诚实，品行良好，熟悉证券法律、行政法规，具有履行职责所需的经营管理能力，并在任职前取得国务院证券监督管理机构核准的任职资格。

有《公司法》第一百四十六条规定的情形或者下列情形之一的，不得担任证券公司的董事、监事、高级管理人员：①因违法行为或者违纪行为被解除职务的证券交易所、证券登记结算机构的负责人或者证券公司的董事、监事、高级管理人员，自被解除职务之日起未逾5年；②因违法行为或者违纪行为被撤销资格的律师、注册会计师或者投资咨询机构、财务顾问机构、资信评级机构、资产评估机构、验证机构的专业人员，自被撤销资格之日起未逾5年。

因违法行为或者违纪行为被开除的证券交易所、证券登记结算机构、证券服务机构、证券公司的从业人员和被开除的国家机关工作人员，不得招聘为证券公司的从业人员。

国家机关工作人员和法律、行政法规规定的禁止在公司中兼职的其他人员不得在证券公司中兼任职务。

（3）缴纳证券投资者保护基金、提取交易风险准备金。《证券法》规定，国家设立证券投资者保护基金。证券投资者保护基金由证券公司缴纳的资金及其他依法筹集的资金组成，其筹集、管理和使用的具体办法由国务院规定。证券公司从每年的税后利润中提取交易风险准备金，用于弥补证券交易的损失，其提取的具体比例由国务院证券监督管理机构规定。

（4）建立健全内部控制与业务隔离制度。证券公司应当建立健全内部控制制度，采取有效隔离措施，防范公司与客户之间、不同客户之间的利益冲突。证券公司必须将其证券经纪业务、证券承销业务、证券自营业务和证券资产管理业务分开办理，不得混合操作。

（5）健全业务管理制度。证券公司的自营业务必须以自己的名义进行，不得假借他人名义或者以个人名义进行，必须使用自有资金和依法筹集的资金。证券公司不得将其自营账户借给他人使用。

证券公司及其从业人员不得未经过其依法设立的营业场所私下接受客户委托买卖证券。证券公司的从业人员在证券交易活动中，执行所属的证券公司的指令或者利用职务违反交易规则的，由所属的证券公司承担全部责任。

证券公司应当妥善保存客户开户资料、委托记录、交易记录和与内部管理、业务经营有关的各项资料，任何人不得隐匿、伪造、篡改或者毁损。上述资料的保存期限不得少于20年。

(6) 证券公司监管制度。证券公司应当按照规定向国务院证券监督管理机构报送业务、财务等经营管理信息和资料。国务院证券监督管理机构有权要求证券公司及其股东、实际控制人在指定的期限内提供有关信息、资料。证券公司及其股东、实际控制人向国务院证券监督管理机构报送或者提供的信息、资料，必须真实、准确、完整。

[案例提示] 证券公司有保障股民存款安全和为股民保密的义务。

三、证券登记结算机构

(一) 证券登记结算机构的概念和职能

证券登记结算机构是指为证券交易提供集中登记、存管与结算服务，不以营利为目的的法人。

根据《证券法》的规定，证券登记结算机构履行下列职能：①证券账户、结算账户的设立；②证券的存管和过户；③证券持有人名册登记；④证券交易所上市证券交易的清算和交收；⑤受发行人的委托派发证券权益；⑥办理与上述业务有关的查询；⑦国务院证券监督管理机构批准的其他业务。

(二) 证券的登记与存管

证券登记是依法确定证券所有权归属的法律行为，包括确定当事人对证券所有权的产生、变更和消失。投资者委托证券公司进行证券交易，应当申请开立证券账户。证券登记结算机构应当按照规定以投资者本人的名义为投资者开立证券账户。投资者申请开立账户，必须持有证明中国公民身份或者中国法人资格的合法证件。国家另有规定的除外。

证券持有人持有的证券，在上市交易时，应当全部存管在证券登记结算机构。证券登记结算机构不得挪用客户的证券。

(三) 证券的结算

证券结算是指证券交易成交之后对买卖证券双方应收或应付的证券和价款进行计算核定，并转移证券和资金的行为。证券结算包括证券的结算和资金的结算两个方面，在证券交易成交后，卖出方卖出的证券应划转到买入方的账户上，同时将买入方买入证券而需要支付的资金划转到卖出方的账户上。对实物证券交易的结算，需要对证券进行清点、鉴别，并在买卖双方之间交付，对记名证券上所载持有人姓名还须进行更改。对无纸化证券的交易结算，由证券登记结算机构对电脑记载的有关数据资料做出更改。

证券结算有逐笔交收和净额交收两种方式。逐笔交收是每成交一笔证券交易，就进行一次应收应付证券和资金的交收。净额交收是由买卖双方约定交收期限，到期时，对买卖双方进行的证券交易进行清算，得出应收应付净额，然后进行交收。采用逐笔交收方式可防止风险积累，但过于烦琐，一般适用于以大宗交易为主、成交笔数较少的证券市场。采用净额交收方式可以简化手续，提高效率，一般适用于以小额交易为主、成交笔数多的证券市场。

四、证券服务机构

证券服务机构是指为证券交易提供证券投资咨询和资信评估的机构，包括专业的证券服务机构和其他证券服务机构。专业的证券服务机构包括证券投资咨询机构、资信评估机构。其他证券服务机构主要是指经批准可以兼营证券投资咨询服务的资产评估机构、会计师事务所以及律师事务所。

证券服务机构为证券的发行、上市、交易等证券业务活动制作、出具审计报告、资产评估报告、财务顾问报告、资信评级报告或者法律意见书等文件，应当勤勉尽责，对所制作、出具的文件内容的真实性、准确性、完整性进行核查和验证。其制作、出具的文件有虚假记载、误导性陈述或者重大遗漏，给他人造成损失的，应当与发行人、上市公司承担连带赔偿责任，但是能够证明自己没有过错的除外。

五、证券监督管理机构

（一）证券监督管理机构的概念

《证券法》中所称国务院证券监督管理机构是指中国证券监督管理委员会。中国证券监督管理委员会是国务院直属事业单位，是全国证券期货市场的主管部门。《证券法》规定："国务院证券监督管理机构依法对证券市场实行监督管理，维护证券市场秩序，保障其合法运行。"

在1992年以前，我国的证券市场监督管理职责由中国人民银行承担。1992年10月，国务院成立了国务院证券委员会和中国证券监督管理委员会。1998年，国务院决定保留设置中国证券监督管理委员会，将原国务院证券委员会的职能和中国人民银行履行的证券业务监管职能都划入中国证券监督管理委员会，建立起全国统一的证券监督管理机构。国务院证券监督管理机构根据需要可以设立派出机构，按照授权履行监督管理职责。

（二）国务院证券监督管理机构的职责

国务院证券监督管理机构在对证券市场实施监督管理中履行下列职责：①依法制定有关证券市场监督管理的规章、规则，并依法行使审批或者核准权；②依法对证券的发行、上市、交易、登记、存管、结算，进行监督管理；③依法对证券发行人、上市公司、证券交易所、证券公司、证券登记结算机构、证券投资基金管理公司、证券服务机构的证券业务活动，进行监督管理；④依法制定从事证券业务人员的资格标准和行为准则，并监督实施；⑤依法监督检查证券发行、上市和交易的信息公开情况；⑥依法对证券业协会的活动进行指导和监督；⑦依法对违反证券市场监督管理法律、行政法规的行为进行查处；⑧法律、行政法规规定的其他职责。

国务院证券监督管理机构可以和其他国家或者地区的证券监督管理机构建立监督管理合作机制，实施跨境监督管理。

六、证券业协会

（一）证券业协会的概念

证券业协会是证券业的自律性组织，是社会团体法人。中国证券业协会于1991年8月28日成立，总部设在北京。

中国证券业协会的会员分为团体会员和个人会员，团体会员为证券公司。《证券法》规定：证券公司应当加入证券业协会。个人会员只限于证券市场管理部门有关领导以及从事证券研究及业务工作的专家，由证券业协会根据需要吸收。

证券业协会的权力机构为由全体会员组成的会员大会。证券业协会章程由会员大会制定，并报国务院证券监督管理机构备案。会员大会每两年举行一次，必要时经常务理事会决议可临时召开。证券业协会设会长、副会长；证券业协会设理事会，理事会成员依章程的规定由选举产生，每届任期两年，可连选连任。

（二）证券业协会的职责

证券业协会履行下列职责：①协助证券监督管理机构教育和组织会员执行法律、行政法规；②依法维护会员的合法权益，向证券监督管理机构反映会员的建议和要求；③收集整理信息；为会员提供服务；④制定会员应遵守的规则，组织会员单位从业人员的业务培训，开展会员间的业务交流；⑤调解会员之间、会员与客户之间发生的纠纷；⑥组织会员就证券业的发展、运作及有关内容进行研究；⑦监督、检查会员行为，对违反法律、行政法规或者协会章程的，按规定给予纪律处分；⑧国务院证券监督管理机构赋予的其他职责。

本章思考题

1. 股票和债券有何区别？
2. 股份有限公司申请股票上市应符合哪些条件？
3. 上市公司在什么情况下应当临时报告披露信息？
4. 《证券法》规定禁止的交易行为包括哪些？
5. 证券公司设立的资格条件是什么？

案例讨论

甲公司是由自然人乙和自然人丙于2002年8月共同投资设立的有限责任公司。2006年4月，甲公司经过必要的内部批准程序，决定公开发行公司债券，并向国务院授权的部门报送有关文件，报送文件中涉及有关公开发行公司债券并上市的方案要点如下：①截至2005年12月31日，甲公司经过审计后的财务会计资料显示：注册资本为5 000万元，资产总额为26 000万元，负债总额为8 000万元；在负债总额中，没有以往发行债券的记录；2003年度至2005年度的可分配利润分别为1 200万元、1 600万元和2 000万元。②甲公司拟发行公司债券8 000万元，募集资金中1 000万元用于修建职工文体活动中心，其余部分用于生产经营；公司债券年利率为4%，期限为3年。③公司债券拟由丁承销商包销。根据甲公司与丁承销商签订的公司债券包销意向书，公司债券的承销期限为120天，丁承销商在所包销的公司债券中，可以预先购入并留存公司债券2 000万元，其余部分向公众发行。

要求根据上述内容，分别回答下列问题：

（1）甲公司是否具备发行公司债券的主体资格？

（2）甲公司的净资产和可分配利润是否符合公司债券发行条件？

（3）甲公司发行的公司债券数额和募集资金用途是否符合有关规定？如果公司债券发行后上市交易，公司债券的期限是否符合规定？并说明理由。

（4）甲公司拟发行的公司债券由丁承销商包销是否符合规定？公司债券承销期限和包销方式是否符合规定？

第七章　合同法律制度

内容提示

学习本章应重点理解合同的概念、特征；了解合同的分类及分类的意义。掌握合同订立中要约、承诺的要件，要约与要约邀请的区分；掌握合同的生效要件，掌握无效合同、可变更、可撤销合同及效力待定合同所包括的类型；了解合同的履行原则、变更与转让，理解什么是合同的保全，合同的保全与合同的担保的区别；掌握合同法定解除的条件、不可抗力的特征及法律效力；掌握承担违约责任的方式；了解六种常见有名合同的特征及相关法律规定，掌握买卖合同的风险负担原则；赠与合同的撤销的法律规定；租赁合同中承租人的转租权及优先购买权。

相关法规

1.《中华人民共和国合同法》（以下简称《合同法》）（全国人大，1999 年 3 月 15 日通过，1999 年 10 月 1 日起施行）

2.《最高人民法院关于适用〈中华人民共和国合同法〉若干问题解释（一）》（最高人民法院，1999 年 12 月 1 日通过，1999 年 12 月 29 起施行）

3.《最高人民法院关于适用〈中华人民共和国合同法〉若干问题解释（二）》（最高人民法院，2009 年 4 月 24 日通过，2009 年 5 月 13 起施行）

4.《最高人民法院关于审理买卖合同纠纷案件适用法律问题的解释》（最高人民法院，2012 年 5 月 10 日通过，2012 年 7 月 1 起施行）

第一节　合同法概述

一、合同的概念与特征

（一）合同的概念

《合同法》第二条第一款规定："本法所称合同是平等主体的自然人、法人、其他组织之间设立、变更、终止民事权利义务关系的协议。"

"合同"一词在不同的法律部门均有应用，如劳动法上的合同、行政法上的合同、民法上的合同。本章所指的合同，仅限于民法意义上的合同。因此，婚姻、收养、监护等有关身份关系的协议，适用其他法律的规定。此外，劳动合同、行政合同等非民事合同，也不归合同法调整。

（二）合同的法律特征

1. 合同是民事法律行为

民事法律行为是指以发生一定民事法律后果为目的的行为。当事人订立合同，是为设立、变更、终止民事法律关系。民事法律行为以意思标示为要素，并且按意思表示的内容发生法律效果。合同的这一特征，使它明显区别于事实行为。事实行为如侵权行为、拾得遗失物等，虽有一定的法律后果，但行为人在实施时并不具有设立、变更、终止民事法律关系的目的，因而既不是法律行为也不是合同。

2. 合同当事人意思表示一致的协议

①合同是双方或多方法律行为，须有双方或多方当事人；②合同的成立须各方当事人互为意思表示，即当事人各方均从自己的利益出发做出意思表示；③须当事人的意思表示达到一致，合同才能成立。两个或两个以上的意思表示一致，表明双方或多方当事人通过协商，对合同的内容最后取得共识。在内容上互相吻合、不存在分歧。

3. 合同以设立、变更、终止民事权利义务为目的

设立民事权利、义务关系，是指合同依法成立后，即在当事人之间原始地发生一定的民事权利、义务关系；变更民事权利、义务关系是指当事人通过成立合同使其原有的民事权利、义务关系发生变化，形成新的民事权利、义务关系；终止民事权利、义务关系是指当事人通过成立合同使他们之间原有的民事权利、义务关系归于消灭。

二、合同的分类

（一）双务合同和单务合同

这是根据合同当事人的权利和义务关系来划分的。双务合同是指当事人双方互相承担对待给付义务的合同。在双务合同中，双方当事人均承担合同义务，并且双

方的义务具有对应关系，一方的义务就是对方的权利，反之亦然。双务合同是合同的主要形态，大多数合同均为双务合同。单务合同是指只有一方当事人享有权利，另一方当事人负有义务的合同。在单务合同中，当事人双方不存在对待给付关系。

（二）有偿合同与无偿合同

这是根据双方当事人是否因权利的转移而支付代价来划分的。有偿合同是指当事人一方享用合同规定的权益，须向对方当事人偿付相应代价的合同。有偿合同是实际中最典型的法律形式。大多数的合同如买卖、租赁、运输等合同均属于有偿合同。无偿合同是指一方当事人向对方给予某种利益，对方取得该利益时不支付任何代价的合同，如赠与合同、无偿保管合同等。

（三）诺成性合同与实践性合同

这是根据是否以交付标的物作为合同成立的要件来划分的。凡双方当事人意思表示一致，不须交付标的物，合同即成立的，称为诺成性合同。凡双方当事人意思表示一致之外，还须交付标的物，合同才能成立的，称为实践性合同。确认某种合同是实践合同必须有法律规定。

（四）主合同与从合同

这是根据两个合同间的关系来划分的。凡不依赖他合同而独立存在的合同，称为主合同；凡以主合同的有效存在为存在前提的合同，称为从合同。

（五）要式合同与非要式合同

这是根据合同成立是否有法定的特定要求来划分的。凡须按法律的特定要求才能成立的合同，称为要式合同。凡不须按法律的特定要求即可成立的合同，称为非要式合同。根据合同自由原则，当事人有权选择合同形式，因此合同以非要式合同存在。但对于一些重要的交易，如不动产买卖，法律规定当事人应对采取特定的形式订立合同。

（六）有名合同与无名合同

这是根据合同的名称是否为法律明确确定来划分的。凡法律明确赋予一定名称的合同，称为有名合同。我国合同法所规定的15类合同，均为有名合同。凡法律未赋予一定名称的合同，称为无名合同。

三、合同法的基本原则

合同法是指调整合同当事人之间在订立、履行、变更和终止合同过程中所发生的社会关系的法律规范的总称。合同法的基本原则是通过合同法律规范表现出来的，贯穿合同立法、司法、执法和守法活动中的根本准则。为适应发展社会主义市场经济的需要，我国合同法的基本原则主要有以下几个方面：

（一）平等原则

平等是指当事人在法律地位上平等。主体之间不能因经济、政治、社会等方面势力强弱、规模大小、关系亲疏等而在订立合同时不平等。只有法律地位平等，才能充分协商，才不会发生一方将自己的意志强加给另一方的情况；只有法律地位平等，才能使协商的具体权利义务也平等，才能真正符合双方当事人签订合同的目的。

（二）合同自由原则

这是指当事人在订立、履行、变更和终止合同的过程中，享有充分的自主、自愿权。双方当事人依法享有缔结合同、选择相对人、选择合同内容、变更和解除合同、确定合同方式等自由，任何一方不得把自己的意志强加给对方，任何单位或个人不得非法干预。该原则有利于实现当事人的意思自治，保证市场主体自主地进行市场行为，在合同法中占有重要地位。

（三）诚实信用原则

这是指双方当事人在订立、履行合同的过程中，必须出于善意。它要求当事人所做的意思表示真实、行为合法、讲求信誉、信守诺言、不规避法律、不滥用权利等。由于合同是双方当事人的合意，而合意是以相互信任为基础的，信任的前提就是诚实，所以只有双方当事人意思表示自愿、真实，彼此真诚相待、相互信任，才能保证当事人之间利益的公平合理。

第二节　合同的订立

一、合同订立的一般程序

[**案例讨论**] 甲公司于2月5日以普通信件向乙公司发出要约，要约中表示以2 000元一吨的价格卖给乙公司某种型号钢材100吨。甲公司随即又发了一封快件给乙公司，表示原要约中的价格作废，现改为2 100元一吨，其他条件不变。普通信件2月8日到达，快件2月7日到达，乙公司两封信均已收到，但秘书忘了把第2封信交给董事长，乙公司董事长回信对普通信件发出的要约予以承诺。

问：甲公司与乙公司的合同是否成立？

（一）要约

1. 要约的概念

要约是指一方当事人向对方提出的以订立合同为目的的意思表示。要约是一种订约行为，发出要约的人称为要约人，接受要约的人称为受要约人或相对人。

2. 要约的要件

（1）要约必须以订立合同为目的。要约人发出要约的目的在于订立合同，而这种订约的意图一定要由要约人通过其要约充分表达出来，才能在受要约人承诺的情况下产生合同。如何判定要约人有“订立合同”的意图呢？主要是根据在要约中其实际使用的语言、文字及其他情况来确定要约人是否已经决定订立合同。

（2）要约的内容必须具体确定。具体，即要约的内容必须具有足以使合同成立的主要条款。如果不能包含合同的主要条款，承诺人难以做出承诺，即使做出了承诺，也会因不具备合同的主要条款而使合同不能成立。确定即要约的内容必须明确，不能含糊不清，使对方不能理解其含义。

（3）要约必须向要约人希望与之缔结合同的受要约人发出。要约只有向要约人希望与之缔结合同的受要约人发出才能唤起受要约人的承诺，从而订立合同。受要约人可以是特定的一人或数人，在特定情况下也可以是不特定人。但是，向不特定人发出要约，必须具备两个条件：①必须明确表示其做出的建议是一项要约而非要约邀请，如申明“本广告构成要约”；②必须明确承担向多人发出要约的责任。

3. 要约的法律效力

《合同法》第十六条第一款规定：“要约到达受要约人时生效。”要约的效力表现在要约一经生效，要约人不得随意撤销或对要约加以限制、变更或扩张。受要约人则取得承诺的权利。口头要约，如受要约人未立即做出承诺，即失去效力；书面要约，如要约中未规定有效期间，应确定一个合理期间作为要约存续期限。

4. 要约邀请

要约邀请是指希望他人向自己发出要约的意思表示。要约邀请具有以下特点：

（1）一方邀请对方向自己发出要约，而不是像要约那样是由一方向他人发出订立合同的意思表示。

（2）目的在于诱使他人向自己发出要约，而非与他人订立合同，是订立合同的预备行为。

（3）要约邀请不能因相对人的承诺而成立合同，也不能因自己做出某种承诺而约束要约人。要约发出后其撤回一般不承担法律责任。根据《合同法》第十五条的规定，寄送的价目表、招标公告、拍卖公告、招股说明书、商业广告属于要约邀请。

5. 要约的撤回、撤销与失效

要约的撤回是指要约人发出要约后，在该要约生效前使要约不发生法律效力的意思表示。法律规定要约可以撤回，由于要约在到达受要约人时即生效，因此撤回要约的通知应当在要约到达受要约人之前或者与要约同时到达受要约人，撤回时要约并未生效，因此撤回要约不会影响到受要约人的利益，同时，允许要约人撤回要约也是对其利益和意志的尊重。要约的撤回并不是要约失效的原因，因为撤回要约的当时要约尚未产生效力。

要约撤销是指要约人在要约生效后、受要约人承诺前，使要约丧失法律效力的意思表示。撤销要约的通知应当在受要约人发出承诺通知之前到达受要约人。即要约已经到达受要约人，在受要约人做出承诺之前，要约人可以撤销要约。由于撤销要约可能会给受要约人带来不利的影响，损害受要约人的利益，法律规定了两种不得撤销要约的情形：①要约人确定了承诺期限或者以其他形式明示要约不可撤销；②受要约人有理由认为要约是不可撤销的，并已经为履行合同做了准备工作。

要约失效是指要约丧失法律效力，即要约人与受要约人均不再受其约束，要约人不再承担接受承诺的义务。合同法规定了要约失效的情形：①拒绝要约的通知到达要约人。受要约人接到要约后，通知要约人不同意与之签订合同，则拒绝了要约，在拒绝要约的通知到达要约人时，该要约失去法律效力。②要约人依法撤销要约。③承诺期限届满，受要约人未做出承诺。要约中确定了承诺期限的，超过这个期限不承诺，则要约失效；要约中没有规定承诺期限的，在通常情况下，要约发出后一段合理时间内不承诺的，要约失效。④受要约人对要约的内容做出实质性变更。发生这种情况即为反要约。反要约是一个新的要约，提出反要约就是对原要约的拒绝，使原要约失去效力，原要约人不再受要约的约束。

［**案例提示**］本案例实际要约发出去之后的撤回问题，根据法律规定要约要发生撤回的效力的相关条件。

（二）承诺

［**案例讨论**］甲与乙是好朋友。一日，甲对乙表示，愿以300元的价格将自己一辆八成新的自行车卖给乙，因为乙不需要，遂将这消息告诉丙，丙向甲表示愿以300元买下甲的自行车。

问：丙的行为属于法律性质？

1. 承诺的概念与要件

《合同法》第二十一条规定：“承诺是受要约人同意要约的意思表示。”承诺必须具备以下要件：

（1）承诺必须由受要约人做出。

（2）承诺必须在合理期限内向要约人发出。要约确定了期限，应在期限内做出，如果没有，应在合理期限内做出。如果要约以对话方式做出，应当及时做出承诺的意思表示。

（3）承诺的内容必须与要约的内容一致。即承诺是无条件的同意，不得限制、扩张或者变更要约的内容；否则，不构成承诺，应视为对要约的拒绝。有关合同标的、质量、数量、价酬、履行期限、履行地点和方式、违约责任、履行地点和方式、违约责任和解决争议方法的变更是对要约内容的实质性变更。《合同法》第三十条规定：“承诺的内容应当与要约的内容一致。受要约人对要约的内容作出实质性变更的，为新要约。有关合同标的、数量、质量、价款或者报酬、履行期限、履行地点和方式、违约责任和解决争议方法等的变更，是对要约内容的实质性变更。”《合同法》第三十一条规定：“承诺对要约的内容作出非实质性变更的，除要约人及时表示反对或者要约表明承诺不得对要约的内容作出任何变更的以外，该承诺有效，合同的内容以承诺的内容为准。”

2. 承诺的效力

承诺的效力表现为：承诺生效时合同成立。《合同法》第二十五条规定：承诺通知到达要约人时生效。

[案例提示] 本案例涉及在合同签订过程中，要约、承诺、新要约等行为的法律界定等问题。

二、确认书和合同的实际成立

(一) 采用合同书和确认书订约

《合同法》第三十二条规定："当事人采用合同书形式订立合同的，自双方当事人签证或者盖章时合同成立。"所谓合同书是指载有合同的条款及双方当事人签字或者盖章的文件。

《合同法》第三十三条规定："当事人采用信件、数据电文等形式订立合同的，可以在合同成立之前要求签订确认书。签订确认书时合同成立。"只有在当事人采用信件、数据电文等形式订立合同的，才能使用确认书。

(二) 合同的实际成立

对于要式合同，必须履行法律规定的形式合同才能成立。但在实践中，当事人虽未履行特定的形式，但已经实际履行了合同。对此，《合同法》第三十六条规定："法律、行政法规规定或者当事人约定采用书面形式订立合同，当事人未采用书面形式但一方已经履行主要义务，对方接受的，该合同成立。"第三十七条规定："采用合同书形式订立合同，在签字或者盖章之前，当事人一方已经履行主要义务，对方接受的，该合同成立。"

三、合同订立的形式

《合同法》规定的合同形式有：

(一) 书面形式

书面形式是指合同双方当事人将达成合意的内容用文字表述出来的形式。书面形式包括合同书、信件和数据电文（包括电报、电传、传真、电子数据交换和电子邮件）等可以有形地表现所载内容的形式。书面合同可以促使当事人在签订合同时严肃认真，履行时全面正确，发生纠纷时责任分明，处理争议时有根有据。因此，一般来讲，比较重要、复杂的合同都以书面形式表达为宜。

(二) 口头形式

口头形式是指合同双方当事人以语言表达的方式订立合同。由于口头合同简便易行，因而生活中被大量使用。但其显著的缺点是：一旦发生纠纷，在处理时难以举证。因此，通常即时清结的合同或发生纠纷可能性小的合同采用口头形式。

(三) 推定形式

推定形式是指当事人未以书面方式或者口头方式订立合同，但从双方从事的民事行为能够推定双方有订立合同意愿的，人民法院可以认定是以其他形式订立的合同。但法律另有规定的除外。

四、格式条款合同和合同示范文本

（一）格式条款合同

格式条款是当事人为了重复使用而预先拟定，并在订立合同时未与对方协商的条款。这类合同的特点是：一方当事人将合同条款拟定，不与合同对方当事人协商条款，对方当事人只就是否愿签订该合同表态。该类合同可重复使用。

格式合同的优点是：可节约大量商谈合同的时间和人力，大大提高效率；其缺点是：合同另一方当事人的权利和利益易受侵犯，合同内容难以符合公平原则。为了保障广大消费者和劳动者的利益，《合同法》做了如下规定：

（1）格式条款的订立规则。采用格式条款订立合同的，提供格式条款的一方应当遵循公平原则确定当事人之间的权利和义务，并采取合理的方式提请对方注意免除或者限制其责任的条款，按照对方的要求，对该条款予以说明。

（2）格式条款的无效。格式条款有合同法规定合同无效或免责条款无效情形的，或者提供格式条款一方免除其责任、加重对方责任、排除对方主要权利的，该条款无效。

（3）对格式条款的解释。对格式条款的理解发生争议的，应当按通常理解予以解释。对格式条款有两种以上解释的，应当做出不利于提供格式条款一方的解释。格式条款和非格式条款不一致的，应当采用非格式条款。

（二）合同示范文本

与格式条款合同不同，合同示范文本是根据各类合同的不同情况，分别制定出示范文本，供缺乏经验的当事人使用或参照，当事人双方还可协商修改。推广示范文本有利于普及合同知识，完善合同内容，预防和减少合同纠纷。

五、缔约过失责任

[**案例讨论**] 吴某因资金周转紧张，决定将其经营较好的一家化妆品店转让，新入行学做生意的林某听说后，意欲购买，并与吴某进行了多次商谈。与此同时，相邻的另一家化妆品店老板程某也想转让自己的店，在得知林某和吴某洽谈的事情后，为了让林某接手自己的店，于是向吴某表示自己愿意以高价购买吴某的店，并找借口拖延签约时间，暗地里却与林某接触谈判，最后与林某签订了自己化妆品店的转让协议。在自己的目的达到后，程某找借口告知吴某自己不想接手吴某的化妆品店了，最终造成吴某的化妆品店转让不出去，最好以低价卖给别人。后来吴某从林某处知道了程某的所为，认为自己转让店面的过程中遭遇的损失都是因为程某搞鬼造成的，要求程某赔偿损失，遂向法院提出诉讼。

问：吴某有权要求程某承担其损失否？

缔约过失责任是指在订立合同过程中，一方因违背诚实信用原则所应尽的义务而致另一方信赖利益的损失，依法应承担的民事责任。因其发生于合同订立阶段，又被称为前合同责任。《合同法》规定，当事人有下列情形之一，给对方造成损失的，应承担损害赔偿责任：①假借订立合同恶意进行磋商；②故意隐瞒与订立合同有关的重要事实或者提供虚假情况；③有其他违背诚实信用原则的行为。缔约过失责任是违反先合同义务的结果，因而其属于合同前责任，赔偿范围仅限于信赖利益的损失。信赖利益是指一方当事人因信赖另一方当事人会善意地、无过失地与自己缔约，并促成合同的成立、生效所涉及的相关利益。信赖利益的损失主要包括：①缔约费用；②履约费用，包括准备履约所支付的费用和实际履行所支付的费用；③受害人支出上述费用所失去的利息；④合理的间接损失，即丧失与第三人另订合同的机会所产生的损失。

［**案例提示**］本案中，程某假借订立合同之名，在没有与吴某订立合同的真实意思的情况下，恶意与吴某进行合同磋商，其真实目的在于阻止吴某与林某订立合同，从而自己可以实现转让自己商店的目的，其行为违背了诚实信用原则，应承担缔约过失责任。

第三节　合同的效力

一、合同有效的要件

（一）行为人主体资格合法

这是指当事人在订立合同时必须具有相应的能够订立合同的行为能力，即应具有缔约能力。缔约能力依合同主体的不同而有所不同。当合同主体为自然人时，缔约能力一般依照其民事行为能力的状况来确定。年满18周岁的公民具有完全民事行为能力，依法具有完全的缔约能力。当法人及非法人组织作为合同主体时，应与其特殊的权利能力相一致，即应在经核准登记的经营范围内订立合同。超越经营范围订立的合同，不属于无效合同的范围。但违反国家限制经营、特许经营以及法律、行政法规禁止经营规定的除外。

（二）合同当事人意思表示真实

合同当事人的行为应当真实地反映其内心的想法。对意思表示真实的原则主要是通过对不真实意思表示行为的效力评价规则实现的。意思表示不真实并不一律导致合同无效，须区别造成意思表示不真实的原因，具体对待。意思表示的不真实可分为主观原因不真实与客观原因不真实两类。前者又可分为故意的不真实和基于错误的不真实。故意的不真实是指当事人明知自己的内心效果意思与外部表示不一致而为的意思表示。为了维护相对人的信赖利益，表意人皆无权主张行为无效或可撤销。错误的不真实是因表意人自身在认识上存在缺陷而产生，为了平衡利益，只有意思表示基于重大错误的民事行为才可撤销。客观原因不真实，是表意人因认识或意志受他人不正当干涉，在非自觉或非自愿的基础上，做出的不合其内心效果意思的表示。如表意人在受欺诈、胁迫、乘人之危等情况下做出的违背意愿的意思表示。

（三）不违反法律或者社会公共利益

合同的目的和内容必须合法。当事人订立合同时，不能违反法律的强行性规定。所谓强行性规定，是指必须由当事人遵守不得通过其协商加以改变的法律条文。当事人订立的合同只有遵守国家的法律、行政法规，遵守社会公德和善良风俗，才能得到国家的承认和保护并产生当事人预期的法律后果。

二、合同的生效

［案例讨论］

（1）甲对乙说：如果将来你结婚，我送你价值8 000元的铂金戒指。

（2）甲对乙说：太阳下山的时候，我送你一把雨伞。

（3）甲对乙说：松花江解冻时，我赠送你一条渔船。

（4）甲对乙说：张某死了，房子就租给你。

问：上述命题哪些是附期限的法律行为？哪些是附条件的法律行为？

合同的生效是指合同具备一定要件后，便产生法律上的效力。合同生效后，在当事人之间即产生法律效力。当事人应当依照合同的规定，享受权利、承担义务。《合同法》规定，一般情况下依法成立的合同，自成立时生效。大多数合同属于这一类，但还包括以下两种特殊情况：

（一）合同自批准登记时生效

法律行政法规规定应办理登记批准手续生效的，没有批准登记的不生效。如外商投资企业的合同，按现行法律规定他要经外资主管部门批准生效，否则不发生法律效力。担保法规定以土地使用权、城市房地产、航空器、船舶、车辆等抵押的，应当办理抵押物登记，抵押合同自登记之日起生效；没有登记抵押合同不生效。

（二）合同自条件成就或期限届至时生效（或失效）

当事人对合同的效力可以约定附条件或附期限。

附条件的合同是指合同的双方当事人在合同中约定某种事实状态，并以其将来发生或不发生作为合同生效或不生效的限制条件。附生效条件的合同，自条件成就时生效。附解除条件的合同，自条件成就时失效。当事人为自己的利益不正当地阻止条件成就的，视为条件已成就；不正当地促成条件成就的，视为条件不成就。

附期限的合同是指附有将来确定到来的期限作为合同的条款，并在该期限到来时合同的效力发生或终止。附生效期限的合同，自期限届至时生效。附终止期限的合同，自期限届满时失效。附生效条件的，自条件成就时生效。

［案例提示］注意附条件和附期限的法律行为的区别。

三、无效的合同

[案例讨论] 公民甲与房地产开发商乙签订了一份商品房买卖合同，乙提出，为少交契税建议将部分购房款算作装修费用，甲未表示反对。后发生纠纷，甲以所付装修费用远远高于装修标准为由，请求法院对装修费用远远高于装修标准为由，请求法院对装修费用予以变更。该装修费用条款效力如何认定？

（一）无效合同的概念与类别

无效的合同是指虽经当事人双方协商订立，但因违反法律或社会公共利益，从而自始就没有法律拘束力的合同。

无效的合同包括以下几种：

（1）一方以欺诈、胁迫的手段订立合同，损害国家利益；

（2）恶意串通，损害国家、集体或者第三人的利益；

（3）以合法形式掩盖非法目的；

（4）损害社会公共利益；

（5）违反法律、行政法规的强制性规定。

此外，合同中的下列免责条款无效：①造成对方人身伤害的；②因故意或者重大过失造成对方财产损失的。

（二）无效合同的法律后果

无效的合同，从订立时起就没有法律约束力。无效合同不发生法律约束力，并不是指无效合同不会产生任何法律上的后果，而是指不会产生当事人订立合同时所预期的法律后果。合同可以全部无效，也可以部分无效。合同部分无效，不影响其余部分的效力的，其余部分仍然有效。合同被确认无效后，将产生以下三个方面的法律后果：

（1）返还财产。合同被确认无效后，当事人因该合同取得的财产，应当返还给受损失的一方不能返还或没有必要返还的，应当折价补偿。

（2）损害赔偿。合同被确认无效后，有过错的一方应当赔偿对方因此所受的损失；双方都有过错的，应当各自承担相应的责任。

（3）非民法上的法律后果。这是指无效合同的当事人在订立合同时，实施了危害后果较大的违法行为，有过错的当事人不仅要承担民事责任，还要承担相应的行政责任甚至刑事责任，包括追缴当事人取得或者约定取得的财产、处以罚款、吊销营业执照、吊销生产许可证、责令停业整顿等。

无效合同的确认权属于人民法院或者仲裁机构，其他任何机关、团体、单位或者个人都无权确认合同的权力。

四、可撤销合同

[案例讨论] 李某在某商场购买钻石戒指一枚，标签上标明该钻石为天然钻石。

李某买回后将该钻石戒指拿去检测，被告知该钻石戒指实为人造钻石。李某遂与商场多次交涉，历时1年半，都没有结果。现在李某以欺诈为由请求法院撤销该合同，其主张能否得到支持？

（一）可撤销合同的概念

可撤销合同是指当事人在订立合同时，因意思表示不真实，法律规定享有撤销权的人通过行使撤销权而使已经生效的合同归于无效的合同。

（二）可撤销合同的种类

（1）因重大误解订立的；

（2）在订立合同时显失公平的；

（3）一方以欺诈、胁迫的手段或者乘人之危，使对方在违背真实意思的情况下订立的合同，受损害方有权请求人民法院或者仲裁机构变更或者撤销。

（三）合同的撤销及法律后果

1. 撤销权的行使

对于上述三种合同，当事人有权请求人民法院或仲裁机构予以变更或者撤销。当事人请求变更或撤销，人民法院或仲裁机构应当酌情予以变更或撤销。但具有撤销权的当事人自知道或者应当知道撤销事由之日起1年内没有行使撤销权，或者知道撤销事由后明确表示或者以自己的行为表示放弃撤销权的，撤销权消灭；当事人请求撤销的，人民法院或者仲裁机构不得撤销。

2. 合同撤销后的法律后果

被撤销的合同从订立时起就无效。当事人依据该合同取得的财产，应返还给对方；不能返还或没有必要返还的，应折价补偿。有过错的一方应赔偿对方因此所受的损失；双方都有过错，各自承担相应的责任。合同无效被撤销，不影响合同中独立存在的有关解决争议方法的条款的效力。

[案例提示] 在可撤销可变更合同中，当事人撤销权的行使是有一定期限的，超过撤销权一年的除斥期间则不能发生撤销的效力。

五、效力待定的合同

[案例讨论] 甲受乙之托为其保管一块瑞士产手表，按双方约定甲自己佩戴。某天上班，甲的同事丁看到该手表做工精良、样式新颖，十分喜爱，经与甲协商后，以略低于市场同档次价格将其买下。甲与丁之间转让手表的行为是否具有法律效力？

（一）效力待定的合同

效力待定的合同是指合同虽然已经成立，但因其不完全具备生效要件，因此，其效力能否发生尚未确定，一般须经有权人表示承认才能生效。

（二）效力待定合同的种类

1. 限制民事行为能力人依法不能独立订立的合同

限制民事行为能力人只能订立与其年龄、智力、精神健康状况相适应的合同以及自己纯获利益的合同；依法不能独立订立的合同须经法定代理人追认。相对人可以催告法定代理人在 1 个月内予以追认。法定代理人未做表示的，视为拒绝追认。合同被追认之前，善意相对人有撤销的权利。撤销应当以通知的方式做出。

2. 无权代理人以被代理人名义订立的合同

这类合同只有经过被代理人的追认，被代理人才承担民事责任。未经追认的合同，由行为人承担民事责任。相对人可以催告被代理人在 1 个月内予以追认。被代理人未做表示的，视为拒绝追认。合同被追认之前，善意相对人有撤销的权利。撤销应当以通知的方式做出。

3. 无处分权人订立的合同

无权处分是指行为人没有处分权，却以自己的名义实施的对他人财产的法律上的处分行为。无处分权包括两种情况：①行为人对处分的财产享有所有权，但是其处分权受到限制，使其不得处分其所有的财产；②行为人对处分的财产没有所有权，只有占有权，因而没有对该财产的处分权。无权处分行为与无权代理行为的区别在于：无权处分是无处分权人以自己的名义实施的民事行为，而无权代理是无代理权人以被代理人的名义实施的民事行为。例如：甲在未获得授权的情况下，出卖乙的物品给丙，如果甲是以乙的名义出卖的，构成无权代理行为；如果是甲以自己的名义出卖的，则构成无权处分行为。《合同法》第五十一条规定：“无处分权的人处分他人财产，经权利人追认或者无处分权的人订立合同后取得处分权的，该合同有效。”因此，无权处分合同也属于效力待定的合同。

需要提及的是，根据 2012 年 7 月 1 日起施行的《最高人民法院关于审理买卖合同纠纷案件适用法律问题的解释》第三条的规定，当事人一方以出卖人在缔约时对标的物没有所有权或者处分权为由主张合同无效的，人民法院不予支持。出卖人因未取得所有权或者处分权致使标的物所有权不能转移，买受人要求出卖人承担违约责任或者要求解除合同并主张损害赔偿的，人民法院应予支持。因此，在出卖人没有所有权或者处分权的情形下，买卖合同原则上仍属于有效合同。在出卖人就同一标的物订立多重买卖合同的情形下，如果合同均不具有《合同法》第五十二条规定的无效情形，买受人因不能按照合同约定取得标的物所有权，可以请求追究出卖人违约责任。

第四节 合同的履行

一、合同履行的原则

合同的履行是指双方当事人按照合同的约定，各自完成自己所承担的义务。全部完成的称为全部履行，部分完成的称为部分履行，完全没有履行的称为不履行。合同履行的原则是指双方当事人在履行合同的过程中必须遵守的原则。一般认为，履行合同应遵循如下几个原则：

(一) 全面履行原则

当事人必须按照合同约定的标的、数量、质量、价金、履行的期限、地点和方式履行，全面完成合同义务。

(二) 协作履行原则

当事人不仅要按标的、按约定履行义务，还要按诚实信用的原则，根据合同的性质、目的和交易习惯，履行通知、协助、保密等义务，即附随义务。具体包括：①义务人履行义务时，权利人应当受领给付；②义务人履行义务时，权利人应当创造必要的条件，提供必要的方便；③履行中发生不能履行或不能完全履行的情况时，应积极采取措施，避免或减少损失；④一旦发生纠纷，应各自主动承担责任，不得推诿拖延；⑤从订立合同开始，就应注意通知相关事项及为对方保密。

二、约定不明合同的履行

合同生效后，当事人就质量、价款或者报酬、履行地点等内容没有约定或者约定不明确的，当事人双方可以协议补充；不能达成补充协议的，按照合同的有关条款或者交易习惯确定。按上述办法仍不能确定的，适用合同法的下列规定：

(1) 质量要求不明确的，按照国家标准、行业标准履行；没有国家标准、行业标准的，按照通常标准或者符合合同目的的特定标准履行。

(2) 价款或者报酬不明确的，按照订立合同时履行地的市场价格履行；依法应当执行政府定价或者政府指导价的，按照规定履行。

(3) 履行地点不明确，给付货币的，在接受货币一方所在地履行；交付不动产的，在不动产所在地履行；其他标的，在履行义务一方所在地履行。

(4) 履行期限不明确的，债务人可以随时履行，债权人也可以随时要求履行，但应当给对方必要的准备时间。

(5) 履行方式不明确的，按照有利于实现合同目的的方式履行。

(6) 履行费用的负担不明确的，由履行义务一方负担。

三、双务合同履行中的抗辩权

[案例讨论]（1）画家甲与乙约定为乙画像，乙于10月1日前支付报酬5 000元，甲在收款一周内为其画像。乙于9月30日到画家住处付报酬款时，发现画家甲身染重病，于是拒绝付款。

（2）甲、乙签订一份买卖合同，约定8月甲先付款2万元，乙于9月发货。履行期届满，甲因资金周转困难而未付款。于是，乙在发货期届满时也未发货。

问：在上述案由中，乙分别行使的是什么权利？

抗辩权又称异议权，是指对抗请求权或者否认他人权利主张的权利。《合同法》对合法的履行规定了如下的抗辩权：

（一）同时履行抗辩权

《合同法》第六十六条规定："当事人互负债务，没有先后履行顺序的，应当同时履行。一方在对方履行之前有权拒绝其履行要求。一方在对方履行债务不符合约定时，有权拒绝其相应的履行要求。"

（二）后履行抗辩权

后履行抗辩权又称为异时履行抗辩权。《合同法》第六十七条规定："当事人互负债务，有先后履行顺序，先履行一方未履行的，后履行一方有权拒绝其履行要求。先履行一方履行债务不符合约定的，后履行一方有权拒绝其相应的履行要求。"

（三）不安抗辩权

不安抗辩权是指双务合同成立后，应当先履行的当事人有证据证明对方不能履行合同义务，或者有不能履行合同义务的可能性时，在对方没有履行或提供担保前，有权中止履行合同义务。《合同法》第六十八条第一款规定："应当先履行债务的当事人，有确切证据证明对方有下列情形之一的，可以中止履行：（一）经营状况严重恶化；（二）转移财产、抽逃资金，以逃避债务；（三）丧失商业信誉；（四）有丧失或可能丧失履行债务能力的其他情形。"先履行方依据《合同法》第六十八条的规定中止履行的，应当及时通知对方。对方提供适当担保的，应当恢复履行。中止履行后，对方在合理期限内未恢复履行能力并且未提供适当担保的，中止履行的一方可以解除合同。先履行方没有确切证据中止履行的，应当承担违约责任。

[案例提示] 合同签订后，当事人应该严格按照约定履行。在一些特殊情况下，当事人拒绝履行合同应该由法律依据。本案中，乙分别行使的是不安抗辩权与后履行抗辩权。

第五节 合同的保全与担保

合同保全也称为合同的对外效力，是指法律为防止债务人财产的不当减少给债权人权利带来损害而设置的合同的一般担保形式，包括债权人代位权和债权人撤销权。其目的在于保持债务人自身的偿债能力，对债权人不能获清偿起预防和补救作用。

一、合同的保全

［**问题讨论**］甲欠乙 8 000 元，乙多次催促，甲拖延不还。后乙告甲必须在 10 天内还钱，否则起诉。甲立即将家中仅有的值钱物品一个九成新的冰箱和彩电各以 200 元的价格卖给知情的丙。被乙发现，下列说法哪些是正确的?

（1）乙可书面通知甲、丙，撤销该买卖合同。

（2）如乙发现之日为 2001 年 5 月 1 日，则从 2002 年 5 月 2 日起，乙不再享有撤销权。

（3）如乙向法院起诉，应以甲为被告，法院可以追加丙为第三人。

（4）如乙的撤销权成立，则乙为此支付的律师代理费、差旅费应由甲、丙承担。

（一）债权人的代位权

1. 代位权的概念

代位权是指债权人因债务人怠于行使其到期债权，债权人为保全债权，以自己的名义向第三人行使债务人现有债权的权利。

2. 代位权的发生应当符合的条件

（1）债权人对债务人的债权合法；

（2）债务人怠于行使其到期债权，对债权人造成损害；

（3）债务人的债权已到期；

（4）债务人的债权不是专属于债务人自身的债权。所谓专属于债务人自身的债权，是指基于扶养关系、抚养关系、赡养关系、继承关系产生的给付请求权和劳动报酬、退休金、养老金、抚恤金、安置费、人寿保险、人身伤害赔偿请求权等权利。

3. 债权人代位权的行使

根据《合同法》的规定，债权人行使代位权必须向人民法院提出申请。代位权的行使范围以债权人的债权为限。债权人行使代位权的必要费用，由债务人负担。

（二）债权人的撤销权

1. 撤销权的概念

撤销权是指债权人在债务人与他人实施处分财产或权利的行为危害债权的实现

时，可以申请法院对该行为予以撤销的权利。

2. 债权人撤销权的构成要件

《合同法》第七十四条第一款规定：“因债务人放弃到期债权或者无偿转让财产，对债权人造成损害的，债权人可以请求人民法院撤销债务人的行为。债务人以明显不合理的低价转让财产，对债权人造成损害，并且受让人知道该情形的，债权人也可以请求人民法院撤销债务人的行为。”据此可知，债权人撤销权的构成要件，因债务人所为的行为不同而有区别。对此可以做如下概括：对于债务人放弃债权或无偿转让财产的行为，只需具备有害债权这一客观要件即可；对于债务人以明显不合理的低价转让财产的行为，除须具备有害债权这一客观要件以外，还须受让人有损害债权的恶意。

3. 债权人撤销权的行使

根据《合同法》第七十四条的规定，债权人行使撤销权，必须向人民法院提出申请。债权人行使撤销权，其效力依法院判决的确立而产生，并对债务人、受让人或转得人、其他债权人均产生效力。

4. 债权人撤销权的消灭

《合同法》第七十五条规定：“撤销权自债权人知道或应当知道撤销事由之日起一年内行使。自债务人的行为发生之日起五年内没有行使撤销权的，该撤销权消灭。”

[**问题提示**] 根据《合同法》的规定，当事人行使撤销权有严格规定。撤销权的行使权只能由债权人以自己的名义通过诉讼的方式行使。

二、合同的担保

合同的担保，是指当事人在订立合同时，根据法律规定或双方的约定，为确保合同履行而采取的方式或者措施。担保具有附从性，以合同的合法有效存在为前提。合同依法变更或解除，担保关系也将随之变化。合同的义务全面履行，担保关系也就终止。担保合同既可以单独订立，也可以在合同中单列担保条款。《中华人民共和国担保法》对设定担保的范围规定在借贷、买卖、货物运输、加工承揽等经济活动中，担保的方式为保证、抵押、质押、留置和定金五种。

（一）保证

保证是指由保证人以自己的名义和债权人约定，当债务人不履行合同义务时，保证人按照约定履行或者承担连带责任。

保证方式分为一般保证和连带责任保证。

一般保证是指当事人在保证合同中约定，债务人不能履行债务时，由保证人承担保证责任的保证。一般保证的保证人在主合同纠纷未经审判或者仲裁，并就债务人财产依法强制执行仍不能履行债务前，对债权人可以拒绝承担保证责任。但有下列情形之一的除外：①债务人住所变更，致使债权人要求其履行债务发生重大困难的；②人民法院受理债务人破产案件，中止执行程序；③保证人以书面形式放弃上述权利的。所谓连带责任保证，是指当事人在保证合同中约定，保证人与债务人对债务承担连带责任的保证。连带责任保证的债务人在主合同规定的债履行期届满没有履行债务的，债权人可以要求债务人履行其债务，也可以要求保证人在其保证范围内承担保证责任。当事人对保证方式没有约定或者约定不明确的，按照连带保证责任承担保证责任。

（二）抵押

抵押是指债务人或第三人不转移物的占有，将该财产作为债权的担保。债务人不履行债务时，债权人有权依法以该财产折价或者拍卖、变卖该财产的价款优先受偿。在抵押关系中，债务人或者第三人被称为抵押人，债权人被称为抵押权人，提供担保的财产被称为抵押物。

我国《物权法》规定，可以抵押的财产包括：①建筑物和其他土地附着物；②建设用地使用权；③以招标、拍卖、公开协商等方式取得的荒地等土地承包经营权；④生产设备、原材料、半成品、产品；⑤正在建造的建筑物、船舶、航空器；⑥交通运输工具；⑦法律、行政法规未禁止抵押的其他财产。抵押人可以将前款所列财产一并抵押。

法律规定不得抵押的财产，其抵押无效。不得抵押的财产包括：①土地所有权。②耕地、宅基地、自留山等集体所有的土地使用权，但法律规定可以抵押的除外。一是以招标、拍卖公开协商等方式取得的荒地等土地承包经营权可以抵押；二是乡镇、村企业的建设用地使用权不得单独抵押，以乡镇、村企业的厂房等建筑物抵押的，其占用范围内的建设用地使用权一并抵押。以这两种财产进行抵押的，在实现抵押权后，未经法定程序不得改变土地集体所有的性质和土地用途。③学校、幼儿园、医院等以公益为目的的事业单位、社会团体的教育设施、医疗卫生设施和其他社会公益设施。④所有权、使用权不明或者有争议的财产。⑤依法被查封、扣押、监管的财产。⑥依法不得抵押的其他财产。

抵押人可以就同一抵押物设定多个抵押权，但不得超出余额部分。在同一抵押物上有数个抵押权时，各个抵押权应按照法律规定的顺序行驶抵押权。抵押应当订立书面合同。

（三）质押

质押分动产质押和权利质押。

1. 动产质押，

动产质押是指债务人或者第三人将其动产移交债权人占有，将该动产作为债权的担保。债务人不履行债务时，债权人有权依法以该动产折价或者以拍卖、变卖该动产的价款优先受偿。在质押关系中，债务人或者第三人被称为出质人，债权人被称为质权人，移交的动产被称为质物。质权自质物移交给质权人占有时设立。因此，只有出质人将出质的动产移交给债权人占有，债权人才能取得质权。质押应当订立书面合同。质押合同是诺成合同，并不以质物占有的移转作为合同的生效要件。质权人负有妥善保管质物的义务。因保管不善致使质物灭失毁损，质权人应承担民事责任。质权人在债务履行期届满前，不得与出质人约定债务人不履行到期债务时质押财产归债权人所有。债务履行期满质权人未受清偿的，可以与出质人协议以质物折价或依法拍卖、变卖。

2. 权利质押

权利质押是指债务人或者第三人将其享有并可依法转让的财产权利的凭证交给债权人占有，作为债权的担保。债务人不履行债务时，债权人可依法处置并以所得款项或货物清偿债权。《物权法》规定，可以质押的权利有：①汇票、支票、本票；②债券、存款单；③仓单、提单；④可以转让的基金份额、股权；⑤可以转让的注册商标专用权、专利权、著作权等知识产权中的财产权；⑥应收账款；⑦法律、行政法规规定可以出质的其他财产权利。

权利质押因为设定质押的权利标的不同，其生效条件也不同。①以汇票、支票、本票、债券、存款单、仓单、提单出质的，当事人应当订立书面合同。质权自权利凭证交付质权人时设立；没有权利凭证的，质权自有关部门办理出质登记时设立。②以基金份额、股权出质的，当事人应当订立书面合同。以基金份额、证券登记结算机构登记的股权出质的，质权自证券登记结算机构办理出质登记时设立；以其他股权出质的，质权自工商行政管理部门办理出质登记时设立。基金份额、股权出质后，不得转让，但经出质人与质权人协商同意的除外。出质人转让基金份额、股权所得的价款，应当向质权人提前清偿债务或者提存。③以注册商标专用权、专利权、著作权等知识产权中的财产权出质的，当事人应当订立书面合同。质权自有关主管部门办理出质登记时设立。知识产权中的财产权出质后，出质人不得转让或者许可他人使用，但经出质人与质权人协商同意的除外。出质人转让或者许可他人使用出质的知识产权中的财产权所得的价款，应当向质权人提前清偿债务或者提存。④以应收账款出质的，当事人应当订立书面合同。质权自信贷征信机构办理出质登记时设立。

（四）留置

留置是一方当事人按照合同约定占有对方的动产，对方不按照合同约定的期限履行义务的，占有人有权依照法律规定留置该财产。留置财产后，对方在不少于两个月的期限内仍不履行义务，占有人有权依法将扣留的财产折价或者拍卖、变卖，并从所得价款中优先受偿。如价款仍不足以清偿，还可以要求对方补偿不足部分。如果优先受偿后还有剩余，应退还给对方。因保管不善致使留置物灭失或毁损的，留置权人应当承担民事责任。法律明确规定，保管合同、运输合同、加工承揽合同及法律规定的其他合同适用留置。同一动产上已设立抵押权或者质权，该动产又被留置的，留置权人优先受偿。

第六节　合同的变更与转让

一、合同的变更

合同一经有效成立，就具有法律效力，当事人之间就构成了合同法律关系。合同的变更是指合同成立后，在完全履行前，由于情况变化，双方当事人依法协商同意就合同条款所做的修改或补充。合同成立后，任何一方不得擅自变更。但合同因双方合意而产生，当然也可因双方合意而变更，只要变更这一行为符合民事法律行为的有效要件。对变更的内容约定不明确的，推定为未变更。法律、行政法规规定变更合同应办理批准、登记手续的从其规定。合同生效后，当事人不得因姓名、名称的变更或者法定代表人、负责人、承办人的变更而不履行合同义务。

二、合同的转让

[问题讨论] 下列哪些合同的转让是不合法的？

(1) 甲公司与韩国乙公司举办中外合资企业，合资合同经过审批机关批准后，甲公司未经乙方同意将合同权利、义务转让给丙公司。

(2) 甲教授曾答应为乙校讲课，但因讲课当天临时有急事，便让自己的博士生代为授课。

(3) 债权人李某因急需用钱便将债务人杨某欠自己的 20 000 元债权以 15 000 元的价格转让给了柳某，李某将此事打电话通知了杨某。

(4) 丁对丙的房屋享有抵押权，为替好友从银行借款提供担保，将该抵押权转让给了银行。

合同的转让即合同主体的变更，包括合同权利的转让、合同义务的转移和合同权利义务一并转让（概括转移）。

（一）合同权利的转让

合同权利的转让又称债权让与。《合同法》第七十九条规定："债权人可以将合同的权利全部或者部分转让给第三人，但有下列情形之一的除外：（一）根据合同性质不得转让；（二）按照当事人约定不得转让；（三）依照法律规定不得转让。"

债权人转让权利的，应当通知债务人。未经通知，该转让对债务人不发生效力。转让权利的通知不得撤销，但经受让人同意的除外。债权转让时，受让人取得与债权有关的从权利，但该权利专属于债权人自身的除外。债务人接到转让通知后，债务人对让与人的抗辩，可以向受让人主张。如债务人对让与人有债权，并且其债权先于转让的债权到期或者同时到期的，可以向受让人主张抵消。

（二）合同义务的转移

合同义务的转移又称债务承担，和债权转让相比，其受的限制多一些，主要是应经债权人同意。《合同法》第八十四条规定："债务人将合同的义务全部或者部分转移给第三人的，应当经债权人同意。"如此限制的目的在于确保债权人的利益。债务全部转移的，原债务人即脱离原合同，与原合同无关。如部分转移，原债务人与新债务人（承受人）对合同是承担连带责任还是按份责任都须在转移合同中明确。债务转移后，新债务人可以主张原债务人对债权人的抗辩。新债务人应当承担与主债务有关的从债务，但该从债务专属于原债务人自身的除外。

（三）合同的概括转移

合同的概括转移，是指将合同的权利、义务一并转让给第三人。概括转移须经合同对方当事人同意，其余的适用前述权利转让和义务转移的有关规定。

[问题提示] 抵押权不得与债权分离而单独转让或作为其他债权的担保。因此，第（4）项中单独转让抵押权的行为是不合法的。

第七节　合同权利、义务的终止

[案例讨论] 甲公司与乙公司都是独立法人企业，两公司在本地都具有一定的实力与市场占有量。2005年6月，乙公司从甲公司提取货物一批，价值5万元，约定一个月后付款。但一个月后，乙公司并没有如约付款，因为双方一直有较多合作，甲公司也没有催促。2005年11月，为应对市场竞争，降低成本，甲、乙公司决定合并为丙公司，由乙公司的经理张某担任丙公司的法定代表人，并进行了工商登记。由于甲公司原来的经理吴某没有在新公司中任要职，怀恨在心，便称合并前，乙公司还欠5万元货款尚未归还，要求张某还款。张某认为，两公司已合并，债权、债务已经消灭，因此不用再还款。甲、乙双方产生争议，吴某诉至法院，要求丙公司偿还5万元货款。

问：甲、乙双方的争议如何解决？

一、合同的终止

合同的终止是基于一定的法律事实，导致原合同法律关系的消灭，合同中的权利义务也因此而终止。《合同法》第九十一条规定："有下列情形之一的，合同的权利义务终止：（一）债务已经按照约定履行；（二）合同解除；（三）债务相互抵消；（四）债务人依法将标的物提存；（五）债权人免除债务；（六）债权债务同归于一人；（七）法律规定或者当事人约定终止的其他情形。"

二、合同的解除

（一）合同解除的概念

合同的解除是指合同成立后，在尚未完全履行前，通过当事人的单方行为或双方合意使合同关系归于消灭的行为。合同的解除分为约定解除和法定解除。

（二）合同解除的类别

1. 合同的约定解除

约定解除，是基于双方合意的解除。它包括两种情形：①订立合同时，双方即在合同中设定解除条款，一旦合同约定的解除条件出现时，合同便归于终止或一方取得解除权。但该解除条款必须合法，方有法律效力。②合同有效成立后，情况发生变化，双方协商一致，同意解除合同。

2. 合同的法定解除

法定解除是根据法律规定，合同一方当事人取得解除权，通过一定的意思表示而解除合同。法定解除属于单方解除，即享用合同解除权的一方当事人通过行使解除权而解除合同，不需要对方当事人同意，只需解除权人的单方意思表示，即可发生解除合同的法律效果，但解除权的行使必须符合下列条件：

《合同法》第九十四条规定："有下列情形之一的，当事人可以解除合同：

（一）因不可抗力致使不能实现合同目的；

（二）在履行期限届满之前，当事人一方明确表示或者以自己的行为表明不履行主要债务；

（三）当事人一方迟延履行主要债务，经催告后在合理期限内仍未履行；

（四）当事人一方迟延履行债务或者有其他违约行为致使不能实现合同目的；

（五）法律规定的其他情形。"

合同的解除应通知对方。合同自通知到达对方时解除。对方有异议的，可以请求人民法院或者仲裁机构确认解除合同的效力。凡法律、行政法规规定解除合同应当办理批准、登记等手续的，依其规定。合同解除后，尚未履行的，终止履行；已经履行的，根据履行情况和合同性质，当事人可以要求恢复原状、采取其他补救措施，并有权要求赔偿损失。

三、合同的抵销

（一）抵销的概念

抵销是指合同双方当事人互负债务时，各自用其债权来充当债务的清偿，从而使其债务与对方的债务在对等数额内相互消灭。抵销有法定抵销和约定抵销之分。

(二) 抵销的类别

1. 法定抵销

法定抵消是指合同当事人互负到期债务，该债务的标的物种类、品质相同，任何一方当事人做出的使相互间相当数额的债务同归消灭的行为。

法定抵销的要件包括：

(1) 合同当事人双方互负到期债务，也互负到期债权；

(2) 债的标的物种类相同，品质相同；

(3) 双方互负的债务都不是不能抵销的债务。不能抵销的债务包括法律规定不能抵销的债务，如禁止强制执行的债务、因故意侵权行为所产生的债务、约定应当向第三人给付的债务以及合同性质不得抵消的债务，如以行为、智力成果为标的的债务。

2. 约定抵销

约定抵销是指合同当事人双方经过协商一致而发生的抵销。约定抵销的要件和法定抵销不同的是，当事人互负债务的标的物种类、品质可以不相同，只要双方协商同意，也可抵销。抵销应当通知对方，通知到达对方时生效。抵销不得附条件或者附期限。

四、合同的提存

(一) 提存的概念

提存是指在因债权人的原因而难以交付合同标的物时，将该标的物提交给提存机关而消灭合同的行为。

(二) 提存的适用

《合同法》第一百零一条规定："有下列情形之一，难以履行债务的，债务人可以将标的物提存：

(一) 债权人无正当理由拒绝受领；

(二) 债权人下落不明；

(三) 债权人死亡未确定继承人或者丧失民事行为能力未确定监护人；

(四) 法律规定的其他情形。

标的物不适于提存或者提存费用过高的，债务人依法可以拍卖或者变卖标的物，提存所得的价款。"

标的物提存后，除债权人下落不明以外，债务人应当及时通知债权人或者债权人的监护人、继承人。标的物提存后，毁损、灭失的风险由债权人承担。提存期间，标的物的孳息归债权人所有。提存费用由债权人负担。

债权人可以随时领取提存物，但债权人对债务人负有到期债务的，在债权人未履行债务或者提供担保之前，提存部门根据债务人的要求应当拒绝其领取提存物。

债权人领取提存物的权利，自提存之日起5年内不行使而消灭，提存物扣除提存费用后归国库所有。

五、合同的免除

合同的免除即债务的免除是指债权人免除债务人的债务而使合同权利、义务部分或全部终止的意思表示。债务免除后，债务人即不再负担被免除的债务，债权人的债权也就不再存在。

六、合同的混同

混同是指债权与债务同归于一人，而使合同关系消灭的事实。混同导致债权、债务的消灭。消灭的效力及于债权人和债务人的抗辩权，也及于债权的从权利。但在法律另有规定或合同标的涉及第三人利益时，混同不发生债权、债务消灭的效力。涉及第三人利益是指债权、债务的标的上设有他人的权利。如债权上设有抵押权，即债权作为他人抵押权的标的。

[案例提示] 债权人与债务人如果已合并为同一法人，相应的债权、债务关系也就因债的混同而消灭。

第八节　违约责任

[案例讨论] 某酒店与某家具厂于2004年8月签订了一份家具购销合同，合同规定，由家具厂于2004年9月1日、10月1日分两批，每批200套交付酒店。合同签订后，家具厂如期交付第一批床具。之后，家具厂因生产管理出现问题，未能按时交付第二批沙发。2004年10月15日，酒店在与家具厂协商未果的情况下，以家具厂违约为由，将其起诉到法院，要求该厂在10月30日前交货，并承担宾馆损失1万元。法院查明，酒店所需家具，本地有多家大型家具店有存货。

问：家具厂是否应履行交货义务及承担赔偿责任？

一、违约责任概述

违约责任是违反合同的民事责任的简称。违约责任是指合同当事人不履行合同义务或者履行合同义务不符合约定而应承担的民事责任。违约责任制度的建立是为了保障债权的实现和债务的履行，违约责任以订立合同的目的是否落空来区分为根本违约和非根本违约；以违约是否在履行期届至时区分为预期违约和届时违约之分。

违约责任的内容是通过当事人约定或法律规定而产生。在合同当事人因违约而承担违约责任时，当事人之间有约定的，从约定；当事人之间没有约定或约定与法律规定相抵触时，则适用法律规定。违约责任具有相对性，只存在于合同当事人之间，非合同当事人不存在违约责任。《合同法》在立法时对违约责任采用了严格责任原则，即只要不履行合同义务或履行合同义务不符合约定的，一般就要承担违约责任，不再追究违约方在主观上是否有过错。

二、承担违约责任的方式

（一）继续履行

继续履行是承担违约责任的一种基本方式。当事人一方不履行合同义务或者履行合同义务不符合约定的，另一方可以要求继续履行。对金钱债务无条件适用继续履行。金钱债务只存在迟延履行，不存在履行不能，因此，应无条件适用继续履行的责任形式。对非金钱债务则有条件适用继续履行，但有下列情形之一的除外：①法律上或者事实上不能履行；②债务的标的不适于强制履行或者履行费用过高；③债权人在合理期限内未要求履行。

（二）采取补救措施

采取补救措施其适用仅限于质量不符合约定的合同。《合同法》第一百一十一条规定："质量不符合约定的，应当按照当事人约定承担违约责任。对违约责任没有约定或者约定不明确，依本法第六十一条的规定仍然不能确定的，受损害方根据标的的性质以及损失的大小，可以合理选择要求对方承担修理、更换、重作、退货、减少价款或者报酬等违约责任。"

（三）赔偿损失

赔偿损失是指违约方以支付金钱的方式弥补受害方因违约行为所造成的财产损失或者所丧失的利益。赔偿损失是最基本、最重要、最常用的违约责任形式。

《合同法》第一百一十三条规定："当事人一方不履行合同义务或者履行合同义务不符合约定，给对方造成损失的，损失赔偿额应当相当于因违约所造成的损失，包括合同履行后可以获得的利益，但不得超过违反合同一方订立合同时预见到或者应当预见到的因违反合同可能造成的损失。"这是对双方当事人在合同中无约定时如何确定损失赔偿额的规定。这里明确了所谓损失，不仅包括积极的损失，即现有财产的灭失、损坏和费用的支出，还包括消极的损失，即合同履行后可以获得的利益，通常简称为可得利益，比如利润。同时，对损失赔偿额又做了最高额的限制，即不得超过违约方在订立合同时预见到或应预见到的损失程度，即合理预见，违约方对超过合理预见的损失不应承担。这体现了公平合理的原则。

（四）违约金

违约金是指违约方向对方支付的一定数额的金钱。违约金有法定违约金和约定违约金之分。由法律直接规定数额和条件的是法定违约金；由当事人约定数额和支付条件的是约定违约金。有法定违约金的应执行法定违约金。法律在规定法定违约金时，又允许当事人约定违约金的，当事人的约定优先。

《合同法》规定的违约金以补偿因违约所造成的损失为原则，基本上是补偿性的，因而，如果约定的违约金低于造成的损失，当事人可以请求人民法院或者仲裁机构予以增加；如果约定的违约金高于造成的损失，当事人可以请求人民法院或者仲裁机构予以适当减少。当事人可以就迟延履行约定违约金。对迟延履行违约金，在违约方支付违约金后，还应当履行债务。

（五）定金责任

定金是合同当事人为了确保合同的履行，按照法律和合同的规定，由一方按合同标的额的一定比例预先给付对方的金钱或其他替代物。对此，合同法与担保法进行了规定。《合同法》第一百一十五条规定："当事人可以依照《中华人民共和国担保法》约定一方向对方给付定金作为债权的担保。债务人履行债务后，定金应当抵作价款或者收回。给付定金的一方不履行约定的债务的，无权要求返还定金；收受定金的一方不履行约定的债务的，应当双倍返还定金。"

定金的数额由当事人约定，但不得超过主合同标的额的20%，超过部分不予支持。

当事人既约定违约金又约定定金的，一方违约时，双方可以选择适用违约金或者定金条款，二者不能并用。

三、违约的免责事由

（一）免责事由的概念

免责事由是指当事人即使违约也不承担责任的事由。《合同法》上的免责事由分为约定免责事由和法定免责事由。约定免责事由是当事人约定的免责条款；法定免责事由是由法律直接规定、不需要当事人约定即可援用的免责事由，主要是指不可抗力。

（二）不可抗力

不可抗力是指不能预见、不能避免并不能克服的客观情况。常见的不可抗力主要有：①自然灾害，如台风、海啸、洪水；②政府行为，如征收、征用；③社会异常事件，如罢工、骚乱。不可抗力不能履行合同的，根据不可抗力的影响，部分或全部免除责任。但有以下例外：①金钱债务的迟延责任不得因不可抗力而免除；②迟延履行期间发生的不可抗力不具有免责效力。当事人一方因不可抗力不能履行合同的，应当及时通知对方，以减轻可能给对方造成的损失，并且应当在合理的期限内提供有关不可抗力的证明。

[**案例提示**]《合同法》第一百一十条规定："当事人一方不履行非金钱债务或者履行非金钱债务不符合约定的，对方可以要求履行，但有下列情形之一的除外：

（一）法律上或者事实上不能履行；（二）债务的标的不适于强制履行或者履行费用过高；（三）债权人在合理期限内未要求履行。”

第九节 合同法分则中的有名合同

一、买卖合同

[案例讨论] 马某从某汽车经营部购买1台载重量为10吨的汽车，在办妥车辆的营运手续后，马某从某煤矿将11吨煤运往某市。途中，汽车后外侧轮的钢圈突然破碎，导致该车在行驶中向右侧翻车，造成损害，经交警队认定，造成该车翻车的主要原因系因后右外侧轮钢圈破碎所致。马某为维修该车花去费用6 000元，钢圈质量鉴定费2 000元，停运20日，造成损失8 000元。马某向法院提起诉讼，请求汽车经营部赔偿其全部损失1.6万元。该案在审理中，汽车经营部对钢圈的质量鉴定提出异议，法院遂委托国家汽车质量监督检验中心对破碎的钢圈进行鉴定。经鉴定，钢圈为不合格产品。

问：汽车经营部是否应对马某所购买的汽车质量瑕疵所造成的损害承担责任？

（一）买卖合同的概念

买卖合同是指出卖人转移标的物的所有权于买受人，买受人支付价款的合同。买卖合同涉及两方面当事人：交付标的物并转移标的物所有权的一方为出卖人，即卖方；受领标的物并取得标的物所有权的一方为买受人，即买方。

买卖合同是双务、有偿合同；一般是不要式合同。通常情况下，买卖合同的成立、有效并不需要具备一定的形式，但法规另有规定除外。

（二）买卖合同双方当事人的义务

1. 出卖人的义务

（1）交付标的物的义务。交付标的物是出卖人的首要义务，也是买卖合同最重要的合同目的。标的物的交付可以分为现实交付和拟制交付。现实交付是指标的物交由买受人实际占有；拟制交付是指将标的物的所有权证书交给买受人以代替标的物的交付，如不动产所有权证书的交付和仓单、提单的交付等。出卖人应当按照约定的期限交付标的物。约定交付期间的，出卖人可以在该交付期间的任何时间交付。

（2）转移标的物所有权的义务。买受人的最终目的是获得标的物的所有权，将标的物所有权转移给买受人是其主要义务。

（3）承担瑕疵担保责任的义务。出卖人应当按照约定或法定的质量标准交付标的物。其交付的标的物欠缺约定或法定品质的，由其承担瑕疵担保责任。

2. 买受人的主要义务

（1）支付价款。买受人应依合同的约定向出卖人支付价款，这是买受人的主要义务。

（2）受领标的物。对于出卖人交付符合约定的标的物及其有关权利和凭证，买受人有受领义务。

（3）对标的物检查通知的义务。买受人受领标的物后，应当在当事人约定或法定期限内，依通常程序尽快检查标的物。若发现应由出卖人负担责任的瑕疵时，应妥善保管标的物并将其瑕疵立即通知出卖人。

（4）拒收时的保管义务。买受人受领标的物后发现瑕疵的，在与出卖人交涉期间，买受人有妥善保管标的物的义务。因买受人保管不善导致标的物灭失或价值减少的，应当承担责任；因保管标的物支出的必要费用，有请求出卖人赔偿的权利。

（三）标的物的所有权转移和风险责任负担

（1）标的物的所有权转移。买卖的标的物，除法律另有规定或当事人另有约定外，自交付时起发生所有权转移。

（2）标的物的风险责任承担。买卖合同中标的物风险是指买卖合同的标的物由于不可归责于买卖合同双方当事人的事由毁损、灭失所造成的损失；标的物的风险责任承担是指买卖过程中发生的标的物意外毁损灭失的风险分配给当事人一方负担。《合同法》第一百四十二条规定："标的物毁损、灭失的风险，在标的物交付之前由出卖人承担，交付之后由买受人承担，但法律另有规定或者当事人另有约定的除外。"

（3）孳息归属。交付前产生的孳息物，归出卖人；交付之后产生的孳息物，归买受人。

［**案例提示**］本案涉及的是出卖人的瑕疵担保责任。出卖人应就其出卖的标的存在的瑕疵承担担保责任，赔偿因标的物瑕疵而给买受人造成的损害。直接责任人也应适当承担一定损失。

二、赠与合同

（一）赠与合同概述

赠与合同是指赠与人将自己的财产无偿给予受赠人，受赠人表示接受赠与的合同。赠与的财产为赠与物或受赠物。赠与财产应为赠与人合法，并为法律允许其处分的具有财产价值的物、货币、有价证券及财产权。赠与合同是无偿合同、单务合同、诺成合同。

（二）赠与合同的效力

1. 赠与人的义务

赠与人应按约定将赠与物的所有权交付给受赠人。依合同法规定赠与人在赠与财产的权利转移之前可以撤销赠与；但具有救灾、扶贫等社会公益、道德义务性质的赠与合同或者经过公证的赠与合同，不能撤销。因赠与人故意或者重大过失致使赠与的财产毁损、灭失的，赠与人应当承担损害赔偿责任。

2. 受赠人的权利与义务

受赠人有无偿取得赠与物的权利，但赠与合同附义务的，受赠人应当按照约定履行义务。对具有救灾、扶贫等社会公益、道德义务性质的赠与合同或者经过公证的赠与合同，受赠人有请求交付的权利。对附义务的赠与合同，受赠人应在赠与物的价值限度内履行所附义务，受赠人不履行其义务时，赠与人有权请求赠与人履行或撤销其赠与。

（三）赠与合同的撤销

赠与的撤销分为任意撤销与法定撤销。赠与合同成立后，除具有救灾、扶贫等社会公益、道德义务性质的赠与合同或者经过公证的赠与合同外，赠与人在赠与物交付前得任意撤销合同。对于已经履行的赠与合同，受赠人有如下情形的，赠与人也可撤销合同：①严重侵害赠与人或者赠与人的近亲属；②对赠与人有扶养义务而不履行；③不履行赠与合同约定的义务。以上三项撤销权，自知道或者应当知道撤销原因之日起一年内行使有效。④ 因受赠人的违法行为致使赠与人死亡或者丧失民事行为能力的，赠与人的继承人或者法定代理人可以撤销赠与。赠与人的继承人或者法定代理人的撤销权，自知道或者应当知道撤销原因之日起六个月内行使。

三、借款合同

[案例讨论] 公民甲与乙书面约定甲向乙借款5万元，未约定利息，也未约定还款期限。下列说法哪些正确？

（1）借款合同自乙向甲提供借款时生效；

（2）乙有权随时要求甲返还借款；

（3）乙可以要求甲按银行同期同类贷款利率支付利息；

（4）经乙催告，甲仍不还款，乙有权主张逾期利息。

（一）借款合同概述

借款合同，也称借贷合同，是指当事人约定一方将一定种类和数额的货币权转移给他方，他方于一定期间返还同种类同数额货币的合同。其中，提供货币一方称贷款人，受领货币一方称借款人。

借款合同的标的物是金钱，签订借款合同的目的是为了转让货币所有权，但贷款人将借款即货币交给借款人后，货币的所有权移转给了借款人，借款人可以处分所得的货币。借款合同一般为要式合同，应当采用书面形式，但自然人之间的借款合同的形式由当事人自行约定。借款合同既可以是有偿合同，也可以是无偿合同。借款合同中，除自然人之间的借款合同为实践性合同外，均为诺成性合同。

（二）当事人的权利和义务

1. 贷款人的权利、义务

贷款人的主要义务是按照约定的日期、数额提供借款。贷款人未按照约定的日期、数额提供借款，造成借款人损失的，应当赔偿损失。在借款合同中，贷款人不得利用优势地位预先在本金中扣除利息，不得将借款人的营业秘密泄露于第三方。否则，应承担相应的法律责任。

贷款人的权利主要包括：①请求返还本金和利息权；②对借款使用的监督检查权；③停止发放借款；④提前收回借款和解除合同权。借款人未按照约定的借款用途使用借款的，贷款人可以停止发放借款、提前收回借款或者解除合同。

2. 借款人的权利、义务

（1）提供真实情况。订立借款合同，借款人应当按照贷款人的要求提供与借款有关的业务活动和财务状况的真实情况。

（2）按照约定收取和使用借款。借款人未按照约定的日期、数额收取借款的，应当支付逾期利息。合同对借款有约定用途的，借款人须按照约定用途使用借款，接受贷款人的监督检查。

（3）归还借款本金和利息。当借款为无偿时，借款人须归还借款本金，当借款为有偿时，借款人除须归还借款本金外，还必须按约定支付利息。

3. 自然人之间的借款合同的特殊规定

（1）自然人间的借款合同是不要式合同，当事人可自行约定形式；

（2）自然人间的借款未约定利息的，视为无偿借款；

（3）自然人间有偿借款，其利率不得高于法定限制。依相关法律规定，民间借贷的利率可以适当高于银行的利率，但最高不得超过银行同类贷款利率的 4 倍；不允许计复利。

[**案例讨论**] 注意借款合同的特殊性。

四、租赁合同

[**案例讨论**] 甲与乙订立了租期为 35 年的房屋租赁合同。依据《合同法》的规定，该合同中关于租期的约定为（　　）。

A. 20 年以下均有效　　B. 25 年以下均有效

C. 30 年以下均有效　　D. 35 年以下均有效

（一）租赁合同概述

租赁合同是指出租人将租赁物交付承租人使用、收益，承租人支付租金的合同。在当事人中，提供物的使用或收益权的一方为出租人；对租赁物有使用或收益权的一方为承租人。租赁物须为法律允许流通的动产和不动产。在租赁合同中，承租人的目的是取得租赁物的使用收益权，出租人也只转让租赁物的使用收益权，而不转让其所有权。在租赁合同终止时，承租人要返还租赁物。租赁合同是双务、有偿、诺成合同。

（二）租赁合同的内容和形式

租赁合同的内容包括租赁物的名称、数量、用途、租赁期限、租金及支付期限等条款。《合同法》规定，租赁期限6个月以下的，可以由当事人自由选择合同的形式；租赁期限6个月以上的，应当采用书面形式；未采用书面形式的，不论当事人对租赁期限是否做了约定，都视为不定期租赁。

（三）当事人的义务

1. 出租人的主要义务

（1）交付出租物。出租人应按照合同约定的时间和方式交付租赁物。

（2）在租赁期内保持租赁物符合约定用途。租赁合同是继续性合同，在其存续期间，出租人有继续保持租赁物的法定或约定品质的义务，使租赁物合于约定的使用收益状态，若发生品质降低而损害承租人使用收益或其他权利时，则应维护修缮、恢复原状。

（3）当租赁物有瑕疵或存在权利瑕疵使承租人不能依约使用收益时，承租人有权解除合同，承租人因此所受损失，出租人应负赔偿责任，但承租人订约时明知有瑕疵的除外。

2. 承租人的主要义务

（1）支付租金。承租人应当按照约定的期限支付租金，如无正当理由未支付租金或延期支付租金的，出租人可以要求承租人在合理期限内支付。如承租人逾期不支付的，出租人可解除合同。

（2）按约定的方法使用租赁物。承租人应当按照约定的方法使用租赁物。对租赁物的使用方法没有约定或者约定不明确，依照《合同法》第六十一条的规定仍不能确定的，应当按照租赁物的性质使用；承租人按照约定的方法或者租赁物的性质使用租赁物，致使租赁物受到损耗的，不承担损害赔偿责任。承租人未按照约定的方法或者租赁物的性质使用租赁物，致使租赁物受到损失的，出租人可以解除合同并要求赔偿损失。

（3）妥善保管租赁物。承租人应当妥善保管租赁物，因保管不善造成租赁物毁损、灭失的，应当承担损害赔偿责任

（4）不得擅自改善和增设他物。承租人经出租人同意，可以对租赁物进行改善或者增设他物。承租人未经出租人同意，对租赁物进行改善或者增设他物的，出租人可以要求承租人恢复原状或者赔偿损失

（5）返还租赁物。租赁期间届满，承租人应当返还租赁物。返还的租赁物应当符合按照约定或者租赁物的性质使用后的状态。逾期不还，即构成违约，须给付违约金或逾期租金，并须负担逾期中的风险。经出租人同意对租赁物进行改善和增设他物的，承租人可以请求出租人偿还租赁物增值部分的费用。

（四）承租人的转租权

承租人经出租人同意，可以将租赁物转租给第三人。承租人转租的，承租人与出租人之间的租赁合同继续有效，第三人对租赁物造成损失的，承租人应当赔偿损失；承租人未经出租人同意转租的，出租人可以解除合同。

（五）承租人的优先购买权

《合同法》第二百二十九条规定："租赁物在租赁期间发生所有权变动的，不影响租赁合同的效力。"《合同法》第二百三十条规定："出租人出卖租赁房屋的，应当在出卖之前的合理期限内通知承担人，承租人享有以同等条件优先购买的权利。"

［**案例提示**］《合同法》规定租赁合同的租赁期限最长不能超过20年，超过部分无效。

五、运输合同

［**案例讨论**］一辆公共汽车在正常运行时被一辆违章行驶的货车撞上，造成乘客王某受伤，王某的损失应当由谁赔偿？

（1）王某可以要求公交公司全部赔偿；

（2）王某可以要求公交公司和货车车主承担连带责任；

（3）王某可以直接要求货车车主赔偿；

（4）王某可以分别要求公交公司和货车车主全部赔偿。

（一）运输合同概述

运输合同又称为运送合同，是指承运人将旅客或者货物从起运地点运输到约定地点，旅客、托运人或收货人支付票款或运输费用的合同。将旅客货物从起运地点运输到约定地点的一方称为承运人，支付票款或运输费用的一方为旅客、托运人或收货人。运输合同分为客运合同、货运合同和多式联运合同。

运输合同的标的是运送行为，而不是送的货物或旅客本身。运输合同双方当事人的权利和义务均围绕运送行为而产生；运输合同是双务有偿合同，且一般多为格式合同，合同条款由承运人事先拟定，托运人和旅客仅有就此条款同意与否的权利。运输合同的成立，在客运合同可为诺成或实践合同，或依教育习惯确定，但货运合同通常是诺成性合同。若当事人有约定或法律有特殊规定时，货运合同也可为实践合同。

（二）客运合同当事人的义务

客运合同又称为旅客运输合同，是指承运人与旅客签订的由承运人将旅客及其行李运输到目的地而由旅客支付票款的合同。旅客既是合同当事人也是运输对象；客运合同通常采用票证形式，如火车票、飞机票等。客票是客运合同的书面表现形式。

1. 旅客的义务

（1）持有效客运票乘运的义务。旅客应当持有效客运票承运。旅客无票乘运、超程乘运、越级乘运或者持失效客票乘运的，应当补交票款，承运人可以按照规定加收票款。旅客不交付票款的，承运人可以拒绝运输。

（2）限量携带行李的义务。旅客在运输中应当按照约定的限量携带行李。超过限量携带行李的，应当办理托运手续。

（3）不得随身携带或者夹带危险品或其他违禁物品的义务。旅客不得随身携带或者在行李中夹带易燃、易爆、有毒、有腐蚀性、有放射性以及有可能危及运输工具上人身和财产安全的危险物品或者其他违禁物品。

2. 承运人的主要义务

（1）告知义务。承运人应当向旅客及时告知有关不能正常运输的重要事由和安全运输应当注意的事项。

（2）按约定运输义务。承运人应当按照客票载明的时间和班次运输旅客。承运人迟延运输的，应当根据旅客的要求安排改乘其他班次或者退票。承运人擅自变更运输工具而降低服务标准的，应当根据旅客的要求退票或者减收票款；提高服务标准的，不应当加收票款。

（3）救助义务。承运人在运输过程中，应当尽力救助患有急病、分娩、遇险的旅客。

（4）对旅客伤亡的赔偿责任。承运人应当对运输过程中旅客的伤亡承担损害赔偿责任，但伤亡是旅客自身健康原因造成的或者承运人证明伤亡是旅客故意、重大过失造成的除外。该规定适用于按照规定免票、持优待票或者经承运人许可搭乘的无票旅客。

（5）对行李的损害赔偿责任。在运输过程中旅客自带物品毁损、灭失，承运人有过错的，应当承担损害赔偿责任。旅客托运的行李毁损、灭失的，适用货物运输的有关规定

（三）货运合同当事人的主要义务

货运合同是指承运人将托运人交付的货物运输到指定地点，而由托运人支付运费的合同。货运合同依据运输工具的不同，可分为公路货运合同、铁路货运合同、航空货运合同等。

1. 托运人的主要义务

托运人的主要义务包括支付运输费用的义务、准确提供受货人和告知必要情况的义务、按约定或适宜方法保护货物包装的义务、托运危险物品应妥善包装、警示的义务。

2. 承运人的主要义务

（1）运送义务。承运人应按照约定的时间、地点安全无损地将物品运抵目的地。

（2）及时通知收货人的义务。货物运输到达后，承运人知道收货人的，应当及时通知收货人，收货人应当及时提货。收货人逾期提货的，应当向承运人支付保管费等费用。收货人不明或者收货人无正当理由拒绝受领货物的，承运人可以提存货物。

（3）对货物的损害赔偿责任。承运人对运输过程中货物的毁损、灭失承担损害

赔偿责任，但承运人证明货物的毁损、灭失是因不可抗力、货物本身的自然性质或者合理损耗以及托运人、收货人的过错造成的，不承担损害赔偿责任。货物在运输过程中因不可抗力灭失，未收取运费的，承运人不得要求支付运费；已收取运费的，托运人可以要求返还。

（4）多个运送人的连带责任。两个以上承运人以同一运输方式联运的，与托运人订立合同的承运人应当对全程运输承担责任。损失发生在某一运输区段的，与托运人订立合同的承运人和该区段的承运人承担连带责任。

[**案例讨论**] 王某可依合同关系要求公交公司承担违约责任，或选择直接要求货车车主承担侵权之责。但不能同时就同一损失主张两份赔偿。

六、保管合同

（一）保管合同概述

保管合同是指保管人保管寄存人交付的保管物，并返还该物的合同。对他人物品进行保管的人称为保管人，将自己的物品交托保管人的人称为寄存人。保管合同是实际合同，当事人没有特别约定的情况下，保管合同自保管物交付时成立。保管合同可以为无偿合同，也可以为有偿合同。当事人对保管费没有约定或者约定不明确，依照合同法相关规定仍不能确定的，视为无偿保管。

（二）保管合同当事人的义务

1. 保管人的主要义务

（1）保管义务。保管人的首要义务即是保管标的物，其内容包括妥善保管保管物义务、按约定或有利于寄存人利益的保管方式保管物品义务、亲自保管物品义务，未经寄存人同意将保管物转交第三人保管，对保管物造成损失的，应当承担损害赔偿责任。

（2）不得使用保管物。保管人不得使用或者许可第三人使用保管物，但当事人另有约定的除外。

（3）返还保管物。保管期间届满或者寄存人提前领取保管物的，保管人应当将原物及其孳息归还寄存人。

2. 寄存人的主要义务

（1）支付报酬义务。有偿的保管合同，寄存人应当按照约定的期限向保管人支付保管费。

寄存人未按照约定支付保管费以及其他费用的，保管人对保管物享有留置权，但当事人另有约定的除外。

（2）告知义务。寄存人交付的保管物有瑕疵或者按照保管物的性质需要采取特殊保管措施的，寄存人应当将有关情况告知保管人。寄存人未告知，致使保管物受损失的，保管人不承担损害赔偿责任；保管人因此受损失的，除保管人知道或者应当知道并且未采取补救措施的以外，寄存人应当承担损害赔偿责任；寄存人寄存货币、有价证券或者其他贵重物品的，应当向保管人声明，由保管人验收或者封存。寄存人未声明的，该物品毁损、灭失后，保管人可以按照一般物品予以赔偿。

本章思考题

1. 试述合同的概念和法律特征。
2. 试述要约和要约邀请的区分。
3. 试述合同订立的程序。
4. 什么是无效合同、可撤销的合同和效力待定合同?
5. 双务合同的同时履行抗辩权、后履行抗辩权、不安抗辩权的区别。

案例讨论

2015 年 1 月 1 日，甲与乙口头约定，甲承租乙的一套别墅，租期为 5 年，租金一次付清，交付租金后即可入住。洽谈时，乙告诉甲屋顶有漏水现象。为了尽快与女友丙结婚共同生活，甲对此未置可否，付清租金后与丙入住并办理了结婚登记。

入住后不久别墅屋顶果然漏水，甲要求乙进行维修。乙认为在订立合同时已对漏水问题提前做了告知，甲当时并无异议，仍同意承租，故现在乙不应承担维修义务。于是，甲自购了一批瓦片，找到朋友开的丁公司免费维修。丁公司派工人更换了漏水的旧瓦片，同时按照甲的意思对别墅进行了较大装修。更换瓦片大约花了 10 天时间，装修则用了一个月，乙不知情。更换瓦片时，一名工人不慎摔伤，花去医药费数千元。2015 年 6 月，由于新换瓦片质量问题，别墅屋顶出现大面积漏水，造成甲一万余元财产损失。

问题：1. 甲、乙之间租赁合同的期限如何确定？理由是什么？如乙欲解除与甲的租赁合同，应如何行使权利？

2. 别墅维修及费用负担问题应如何处理？理由是什么？

3. 甲和丁之间存有什么法律关系？其内容和适用规则如何？摔伤工人的医药费用、损失应如何处理？理由是什么？

4. 别墅装修问题应如何处理？理由是什么？

5. 甲是否有权请求乙赔偿因 2015 年 6 月屋顶漏水所受损失？理由是什么？

第八章　知识产权法律制度

内容提示

知识产权是物权、债权外的另外一种权利。在现代社会中，知识产权的内容比较广泛，主要的知识产权包括著作权、专利权和商标权。知识产权又是一种法定的权利，权利的主体、客体和内容都有具体的规定。

相关法规

1.《中华人民共和国著作权法》（以下简称《著作权法》）（全国人大常委会，1990 年 9 月 7 日通过，2010 年 2 月 26 日第二次修正，2010 年 4 月 1 日实施）

2.《中华人民共和国著作权法实施条例》（国务院，2002 年 8 月 2 日公布，2002 年 9 月 15 日施行）

3.《中华人民共和国专利法》（以下简称《专利法》）（全国人大常委会，1984 年 3 月 12 日通过，2008 年 12 月 27 日第三次修正，2009 年 10 月 1 日起施行）

4.《中华人民共和国专利法实施细则》（国务院，2001 年 6 月 15 日公布，2003 年 2 月 1 日施行）

5.《中华人民共和国商标法》（以下简称《商标法》）（全国人大常委会，1982 年 8 月 23 日通过，2013 年 8 月 30 日第三次修正，2014 年 5 月 1 日起施行）

6.《中华人民共和国商标法实施条例》（国务院，2002 年 8 月 3 日公布，2002 年 9 月 15 日施行）

第一节　知识产权法概述

一、知识产权的概念与特征

（一）知识产权的概念

知识产权是指智力成果的创造人对所创造的智力成果和工商活动的行为人对所拥有的标记依法所享有的权利的总称，包括人身权利和财产权利。

智力成果是什么？简单地说，智力成果是人类脑力劳动所创造的劳动成果。随着劳动种类的分化，劳动所在的领域也大致有了划分，脑力劳动比较集中在科学、技术、文化等领域。因此，智力成果被认为具体是指人们在科学技术文化等领域中所创造的成果，具体表现为科学技术、发明创造以及文学艺术作品等。

知识是创造性劳动的源泉，智力成果是知识的结晶，但知识与智力成果并不等同。如何认识知识和智力成果之间的关系？应注意以下三个方面：

（1）有知识并非一定会产生智力成果，它需要有创造性劳动做转化媒介；

（2）制定知识产权法律的目的不是单纯地保护知识，而是保护利用知识进行创造性劳动而产生的智力成果及相关的权益，所以智力成果必须具有能够受法律保护的一定形态和要素；

（3）智力成果在享有了法律保护的一定期限后，一般会汇入知识的大洋中，成为人类知识宝库的一部分。

（二）知识产权的特征

（1）知识产权的无形性。知识产权的客体是智力成果或具有财产价值的标记，是一种没有形体的财富。知识产权客体的非物质性，是知识产权的本质属性。这是其与其他有形财产所有权最根本的区别。

（2）知识产权的法定性。知识产权的法定性是指知识产权的范围和产生由法律规定。知识产权的法定性是由无形性决定的，由于其没有形体，其可以同时被多个主体共同占有，很难被拥有者完全控制，因此，知识产权必须通过法律加以确认。

（3）知识产权的专有性。专有性即排他性。知识产权的专有性主要体现在两个方面：一是知识产权为权利人所独占，权利人垄断这种专有权并受到严格保护。没有法律规定或未经权利人许可，任何人不得使用权利人的知识产品。二是对同一项知识产品，不允许有两个或两个以上的主体同时对同一属性的知识产品享有权利。

（4）知识产权的地域性。知识产权作为专有权在空间上的效力并不是无限的，而要受到地域的限制，其效力仅限于本国境内。按照一国法律获得承认和保护的知识产权，只能在该国发生法律效力。

（5）知识产权的时间性。知识产权作为一种民事权利，有时间上的限制，即知识产权只有在法律规定的期限内受到保护，一旦超过法律规定的有效期限，这一权利就自行消灭，而其客体就会成为整个社会的共同财富，为全人类所共同使用。

二、我国的知识产权的分类

我国对知识产权的分类与国际公约的分类有所区别，但大同小异。从我国的现有法律规定来看，知识产权的种类主要有：

（1）商标专用权，由商标法确定；

（2）专利权（三种类型），由专利法确定；

（3）著作权，由著作权法确定；

（4）商业秘密权，由反不正当竞争法确定；

（5）知名商品的特定名称、包装、装潢权等，由反不正当竞争法确定；

（6）其他科技成果权，由相关的科技法确定。

三、我国知识产权立法概况

（一）国内立法

我国十分重视知识产权的立法工作。特别是我国加入 WTO 以后，立法部门根据我国加入 WTO 的有关承诺，对知识产权的有关法律法规以及规章进行了修订和完善。至今为止，我国已经初步建立起了一套完整的知识产权法律制度。

1982 年 8 月全国人大常委会审议通过了《商标法》，该法分别于 1993 年、2001 年、2013 年做了三次次修正；1984 年 3 月全国人大常委会审议通过了《专利法》，该法分别于 1992 年、2000 年、2008 年做了三次修正；1990 年 9 月全国人大常委会审议通过了《著作权法》，该法于 2001 年、2010 年做了两次修正；1993 年 9 月全国人大常委会审议通过了《中华人民共和国反不正当竞争法》。根据上述法律，国家有关立法部门分别制定并修改了相关的实施细则，并颁布了相关配套的条例，如《计算机软件保护条例》（2001 年 12 月）等。

（二）国际立法

我国加入了一系列有关保护知识产权方面的国际公约，如《建立世界知识产权组织公约》《保护工业产权巴黎公约》（以下简称《巴黎公约》）《保护文学艺术作品伯尔尼公约》（以下简称《伯尔尼公约》）《商标国际注册马德里协定》《录音制品公约》《专利合作公约》《世界版权公约》等。我国加入 WTO 之后，也遵守了 WTO 有关知识产权保护的协议。

其中，《巴黎公约》是工业产权国际保护的第一个公约，也是保护工业产权影响最大的国际公约。它的缔结标志着工业产权以及工业产权的保护制度开始走向国际化。

1883 年由法国、比利时、巴西等 11 个国家在巴黎正式召开外交会议，签订了《巴黎公约》，并根据这个公约，成立了“保护工业产权巴黎联盟”（简称巴黎联盟）。《巴黎公约》从1884年7月7日开始生效。我国加入《巴黎公约》的申请经我国第六届全国人大常委会第八次会议进行审议，并于1984年11月14日决定。1985年3月，《巴黎公约》对我国生效。值得注意的是，我国参加《巴黎公约》是有保留声明的，即如果我国对《巴黎公约》在解释问题上或在适用问题上与其他国家发生争议，我国将不按照国际法院规定将争议提交国际法院解决。

《巴黎公约》现行文本共有30条，就其内容可分为三大类，即实质性法律条款、行政性条款和最终条款。在实质性条款中，主要包括工业产权的保护范围，国民待遇原则，优先权原则，专利、商标独立原则，宽限期、取得专利权装置过境问题及临时保护等问题。

第二节　著作权法

一、著作权法概述

（一）著作权的概念及其特征

著作权亦称版权，是指作者及其他著作权人对其创作的文学、艺术和科学作品依法享有的权利。著作权包括人身权和财产权两个方面的内容。

在世界范围内，对著作权有不同的称呼。大陆法系国家一般称为著作权，英美法系国家则多称为版权，法国则称为作者权。我国法律的规定有点特别，《著作权法》第五十一条规定："本法所称的著作权与版权系同义语。"所以，在我国，版权和著作权是可以同时使用的同义语。

（二）著作权法的概念及其基本原则

1. 著作权法的概念

著作权法又称为版权法，是指有关著作权以及相关权益的取得、行使和保护的法律规范的总称，是知识产权法的重要组成部分。著作权法的核心是确认和保护文学艺术和科学技术作品的著作权人的著作权以及与著作权相关联的其他合法权益。

著作权法有广义和狭义的解释。广义的著作权法包括法律制度、单行法规、行政规章、司法解释、司法惯例和法理学说。《伯尔尼公约》等国际公约中所指的著作权法仅指相应的著作权法规。我国著作权法的体系主要包括宪法和基本法中关于著作权的一些原则规定，如单行法规、行政规章、司法解释和司法判例。

著作权法有特定的调整对象。其调整对象是文学、艺术和科学作品的作者、传播者、使用者以及公众，因作品的创作、传播和使用而发生的各种社会关系。具体包括因在著作权的取得、著作权的归属、著作权的行使和著作权的保护等过程中所发生的各种社会关系。

2. 著作权法的基本原则

（1）以鼓励创作、维护作者权益为核心的原则。作者是作品赖以产生的源泉，没有作者便没有作品的创作。因此，对作者权益的保护是著作权法的一项基本原则。

（2）著作权人利益与国家利益、社会公众利益协调一致的原则。作品是作者个人的财富，作者对作品依法享有权利。同时，作品又是一种社会财富，作品的创作和传播与国家利益、社会公众利益有着密切的关系。

（3）符合著作权国际保护基本准则的原则。我国是一个独立主权国家，对作者权利的保护以及对著作权关系的调整应适用我国的著作权法。同时，我国又是国际社会中的一员，在国际交往中应遵循国际著作权保护的共同的基本准则。

二、著作权的主体与归属

［**案例讨论**］魏某生前与何某创作一部《古代汉语学》，并与春江出版社签订了图书出版合同。何某认为这部著作是他和魏某合作的作品，著作权应由他俩共同享有，现在魏某去世，著作权就应该由其一人享有了。于是，他独得了出书的稿酬。魏某的子女得知后，起诉何某侵犯了他们作为魏某的继承人所应享有的著作权。

问：魏某的子女的起诉理由合理吗?

（一）著作权的主体

著作权的主体是指享有著作权的人。根据《著作权法》的规定，著作权的主体可以是公民、法人和其他组织。

著作权主体根据其权利来源的不同，可以分为：

1. 原始著作权主体和派生著作权主体

原始著作权主体是作者，作者是指文学艺术科学作品的创作者。作者必须具备三个条件：①作者是具有创造能力的人；②作者是进行了实际创造活动的人；③作者是完成了作品的人。

对于作者的认定，根据《著作权法》第十一条的规定，如无相反证据，在作品上署名的公民、法人或者其他组织为作者。

《著作权法》第十一条规定，法人或者其他组织视为作者的作品是指由法人或者其他组织主持，代表法人或其他组织意志创作，并由法人或其他组织对作品承担责任的作品。其他组织通常是指没有法人资格但又相对独立存在的创作团体。他们在享有著作权方面的其他条件同法人相同。其他组织如果不存在了，其享有的著作权由接受和承继该组织的法人或组织享有。

派生著作权主体是指通过各种合法途径取得著作权的人。一般取得著作权的途径有继承、赠予、版权交易、国家强制收购以及接受遗赠等。我国著作权法目前确认的有继承、赠予、接受遗赠和转让。

2. 单一主体和非单一主体

这是依据著作权主体的人数来划分的。非单一主体创作的作品称为合著或合作作品。合作作品又可分为可以分割的合著和不可分割的合著。

3. 有行为能力的公民作者和无行为能力的公民作者

关于无行为能力的公民作者的著作权主体要注意的是，著作权主体资格的取得只考虑人的权利能力，而不考虑人的行为能力，但是著作权的行使却要考虑人的行为能力。

4. 外国人、无国籍人在我国如何成为著作权主体

《著作权法》第二条对此做了明确的规定：外国人的作品首先在中国境内发表的，在我国享有著作权。外国人在中国境外发表的作品，根据作者的所属国同中国签订的协议或者共同参加的国际条约享有著作权。未与中国签订协议或者共同参加国际条约的国家的作者以及无国籍人的作品首次在中国参加的国际条约的成员国出版的，或者在成员国和非成员国同时出版的，享有中国著作权法的保护。

[**案例提示**] 本案例涉及合作作品著作权的归属，以及作者死亡后著作权的继承等方面的法律规定。

（二）著作权的归属

[**案例讨论**] 电影《遥望北川》上映后，其中的歌曲很受群众欢迎，于是词作者和曲作者把影片中的所有歌曲录制成磁带出版发行，并获得大量报酬。制片厂得知后认为这些歌曲是电影《遥望北川》中的插曲，而制片厂对该电影享有著作权，未经制片厂允许，词作者和曲作者擅自把其中歌曲录制成磁带发生，并私得报酬，侵犯了制片厂的著作权。而词作者和曲作者认为他们是对自己作品著作权的行使。

问：影片的词作者和曲作者侵犯了制片厂的著作权吗？

根据《著作权法》的规定，除了著作权法另有规定之外，著作权属于作者。这条原则是确定著作权归属的基本原则，但是仅有这条原则，并不能全部确定所有作品的归属。有些作品的创作会有两个以上的创作主体，而有些作品的创作则会涉及不同主体的不同利益，还有一些作品的物权和著作权是可以相分离的，所以法律进一步规定了在涉及上述具体情况时确定著作权的原则。

1. 演绎作品的著作权的归属

根据《著作权法》第十二条的规定，改编、翻译、注释、整理已有作品而产生的作品为演绎作品，其著作权由改编者、注释者、翻译者、注释者以及整理者所有，但这些演绎作品的著作权人在行使著作权时不能侵犯被演绎作品著作权人的权利。

2. 合作作品的著作权的归属

根据《著作权法》第十三条的规定，合作作品的著作权归属于全体合作者。合作作品整体著作权的行使，由全体著作权人协商确定，如果不能达成统一的意见，则共同著作权人不能阻止其他共同著作权人依法正常行使著作权人的行为。

3. 汇编作品的著作权的归属

根据《著作权法》第十四条的规定，汇编若干作品、作品的片段或者不构成作品的数据或者其他材料（如数据库），对其内容的选择或者编排体现独创性的作品

为汇编作品。

上述汇编作品无论是哪种形式，根据法律规定，著作权均归属于汇编者。汇编作品的著作权人在行使著作权时，不得侵犯原作品的著作权（与演绎作品的著作权人行使权利时的规则和程序相同），并且在一般情况下，也不得阻碍他人依法汇编同样的作品而形成不同特点的汇编作品。

4. 电影作品以及类似摄制电影的方法创作的作品的著作权归属

根据《著作权法》第十五条的规定，这类作品的归属有其独特的特点。在这类作品中，著作权的署名权和其他权利是可以由不同的主体来享有的。具体归属如下：

（1）这类作品的导演、编剧、作词、作曲、摄影等作品的创作者享有对其创作部分的署名权，同时还能依据与制片者订立的合同获得报酬。

（2）这类作品著作权的其他人身权和财产权归属于这类作品的制片者所有。

（3）这类作品中的剧本、音乐等可以单独使用的作品的作者有权单独行使其著作权在与制片者订立有相关合同的情况下，作者要依照合同的约定来行使可以独立行使的那部分可以单独使用的著作权。

5. 职务作品的著作权的归属

根据《著作权法》第十六条的规定，职务作品是指公民为完成法人或其他组织的工作任务所创作完成的作品。一般所说的工作任务应当与公民在法人或其他组织中所担任的职务有关。关于职务作品的著作权归属，法律对此有如下规定：

（1）在一般的情况下，职务作品的著作权归属于作者，但作者所在单位有权在其业务范围内优先使用。自该作品完成的两年内，作者未经单位的同意，无权许可第三人以与单位相同的方式使用该作品。

（2）主要是利用单位的物质技术条件创作并由单位承担责任的工程设计图、产品设计图、地图、计算机软件等职务作品，作者享有创作的署名权，著作权的其他权利归属于法人或非法人单位。单位可以但并非必须给予作者以物质鼓励。

（3）法律、行政法规规定或者合同约定著作权有法人或者其他组织享有的职务作品，作者享有作品署名权，著作权的其他权利有法人或其他组织享有。

6. 委托作品的著作权的归属

根据《著作权法》第十七条的规定，委托作品是指接受他人委托而创作完成的作品。其著作权归属有两种不同的情况：

（1）通过委托人和创作者订立的合同约定，可以约定为委托人所有、创作者所有或委托人和创作者共有。

（2）委托人和受托创作者未订立合同，或合同未约定，或合同虽有约定但是不明确的，归属于创作者。

7. 美术作品的著作权的归属

根据《著作权法》第十八条的规定，美术作品的著作权当然属于作者。但是美术作品的著作权和所有权是可以分离的，美术作品的所有权可以依据所有人的意志而转移，并且这种转移不限次数；美术作品的著作权是作品的创作者享有的权利，是不可以随作品的物权转移而随时转移的，否则，作者的权利必然要受到侵害。所以，法律规定，当美术作品的原件所有权转移时，作品的著作权并不视为转移，但是美术作品的原件展览权可以由原件所有人享有。

8. 匿名作品的著作权的归属

匿名作品是指作品的作者隐去姓名即不署名的作品，也指署假名并且不标明真实姓名的作品。从各国的著作权立法来看，各国法律均没有规定作者必须在作品上署真名；相反，是否署名以及是否署真名，被认为是作者的权利。

现行《中华人民共和国著作权法实施条例》第十六条规定：“作者身份不明的作品由作品原件的合法持有人行使除署名权以外的著作权，作者身份确定后由作者或者其继承人行使著作权。”

匿名作品常出现在网络中，其作者往往是匿名的，而提供连接服务或内容服务的网络服务商即被认为是作品原件的合法持有人。

9. 民间文学艺术作品的著作权的归属

一般认为，民间文学艺术作品是指在民间流传的、没有特别具体而明确的作者的作品，包括民间文学和民间艺术。《著作权法》第六条规定为今后的进一步规定做好了铺垫，即“民间文学艺术作品的保护由国务院另行规定著作权保护办法”。

10. 计算机软件作品的著作权的归属

计算机软件作品不受专利法的保护而受著作权法的保护是各国著作权立法的普遍规定，计算机软件作为作品和其他的作品相比有其特殊性，因而在《著作权法》颁布后，国务院又制定了《计算机软件保护条例》，以便更好地确定这类作品的著作权的归属。该条例第十条规定，计算机软件属于软件的开发者所有，其形式又可具体分为合作开发、委托开发、指令开发、职务开发和非职务开发五种情况。

[**案例提示**] 本案例涉及电影作品中各创作部分的著作权的归属等方面的法律规定。

三、著作权的客体

著作权的客体是著作权保护的对象，即作品。

（一）作品的概念

著作权法所称作品的构成要件：

（1）作品必须是一种智力创作成果。作品是自然人智力劳动的结果，是一种创作成果。所谓创作是指直接产生文学、艺术和科学作品的智力活动。为他人创作进行组织工作，提供咨询意见等，均不视为创作。

（2）作品必须具有独创性。《著作权法》上的独创性与专利法上的创造性不同：一是独创性不以新颖性和显著的实质性进步为前提；二是独创性不具有排他性，即如果多位作者同时完成一件相同或类似的作品，只要他们都是作者独自创作完成的，就都享有著作权。

（3）作品必须具有可复制性，即作品能被一定的物质载体所固定并能由一份复制多份。这种复制不改变作品的内容，使作者能获得相应的财产利益和精神利益。

（二）著作权法所保护的作品

根据《著作权法》的规定，作品包括以各种形式创作的文学、艺术和自然科学、社会科学、工程技术等作品。《著作权法》保护的作品主要有：

（1）文字作品。文字作品是指小说、诗词、散文、论文等以文字形式表现的作品。

（2）口述作品。口述作品是指以口头语言创作、未以任何物质载体固定的作品。

（3）音乐、戏剧、曲艺、舞蹈、杂技艺术作品。音乐作品是指交响乐、歌舞等能够演唱或者演奏的带词或者不带词的作品。戏剧作品是指话剧、歌剧、地方戏曲等供舞台演出的作品。曲艺作品是指相声、快书、大鼓、评书等以说唱为主要形式表演的作品。舞蹈作品是指通过连续的动作、姿势、表情表现的作品。杂技艺术作品是指杂技、魔术、马戏等通过形体动作表现的作品。

（4）电影作品。电影作品是指摄制在一定介质上，由一系列有伴音或者无伴音的画面组成，并且借助适当装置放映或者以其他方式传播的作品。

（5）摄影作品。摄影作品是指借助器械，在感光材料上或者其他介质上记录客观物体形象的艺术作品。

（6）美术、建筑作品。美术作品是指绘画、书法、雕塑等以线条、色彩或者其他方式构成的有审美意义的平面或立体的造型艺术作品。建筑作品是指以建筑物或者构筑物形式表现的有审美意义的作品。

（7）工程设计图、产品设计图、地图、示意图等图形作品和模型作品。

（8）计算机软件。计算机软件是指计算机程序及其有关的文档。

（三）不受著作权法保护的对象

根据《著作权法》的规定，不受著作权法保护的对象分为两类：一是不受著作权法保护的作品；二是不适用于著作权法的对象。

（1）不受著作权法保护的作品。这主要是指依法禁止出版、传播的作品，如违背法律，宣传反科学、反人类，危害公共安全，破坏社会善良风俗的反动、淫秽言论等作品。

（2）不适用于著作权法的对象。这主要包括：①法律法规，国家机关的决议、决定、命令和其他具有立法、行政、司法性质的文件，及其官方正式译文；②时事新闻；③历法、通用数表、通用表格和公式。

四、著作权的内容

[案例讨论] 某建筑设计公司工程师张某接受公司指派的任务，为该公司承揽设计的某住宅楼绘制了工程设计图。

问：按照《著作权法》的规定，张某和公司分别享有该工程设计图著作权的哪些权利？

著作权的内容是指著作权人享有的权利和承担的义务。著作权人的权利包括两个方面的内容：著作人的人身权和著作权人的财产权。

(一) 著作权人的人身权

著作人的人身权是指作者基于作品的创作而依法享有的以精神利益为内容的权利。根据《著作权法》的规定，著作人的人身权包括以下内容：①发表权，即决定作品是否公之于众的权利；②署名权，即表明作者身份，在作品上署名的权利；③修改权，即修改或者授权他人修改作品的权利；④保护作品完整权，即保护作品不受歪曲、篡改的权利。

(二) 著作权人的财产权

著作权人的财产权是指著作权人利用其作品依法享有的财产利益方面的权利。根据《著作权法》的规定，著作权人的财产权包括以下内容：①复制权；②发行权；③出租权，计算机软件不是出租的主要标的除外；④展览权；⑤表演权；⑥放映权；⑦广播权；⑧信息网络传播权；⑨摄制权；⑩改编权；⑪翻译权；⑫汇编权；⑬许可他人使用并获得报酬的权利；⑭转让权；⑮应当由著作权人享有的其他权利。

[案例提示] 本案例涉及职务作品著作权的归属以及作者和单位对作品分别享有哪些方面的权利的相关法律规定。

五、著作权的保护期限和限制

[案例讨论] 1982年，画家王某将自己创作的绘画作品赠送给某博物馆，并言明由该馆永久收藏。2002年王某去世。2015年该博物馆将王某赠送的绘画作品汇编成《王某画集》出版发行。王某子女见到此书后，认为自己是父亲绘画作品著作权继承人，博物馆已侵犯了自己的著作权。

问：根据相关法律规定，博物馆是否构成侵权？

(一) 著作权的保护期限

根据《著作权法》的规定，著作权的保护期限具体规定为：

(1) 作者的署名权、修改权、保护作品完整权的保护期不受限制。

(2) 公民的作品，其发表权、著作权中的财产权的保护期为作者终生及其死亡后50年，截止到作者死亡后第50年的12月31日；如果是合作作品，截止到最后死亡的作者死亡后第50年的12月31日。

（3）法人或者其他组织的作品、著作权（署名权除外）由法人或者其他组织享有的职务作品，其发表权、著作权中的财产权的保护期为50年，截止到作品首次发表后第50年的12月31日，但作品自创作完成后50年内未发表的，不再受《著作权法》的保护。

（4）电影作品和以类似摄制电影的方法创作的作品、摄影作品，其发表权、著作权中的财产权的保护期为50年，截止到作品首次发表后第50年的12月31日，但作品自创作完成后50年内未发表的，不再受著作权法的保护。

（二）著作权的限制

著作权的限制主要是针对著作权人所享有的财产权利的限制，著作权人依法享有的人身权利不受任何限制。

根据《著作权法》的规定，著作权的限制主要体现在以下两个方面：

1. 合理使用

这是指在法律规定的情形下，按照法律规定的条件使用他人作品的，可以不经著作权人许可，不向其支付报酬，但应当指明作者姓名、作品名称，并且不得侵犯著作权人依照《著作权法》享有的其他权利。

在下列情形下使用作品，可以不经著作权人许可，不向其支付报酬，但应当指明作者姓名、作品名称，并且不得侵犯著作权人依照著作权法享有的其他权利：①为个人学习、研究或者欣赏，使用他人已经发表的作品；②为介绍、评论某一作品或者说明某一问题，在作品中适当引用他人已经发表的作品；③为报道时事新闻，在报纸、杂志、广播电台、电视台等媒体中不可避免地再现或者引用已经发表的作品；④报纸、杂志、广播电台、电视台等媒体刊登或者播放其他报纸、杂志、广播电台、电视台等媒体已经发表的关于政治、经济、宗教问题的时事性文章，但作者声明不许刊登、播放的除外；⑤报纸、杂志、广播电台、电视台等媒体刊登或者播放在公众集会上发表的讲话，但作者声明不许刊登、播放的除外；⑥为学校课堂教学或者科学研究，翻译或者少量复制已经发表的作品，供教学或者科研人员使用，但不得出版发行；⑦国家机关为执行公务在合理范围内使用已经发表的作品；⑧图书馆、档案馆、纪念馆、博物馆、美术馆等为陈列或者保存版本的需要，复制本馆收藏的作品；⑨免费表演已经发表的作品，该表演未向公众收取费用，也未向表演者支付报酬；⑩对设置或者陈列在室外公共场所的艺术作品进行临摹、绘画、摄影、录像；⑪将中国公民、法人或者其他组织已经发表的以汉语言文字创作的作品翻译成少数民族语言文字作品在国内出版发行；⑫将已经发表的作品改成盲文出版。

以上12种合理使用作品的情形，同样适用于对出版者、表演者、录音录像制作者、广播电台、电视台的权利的限制。

2. 法定许可使用

这是指在法律规定的范围内使用他人的作品，可以不经著作权人的许可，但须向其支付报酬。

法定许可使用的情形主要包括：①为实施九年制义务教育和国家教育规划而编写出版教科书，除作者事先声明不许使用的外，可以不经著作权人许可，在教科书中汇编已经发表的作品片段或者短小的文字作品、音乐作品或者单幅的美术作品、摄影作品，但应当按照规定支付报酬，指明作者姓名、作品名称，并且不得侵犯著作权人依法享有的其他权利。该规定同样适用于对出版者、表演者、录音录像制作者、广播电台、电视台的权利的限制。②作品在报纸、杂志上刊登后，除著作权人声明不得转载、摘编的外，其他报纸、杂志可以转载或者作为文摘、资料刊登，但应当按照规定向著作权人支付报酬。③录音制作者使用他人已经合法录制为录音制品的音乐作品制作录音制品，可以不经著作权人许可，但应当按照规定支付报酬。著作权人声明不许使用的不得使用。④广播电台、电视台播放他人已发表的作品，可以不经著作权人许可，但应当支付报酬。⑤广播电台、电视台播放已经出版的录音制品，可以不经著作权人许可，但应当支付报酬。当事人另有约定的除外。

[案例提示] 本案例涉及作品所有权合法转移后，作品在使用过程中，对作者著作权的尊重和保护等相关法律规定。

六、著作权的许可使用和转让

[案例讨论] 2008年，常某以亲自经历的四川汶川地震为蓝本，创作了中篇小说《生命的执着》，准备由《人生》杂志分六期全文登载，不久常某病逝。

问：此书著作权中的哪些权利可由常某继承人享有？

（一）著作权的许可使用

著作权的许可使用是指著作权人许可作品使用人在一定期间、一定范围内以一定方式使用其作品的行为。在我国，根据法律的规定，著作权的许可使用一般是通过订立许可使用合同来实现的，法律规定可以不经许可的除外。

许可使用合同主要有专有、普通、从属许可合同。一般包括下列主要内容：①许可使用的权利种类；②许可使用的权利是专有使用权或者非专有使用权；③许可使用的地域范围、期间；④付酬标准和办法；⑤违约责任；⑥双方认为需要约定的其他内容。

著作权许可使用合同中著作权人未明确许可的权利，未经著作权人同意，另一方当事人不得行使。

（二）著作权的转让

著作权的转让是指通过版权交易的方式，将著作权的全部权利一次性的有偿交割。受让者的地位有点类似于物质财产交易中的买方，著作权人则类似于卖方。合同签订并有效成立后，受让方成为著作权人，而原著作权人则不再享有著作权的经济权利。

[案例提示] 本案例涉及著作权人的继承人可以继承著作权中哪些权利，实际上也就是著作权中的哪些权利属于作者专有，哪些权利可以被转移的问题。

七、邻接权

邻接权也称为著作邻接权和作品传播权，是指作品的传播者在传播作品的过程中，对传播付出了创造性的劳动或投入了资金后而应享有的权利。

邻接权和著作权是既有联系又有区别的两种权利。它们的共同点是：同属于知识产权的领域，具有知识产权的共同特点，它们的获得和行使与作品有关；它们的区别点在于：

（1）两者的主体不同。著作权的主体首先是作者，其次是作者权利的继受者。邻接权的主体是作品的传播者，它们通常和原作品的创作过程无关，但和作品使用权的行使有关。

（2）两种权利保护的对象不同。著作权保护的主要是原作品以及围绕原作品而产生的权利，即保护著作权“原权”。而邻接权保护的是在著作权行使过程中出现的权利。前者是保护作者和其继受者的权利，后者则是保护传播者的权利。

（3）两种权利取得的前提不同。作品只要符合法定的条件，在大多数国家，作者就能获得著作权。而邻接权的取得则必须以著作权人的授权以及对作品的使用为前提条件，但也包括了小部分的法定许可使用的情况。

（4）两种权利的范围不同。著作权的主体可以享有著作权的所有权利并且行使这些权利。但是邻接权的主体只能享有与制作、播放节目等有关的权利，传播者只能享有和自己的传播方式有关的权利。

根据《著作权法》的规定，邻接权主要包括：①出版者对其出版的图书和报纸、杂志享有的权利；②表演者对其表演享有的权利；③录音录像制作者对其制作的录音录像制品享有的权利；④广播电台、电视台对其制作的广播、电视节目享有的权利。

八、著作权的保护

（一）著作权的侵权行为

所谓著作权的侵权行为，是指未经著作权人的许可，又无法律上的根据，行使了应由著作权人行使的权利。著作权的侵权行为主要表现为：① 非经著作权人的许可，发表其作品的行为；②未经合作作者的许可，将与他人合作创作的作品当作自己单独创作的作品发表的行为；③没有参加创作，为谋取个人名利，在他人的作品上署名的行为；④歪曲、篡改他人作品的行为；⑤剽窃、抄袭他人作品的行为；⑥未经著作权人的许可，以展览、摄制成影视、录像作品，或者是以改编、翻译、注释、编辑等方式使用作品的行为；⑦使用他人作品，未按规定支付报酬的行为；⑧未经电影作品和以类似摄制电影的方法创作的作品、计算机软件、录音录像制品的著作权人或者与著作权有关的权利人许可，出租其作品或者录音录像制品的行为；

⑨未经出版者的许可，使用其出版的图书、期刊的版式设计的行为；⑩未经表演者的许可，从现场直播其表演的行为；⑪其他侵犯著作权以及与著作权有关权利的行为。

（二）著作权侵权行为的法律责任

著作权侵权行为的法律责任包括：民事责任、行政责任和刑事责任。

（1）民事责任。民事责任主要包括：停止侵害、消除影响、赔礼道歉、赔偿损失等。其中，根据《著作权法》的规定，侵犯著作权或者与著作权有关的权利的，侵权人应当按照权利人的实际损失给予赔偿。实际损失难以计算的，可以按照侵权人的违法所得给予赔偿。

（2）行政责任。行政责任主要包括：责令停止侵权行为，没收违法所得，没收、销毁侵权复制品，并可处以罚款；情节严重的，可以没收主要用于制作侵权复制品的材料、工具、设备等。

（3）刑事责任。刑事责任包括：侵犯著作权罪、销售侵权复制品罪。《中华人民共和国刑法》（以下简称《刑法》）第二百一十七条规定，以盈利为目的，有下列侵犯著作权情形之一，违法数额较大或者有其他严重情节的，处三年以下有期徒刑或者拘役，并处或者单处罚金；违法所得数额巨大或者有其他特别严重情节的，处三年以上七年以下有期徒刑，并处罚金：①未经著作权人许可，复制发行其文字作品、音乐、电影、电视录像制品、计算机软件及其他作品的；②出版他人享有专有出版权的图书的；③未经录音录像制作者许可，复制发行其制作的录音录像的；④制作、出售假冒他人署名的美术作品的。《刑法》第二百一十八条规定，以盈利为目的，销售明知是侵权复制品，违法所得数额巨大的，处三年以下有期徒刑或者拘役，并处或者单处罚金。

第三节　专利法

一、专利和专利法

（一）专利的概念

专利的含义包括以下几个方面：

（1）专利权。专利权是指由国家专利主管机关依法授予专利申请人或其权利继承人在规定的时间内对其发明创造所拥有的专有权利。专利权不是在完成发明创造时自动产生的，而是需要有人提出申请，经过一系列法律程序以后，由国家的专利主管机关依法授予的。

（2）获得专利法保护的发明创造。对于已获得专利法保护的具体的发明创造可以直接称为专利产品、专利方法、专利设计。

（3）以专利说明书为主要内容的专利文献资料。

（二）专利法

专利法是指调整因发明创造者、发明所有者和发明使用者之间对发明创造的所有、使用、保护而发生的各种社会关系、促进社会科学技术和经济发展的法律规范之一。专利法所调整的发明创造仅仅是申请专利并获专利法保护（享有专利权）的那部分。

1. 专利法的内容

专利法的主要内容包括专利申请权和专利权归属的原则、授予专利权的条件、专利的申请和审批程序、专利权人的权利和义务、专利权的期限和无效、专利的实施许可和专利权的保护等。

2. 专利法的调整对象

专利法的调整对象是指因发明创造的开发、实施及其保护等发生的各种社会关系。具体包括以下内容：

（1）因确认发明创造的归属而发生的社会关系。发明创造专利申请权的归属，直接关系到专利权的归属，因此，对专利申请权的确认是一个重要而复杂的法律问题。一般情况下，只有享有专利申请权的公民、法人或者其他组织，才能就其发明创造申请专利，从而获得专利权。

（2）因授予发明创造专利权而发生的社会关系。一项发明创造能否获得专利权以及如何取得专利权，涉及许多方面的关系。如发明人或设计人与专利申请人之间的关系、专利申请人与专利行政部门之间的关系、专利申请人与公众之间的关系等，都属于专利法的调整范围。

（3）因发明创造专利的实施、转让或者许可实施而发生的社会关系。一项发明创造被批准为专利并产生专利权后，专利权人总希望通过各种途径将其专利付诸实施或者进行转让，使之转化为生产力，并获得利润，由此而产生的社会关系，属于专利法调整的对象

（4）因发明创造专利权的保护而发生的社会关系。专利权人对其专利依法享有独占权。一旦发生侵权行为，便在专利权人与侵权行为人之间、专利权人与专利行政部门或者人民法院之间发生各种社会关系，这些社会关系也是专利法的调整对象。

（三）专利制度

专利制度是国际上通行的一种利用法律和经济手段推动技术进步的管理制度，专利制度的基本内容是依据专利法，对申请专利的发明，经过审查和批准授予专利权，同时把申请的发明内容公诸于世，以便进行发明创造、信息交流和有偿转让。

专利制度的内容可归纳为四个部分，即法律保护、科学审查、公开通报以及国际交流。

二、专利权的主体

专利权的主体是指申请并获得专利权以及承担相应义务的人，包括自然人和法人。在专利申请到授予专利权整个阶段，专利权主体的概念实际上涉及专利申请人和专利权人两个不同的法律概念。专利申请人是指在专利申请和审查阶段中享受权利并承担义务的人。根据《专利法》的规定，专利权主体包括：

（一）发明人或者设计人

《专利法》所称发明人或者设计人，是指对发明创造的实质性特点做出创造性贡献的人。在完成发明创造过程中，只负责组织工作的人、为物质技术条件的利用提供方便的人或者从事其他辅助工作的人，不是发明人或者设计人。

发明人或者设计人一般具有以下特征：

（1）发明人或者设计人为自然人。发明创造是人类脑力劳动的成果，是智慧的结晶，发明创造必须依靠人的大脑才能得以完成，因此，发明人或者设计人只能是自然人。

（2）发明人或者设计人的认定不受其民事行为能力的限制。发明创造行为是一种事实行为，不是法律行为。

（3）发明人或者设计人必须是对发明创造的实质性特点做出创造性贡献的人。发明人或者设计人必须参与了发明创造活动，存在现实的智力投入，且其智力投入对发明创造的创造性的实质特点的获得起了不可或缺的作用。在完成发明创造过程中，只负责组织工作的人、为物质技术条件的利用提供方便的人或者从事其他辅助工作的人，都不应被认定为发明人或者设计人。

（二）职务发明创造的单位

职务发明创造是指发明人或者设计人执行本单位的任务，或者主要是利用本单位的物质技术条件所完成的发明创造。凡是不能被证明为职务发明创造的，为非职务发明创造。

根据《专利法》及其实施细则的规定，发明人或者设计人做出的发明创造，凡符合下列条件之一的，均属于职务发明创造。

（1）在本职工作中做出的发明创造。这里所称本职工作，是指发明人或者设计人的职务范围，即工作责任的范围，而不是指单位的业务范围，也不是指个人所学专业的业务范围。

（2）履行本单位交付的本职工作之外的任务所做出的发明创造。这里所称本单位交付的任务，是指本职工作之外的任务，主要是工作人员根据单位领导的要求承担的短期或临时的任务，属于领导一般性的同意或赞成不能作为本单位交付的任务。

（3）主要利用本单位的物质技术条件完成的发明创造。这里所称本单位的物质技术条件，是指本单位的资金、设备、零部件、原材料或者不对外公开的技术资料等。

(4) 退职、退休或者调动工作后一年内做出的，与其在原单位承担的本职工作或者原单位分配的任务有关的发明创造。

应当指出，判断一个发明创造是否属于职务发明，不取决于发明创造是在单位以内还是在单位以外做出的，是领导分配的任务还是自行安排的任务，发明人是在8小时以内还是8小时以外完成的，是在本职单位还是在兼职单位完成的。只要是属于职务身份、下达任务、岗位职责有关上述情况之一的，都是职务发明。

对于职务发明创造，申请专利的权利属于该单位，申请被批准后，该单位为专利权人。对于非职务发明创造，申请专利的权利属于发明人或者设计人，申请被批准后，该发明人或者设计人为专利权人。利用本单位的物质技术条件所完成的发明创造，单位与发明人或者设计人订有合同，对申请专利的权利和专利权的归属做出约定的，从其约定。

(三) 外国人、外国企业或者外国其他组织

外国人、外国企业或者外国其他组织在我国申请和取得专利权，依照有关规定，应按照以下情况办理：

(1) 在中国有经常居所或者营业所的外国人、外国企业或者外国其他组织在中国申请专利的，根据《巴黎公约》的规定和国际惯例，其享有与我国国民同等的待遇。

(2) 在中国没有经常居所或者营业所的外国人、外国企业或者外国其他组织在中国申请专利的，依照其所属国同中国签订的协议或者共同参加的国际条约，或者依照互惠原则，根据专利法的规定处理。

(3) 在中国没有经常居所或者营业所的外国人、外国企业或者外国其他组织在中国申请专利和办理其他专利事务的，应当委托国务院专利管理机关指定的专利代理机构办理。

三、专利权的客体

专利权的客体是指专利法保护的具体对象，即授予专利权的具体的发明创造。根据我国专利法的规定，专利法所指的发明创造是指发明、实用新型和外观设计。

(一) 发明

1. 发明的概念及特征

发明是指对产品、方法或者其改进所提出的新的技术方案。作为技术范畴的概念，发明一般是指前所未有的成果。然而，作为法律范畴的概念，发明比一般技术范畴的概念的发明在定义上要严格得多。

发明具有如下两个特征：

(1) 发现是对自然规律、客观事实的认识。发明则是在利用自然规律的基础上

进行的一种创造。发明与发现不同，发现是对自然规律本身的新的认识，并不是利用，因此发现不能称为发明。

（2）发明是具体的技术方案。发明应能够解决特定的技术难题，产生一定的技术效果，具有一定的实用性。

2. 发明的分类

发明一般分为产品发明和方法发明两类。产品发明是指人们通过研究开发出来的关于各种新产品、新材料、新物质等的技术方案。方法发明是指人们为制造产品或者解决某个技术课题而研究开发出来的操作方法、制造方法以及工艺流程等技术方案。

专利法保护的发明并不是物化形态本身，而是关于物化形态的技术思想，即技术方案。它是一种处于技术思想阶段的产物，而不是已经必须被生产制造出来的物品。当然，尽管技术方案不需要达到直接应用于工业的程度，但至少要具备将来有实现的可能性，如果不能满足这一条件，就不能称为专利法上的发明。

（二）实用新型

1. 实用新型的概念及特征

实用新型是指对产品的形状、构造或者其结合所提出的适于实用的新的技术方案。

实用新型具有如下特征：

（1）实用新型是一种新的技术方案。实用新型实质上既是一种技术方案，也是发明的一部分。

（2）实用新型仅限于产品，不包括方法。

（3）实用新型要求产品必须是具有固定的形状、构造的产品。气态、液态、凝胶状或颗粒粉末状的物质或者材料，不属于实用新型的产品范围。

2. 实用新型与发明的区别

实用新型与发明虽然同属于专利法保护的发明创造，但两者也存在许多区别：

（1）两者保护的范围不同。发明专利保护的范围宽于实用新型专利。发明既可以是产品，也可以是方法；而实用新型仅限于产品。发明的产品没有任何特殊要求；而实用新型的产品要求具有固定的形状或构造。

（2）两者对创造性要求不同。发明专利要求的创造性高于实用新型专利。《专利法》规定，发明专利的创造性是指与现有技术相比，具有突出的实质性特点和显著的进步；实用新型专利的创造性是指与现有技术相比，具有实质性的特点和进步。

（3）两者的审查程序不同。发明专利既要对发明专利申请进行形式审查，还要对发明专利的内容进行实质审查；而实用新型专利采用形式审查制度，即只审查形式内容而不审查实质内容。

（4）两者的保护期限不同。《专利法》规定，发明专利权的保护期限为 20 年；而实用新型专利的保护期限为 10 年。

（三）外观设计

外观设计是指对产品的形状、图案、色彩或者其结合做出的具有美感并适用于工业上应用的新设计。

外观设计具有如下特征：

（1）外观设计必须与产品相结合。外观设计必须以产品的外表为依托，构成产品与设计的组合。

（2）外观设计必须能够用于生产经营目的的制造或生产。如果设计不能用工业的方法复制出来，或者达不到批量生产的要求，就不是专利法意义上的外观设计。

（3）外观设计富有美感。外观设计包含的是美术思想，即解决产品的视觉效果问题而不是技术思想。

四、专利权的授予

[**案例讨论**] 赵某在教书之余，经过几年反复研究试验，制成了人造大理石，掌握了其配方和制造的程序。试制品经过有关部门试验和鉴定，其耐腐蚀性、硬度，都完全符合要求。

问：赵某想申请专利，应怎样办理?

（一）授予专利权的条件

1. 形式条件

所谓形式条件是指专利主管机关对专利申请进行初步审查、实质审查以及授予专利权所必需的文件格式和应履行的必要手续。

2. 实质条件

（1）授予专利权的发明和实用新型应当符合的条件

《专利法》规定，授予专利权的发明和实用新型，应当具备新颖性、创造性和实用性。

①新颖性。新颖性是指在申请日以前没有同样的发明或者实用新型在国内外出版物上公开发表过、在国内公开使用过或者以其他方式为公众所知，也没有同样的发明或者实用新型由他人向国务院专利行政部门提出过申请并且记载在申请日以后公布的专利申请文件中。

是否具有新颖性的判断标准如下：

第一，公开的方式。公开的方式目前有三种：一是出版物公开或书面公开；二是使用公开。使用公开是指由于使用将发明或实用新型的技术内容公开，公众可以从技术的应用中得知其技术内容；三是其他方式的公开，包括口头公开、广播公开等。但如果是以其他方式公开，要求公开的内容完整、清楚，公众能够根据其公开的内容实现发明或实用新型。

第二，公开的地域标准。公开的地域标准目前有三种：一是世界性标准，即凡是在世界任何一个地方公开过的技术，都不具备新颖性。二是本国标准，即凡是在本国公开过的技术，都不具备新颖性。三是混合标准，即关于出版物的公开采用世界性的标准，而其他方式的公开采用本国标准。从《专利法》的规定看，我国采用的是混合标准。

第三，公开的时间标准。目前公开的时间标准有两种：一是以发明日为标准；二是以申请日为标准，即发明创造在申请日时是新的便具有新颖性。从《专利法》的规定看，我国采取的是申请日的时间标准，即以国务院专利行政部门收到专利申请文件之日为申请日。

丧失新颖性也有例外情况。《专利法》规定，申请专利的发明创造在申请日以前六个月内，有下列情形之一的，不丧失新颖性：一是在中国政府主办或者承认的国际展览会上首次展出的；二是在规定的学术会议或者技术会议上首次发表的；三是他人未经申请人同意泄露其内容的。

②创造性。创造性是指同申请日以前已有的技术相比，该发明有突出的实质性特点和显著的进步，该实用新型有实质性特点和进步。创造性的衡量标准可以从该发明或者实用新型是否存在“实质性特点”和“进步”而得到判断。

所谓实质性特点是指发明创造具有一个或几个技术特征，与现有技术相比有本质的区别。因此，凡是发明创造所属技术领域的普通技术人员都不能直接从现有技术中得出构成该发明创造的全部必要技术特征的，都应认为具有实质性特点。在评定一项发明创造具有实质性特点时，不仅要考虑技术方案本身的内容，还要考虑它的目的和效果，并把它们作为一个整体来理解。

所谓进步是指与现有技术相比有所发展和前进，如克服了现有技术存在的缺点和不足，或者具有新的优点或效果，或者代表了某种新的技术趋势。

③实用性。实用性是指该发明或者实用新型能够制造或者使用，并且能够产生积极效果。

实用性具体表现为：一是具有可实施性，即发明创造必须能够解决技术问题，并且能够在产业中应用，能够制造或者使用；二是具有再现性，即所属技术领域的技术人员根据公开的技术内容，能够重复实施专利申请中为解决技术问题所采用的技术方案；三是具有有益性，即发明创造能够在经济、技术和社会等领域产生积极和有益的效果。

（2）授予专利权的外观设计应当符合的条件

《专利法》规定，授予专利权的外观设计，应当同申请日以前在国内外出版物上公开发表过或者国内公开使用过的外观设计不相同和不相近似，并不得与他人先取得的合法权利相冲突。

对于外观设计授予专利权的条件更多地体现在与同类产品的比较上是否具有新颖性。根据我国法律的规定，外观设计的新颖性在判断标准上与发明、实用新型的新颖性基本相同。

（二）不授予专利权的对象

《专利法》规定，对下列各项不授予专利权：

（1）科学发现。科学发现是指人们通过自己的智力活动对客观世界已经存在的但未被揭示出来的规律、性质和现象等的认识。与发明创造相比，两者存在本质区别，科学发现是指对前所未知的自然规律的认识，而发明创造则是前所未有的东西。

（2）智力活动的规则和方法。智力活动的规则和方法是指人们进行推理、分析、判断、记忆等思维活动的规则和方法，如体育竞赛规则、游戏规则、计算方法、生产管理方法等。虽然智力活动的规则和方法本身不能被授予专利权，但进行智力活动的设备、装置或者根据智力活动的规则和方法而设计制造的仪器、用具等，如果具备专利条件，可以被授予专利权。

（3）疾病的诊断和治疗方法。由于疾病的诊断和治疗方法不能用工业的方法制造和使用，因此不适用于专利法保护。但是对于血液、毛发、尿样等脱离了人体的物质的化验方法则不属于疾病的诊断和治疗方法，因此如果具备专利条件，可以授予专利权。另外，对于用于诊断或者治疗疾病的仪器、设备或者器械等，如果具备专利条件，可以被授予专利权。

（4）动物和植物品种，不包括动物和植物品种的生产方法。动物和植物品种分为天然生长和人工培养两种。天然生长的动植物品种不是人类智力活动的发明创造，因此不能被授予专利权。人类培养的动植物品种，虽然是人类智力活动的成果，但其不是用工业的方法进行制造、生产出来的，而是通过动植物母体培养出来的，有其自身的发生和成长规律，套用产品发明的模式保护不太合适，因此我国专利法明确对动植物品种不授予专利权。但是对动植物品种的生产方法，可以依照专利法的规定授予专利权。

（5）用原子核变换方法获得的物质。原子核变换方法获得的物质，关系国防和国家重大利益，也涉及科研和公共生活的各个方面，不宜为人垄断，因此不授予专利权。

此外，《专利法》还规定，对违反国家法律、社会公德或者妨害公共利益的发明创造，不授予专利权，如专用于伪造货币的方法或者工具等。妨害公共利益是指发明创造的使用会影响国家和公众的利益。例如，有人发明了一种汽车防盗器，该装置使用催泪或催眠的气体，以使盗车者实施盗窃行为时发生昏迷，或驾车时丧失对汽车的控制能力。这种装置就有可能妨害公共利益，不能授予专利权。

［**案例提示**］本案例涉及专利权的申请和审批的相关法律规定。

五、专利权的内容、行使和限制

［**案例讨论**］某丙在中国专利局的公报上看到“120 照相机全卷 135 组件”已被授予专利权，他仿照专利说明做出了该组件，并用在自己的 120 照相机上，拍了一

些生活照。

问：这是侵权行为吗？

（一）专利权的内容

专利权的内容包括专利权人的权利和义务。

1. 专利权人的权利

所谓专利权人的权利，是指专利权人在专利授权后依法享有的权利的总称。根据我国专利法的规定，专利权人所享有的独占权包括以下内容：

（1）禁止他人实施其专利的权利。《专利法》第十一条规定，任何单位和个人未经专利权人的许可，都不得为生产经营目的实施其专利。这里所说的实施，对于发明或者实用新型产品专利而言，是指制造、使用、销售或者为了制造、使用、销售的用途而进口该专利产品；对于发明方法专利而言，是指使用该专利方法以及使用、销售或者为了使用、销售的用途而进口依照该专利方法直接获得的产品；对于外观设计专利而言，是指制造、销售或者为了制造、销售的用途而进口该外观设计专利产品。

（2）禁止他人制造专利产品。所谓制造专利产品是指将专利文件中所描述的产品在实践中加以实现。任何单位或个人只要是未经专利权人许可制造了专利产品，就构成制造产品的侵权行为，其不论采用了什么样的生产方法、生产规模的大小和制造数量的多少，也不论制造行为发生在国内的什么地方。

（3）禁止他人使用专利产品。所谓使用专利产品是指专利产品按照其用途得到了应用。不论在产品的哪种用途上使用，也不论是一次使用还是连续反复使用，只要是未经专利权人许可，使用了专利产品就构成使用产品的侵权行为。

（4）禁止他人销售专利产品。所谓销售专利产品是指将专利产品在市场上进行买卖。只要是未经专利权人许可销售了专利产品，就构成销售产品的侵权行为。实际上的销售行为还包括买卖之前的要约以及为提供销售而进行的储存行为。

（5）禁止他人进口专利产品。所谓进口专利产品是指将专利产品或者包含专利产品的物品从外国运进国内的行为。只要是未经专利权人许可而进口，就构成进口专利产品的侵权行为。

（6）禁止他人使用专利方法。所谓使用专利方法是指为达到该方法发明的本来目的或效果而使用。任何单位或个人未经专利权人许可使用了该方法，就构成使用专利方法的侵权行为。

（7）禁止他人使用、销售、进口依专利方法直接获得的产品。当专利方法是一种制造产品的方法时，不仅使用该方法制造该产品本身是受保护的行为，而且使用、销售、进口依该专利方法直接获得的产品也是受保护的行为。有关使用、销售和进口专利产品的原则也适用于使用、销售、进口依专利方法直接获得的产品。

（8）许可他人实施其专利的权利。许可实施专利是要式法律行为，专利权人作为许可方要与被许可方签订实施许可协议，并且双方订立的协议要到专利主管机关备案。

（9）转让其专利权的权利。根据《专利法》第十条的规定，专利权可以转让。转让是专利权人处分专利权的一种方式。

（10）使用专利标记的权利。根据《专利法》第十七条的规定，专利权人有权在其专利产品或者该产品的包装上标明专利标识。标明专利标记和专利号有三个方面的作用：一是宣告发明创造已经取得专利保护，阻止他人仿造；二是为制造和出售的专利发明创造产品做广告宣传，提高其声誉，使消费者信赖产品的质量；三是可以在一定程度上将其专利发明创造产品区别于其他的同类产品，使自己的产品在市场上更具有竞争力。

2. 专利权人的义务

（1）缴纳专利年费。专利年费是指法律规定的、为维护专利权的有效性，由专利权人每年向国家专利主管机关缴纳的费用。

（2）正确行使专利权，不滥用专利权。正确行使专利权，不滥用专利权是指专利权人应当在法定的范围内行使自己的权利，不能损害他人的知识产权和其他合法权利，如标记权的行使，专利权人既有使用标记权的权利，也要承担真实坦白、不弄虚作假的义务。

（二）专利权的行使

1. 专利的实施许可

专利权人获得经济和社会效益的主要途径就是实施其专利，专利权人可以自己实施专利技术，也可以授权别人去实施专利技术。从我国的实际情况来看，大多数的非职务发明创造得以实施的主要途径是授权许可他人去实施，一旦专利权人做出了这样的授权，专利技术的使用权便会从专利权人转移到受让人手里。专利实施许可合同主要有普通许可合同、排他许可合同、独占许可合同等。

2. 专利权的转让

专利权的转让是指专利权人将自己拥有的专利通过市场交易的方式有偿地转移给受让方。专利权转让生效后，转让方将不再享有专利权，受让方成为新的专利权人，享有原专利权人享有的专利权的一切财产权利。专利权的人身权利不能转让。

转让专利权，出让人与受让人必须订立书面合同，经专利主管机关登记和公告后生效。登记和公告是对专利权转让合同的强制规定，也就是说，登记和公告是专利权转让合同生效的必要条件之一。

（三）专利权的限制

1. 专利实施的强制许可制度对专利权的限制

所谓的专利实施的强制许可，是指国家的专利主管机关在一定的条件下，有权不经专利权人的同意，通过行政程序允许第三方（申请许可使用的人）使用专利权人的专利的一种措施。强制许可是相对自愿许可而言的，它们的区别在于：自愿许可完全基于专利权人的意志；而强制许可则可能是违背专利权人的意志的，是基于国家利益为出发点，依据行政强制程序而产生的许可。从这点上讲，专利的强制许可实际上也是对专利权人权利的一种限制。

我国的强制许可制度依据不同的许可对象有不同的分类，大致可以分为三大类。第一类，对不实施自己专利又无正当理由不允许别人实施专利的强制许可；第二类，依据国家利益为出发点的强制许可；第三类，对从属专利的强制许可。

2. 对专利权的其他限制

根据权利和义务相一致的原则，权利不会总是无限度的，专利权亦是如此。尤其是专利权的独占垄断相对于公众权利的限制，是不可滥用的。所以，我国专利法和世界上大多数国家的法律一样，对专利权人的权利也做了一些限制。除了专利强制实施许可外，这些限制还体现在以下几个方面：①专利权用尽后，他人可以使用或销售专利产品或专利方法；②善意的使用或者销售；③先用权制度对专利权的限制；④在外国运输工具上的使用；⑤非为生产经营目的的利用。

[案例提示] 本案例涉及专利权人的权利、对专利权的限制合理使用以及专利权侵权等相关方面的法律规定。

六、专利权的取得、终止和无效

[案例讨论] 甲于今年初申请了一项节能开关发明专利，许多单位与甲谈判，要求进行技术转让。甲很愿意将他的发明尽快转让出去，但又听说专利申请还未公布就转让将得不到法律保护，容易被人仿制。是这样吗？

（一）专利权的取得

1. 专利的申请

（1）专利申请的原则

专利申请应当遵循下列原则：

①先申请原则。先申请原则是指在两个以上的申请人分别就同样的发明创造申请专利的情况下，对先提出申请的申请人授予专利权。先申请的判断标准是专利申请日。如果两个以上申请人在同一日分别就同样的发明创造申请专利的，应当在收到专利行政管理部门的通知后自行协商确定申请人。

②单一性原则。单一性原则是指一份专利申请文件只能就一项发明创造提出专利申请，即“一项申请一项发明”原则。属于一个总的发明构思的两项以上的发明或者是实用新型，可以作为一件申请提出。可以作为一件专利申请提出的属于一个总的发明构思的两项以上的发明或者实用新型，应当在技术上相互关联，包含了一个或者多个相同或者相应的特定技术特征。其中，特定技术特征是指每一项发明或者实用新型作为整体考虑，对现有技术做出贡献的技术特征。就外观设计的专利申请而言，一件外观设计专利申请应当限于一种产品所使用的一项外观设计。用于同一类别并且成套出售或者使用的产品的两项以上的外观设计，可以作为一件申请

提出。

③优先权原则。优先权原则是指将专利申请人首次提出专利申请的日期，视为后来一定期限内专利申请人就相同主题在他国或本国提出专利申请的日期。专利申请人依法享有的这种权利被称为优先权，享有优先权的首次申请日被称为优先权日。

优先权包括外国优先权和本国优先权。外国优先权是指申请人自发明或者实用新型在外国第一次提出专利申请之日起 12 个月内，或者自外观设计在外国第一次提出专利申请之日起 6 个月内，又在中国就相同主题提出专利申请的，依照该外国同中国签订的协议或者共同参加的国际条约，或者依照相互承认优先权的原则，可以享有优先权。本国优先权是指申请人自发明或者实用新型在中国第一次提出专利申请之日起 12 个月内，又向国务院专利行政部门就相同主题提出专利申请的，可以享有优先权。申请人要求优先权的，应当在申请的时候提出书面声明，并且在 3 个月内提交第一次提出的专利申请文件的副本。

（2）专利申请的提出、修改和撤回

①专利申请的提出。专利权不能自动取得，申请人必须履行专利法规定的专利申请手续，向国务院专利行政部门提交必要的申请文件。

根据《专利法》的规定，申请发明或者实用新型专利的，应当提交请求书、说明书及其摘要和权利要求书等文件。请求书应当写明发明或者实用新型的名称，发明人或者设计人的姓名，申请人姓名或者名称、地址，以及其他事项。说明书应当对发明或者实用新型做出清楚、完整的说明，以所属技术领域的技术人员能够实现为准，必要的时候，应当有附图。摘要应当简要说明发明或者实用新型的技术要点。权利要求书应当以说明书为依据，说明要求专利保护的范围。申请外观设计专利的，应当提交请求书以及该外观设计的图片或者照片等文件，并且应当写明使用该外观设计的产品及其所属的类别。

国务院专利行政部门收到专利申请文件之日为申请日。如果申请文件是邮寄的，以寄出的邮戳日为申请日。

②专利申请的修改。专利申请的修改可以由申请人自己主动提出修改，也可以根据国务院专利行政部门的要求进行修改。对于申请人自己主动提出修改的，由申请人自行修改，但修改时要遵守以下规定：一是对发明和实用新型专利申请文件的修改不得超出原说明书和权利要求书记载的范围；二是对外观设计专利申请文件的修改不得超出原图片或者照片表示的范围；三是对于根据国务院专利行政部门的要求进行修改的，申请人应当在指定的期限内修改申请，逾期不修改的，应视为撤回；四是经修改后仍不符合专利法规定的，国务院专利行政部门应当予以驳回。

③专利申请的撤回。申请人可以在被授予专利权之前随时撤回其专利申请。申请人撤回其专利申请的，应当向国务院专利行政部门提出书面的撤回申请，该申请视为自始即不存在。如果专利申请的撤回是在专利公开以前提出的，在撤回之后，申请人可以重新提出申请，其他人也可以就相同的发明创造提出专利申请。如果撤

回是在专利公开以后提出的，则该发明创造已丧失新颖性，任何人就此发明创造再提出申请都会被驳回。

2. 专利申请的审查批准

(1) 发明专利申请的审查批准

发明专利申请的审查批准，程序相对严格，一般要经过如下几步：

①初步审查。国务院专利行政部门收到发明专利申请后，应当进行初步审查。初步审查主要包括以下内容：一是专利申请是否具备专利法规定的申请文件和其他必要的文件以及这些文件是否符合规定的格式；二是发明专利申请是否明显属于违反国家法律、社会公德或者妨害公共利益的发明创造；三是发明专利申请是否明显属于不授予专利权的项目；四是专利申请人是否符合申请人主体资格等。

②早期公开。国务院专利行政部门对发明专利申请经初步审查认为符合专利法规定要求的，自申请日起满 18 个月，即行公布。国务院专利行政部门还可以根据申请人的请求早日公布其申请。

③实质审查。实质审查是国务院专利行政部门根据申请人的请求，对发明的新颖性、创造性、实用性等实质性条件进行的审查。发明专利申请自申请日起 3 年内，国务院专利行政部门可以根据申请人随时提出的请求，对其申请进行实质审查；申请人无正当理由逾期不请求实质审查的，该申请即被视为撤回。国务院专利行政部门认为必要时，可以自行对发明专利申请进行实质审查。

④授权决定。国务院专利行政部门对发明专利申请进行实质审查后，认为不符合专利法规定的，应当通知申请人，要求其在指定的期限内陈述意见，或者对其申请进行修改；无正当理由逾期不答复的，该申请即被视为撤回。发明专利申请经申请人陈述意见或者进行修改后，国务院专利行政部门仍然认为不符合专利法规定的，应当予以驳回。发明专利申请经实质审查没有发现驳回理由的，由国务院专利行政部门做出授予发明专利权的决定，发给发明专利证书，同时予以登记和公告，发明专利权自公告之日起生效。

(2) 实用新型和外观设计专利申请的审查批准

国务院专利行政部门受理实用新型和外观设计专利申请后，只进行初步审查，不进行早期公开和实质审查程序。实用新型和外观设计专利申请经初步审查没有发现驳回理由的，由国务院专利行政部门做出授予实用新型专利权或者外观设计专利权的决定，发给相应的专利证书，同时予以登记和公告。实用新型专利权和外观设计专利权自公告之日起生效。

(3) 专利的复审

国务院专利行政部门设立专利复审委员会。专利申请人对国务院专利行政部门驳回申请的决定不服的，可以自收到通知之日起 3 个月内，向专利复审委员会请求复审。专利复审委员会复审后，做出复审决定，并通知专利申请人。专利申请人对专利复审委员会的复审决定不服的，可以自收到通知之日起 3 个月内向人民法院起诉。

（二）专利权的终止

专利权的终止是指专利权因期限届满或者其他原因在期限届满前失去法律效力。专利权终止后，被授予专利权的发明创造成为人类的共同财富，任何单位和个人都可以无偿使用。

根据《专利法》的规定，有下列情形之一的，专利权终止。①专利权的期限届满；②没有按照规定缴纳年费的；③专利权人以书面声明放弃其专利的；④专利权人死亡，无继承人或受遗赠人的。

专利权在期限届满前终止的，由国务院专利行政部门登记和公告。

（三）专利权的无效

1. 专利权无效的概念和原因

专利权无效是指已经取得的专利权因不符合专利法的规定，根据有关单位或个人的请求，经专利复审委员会审核后被宣告无效。

宣告专利权无效的原因具体包括：①授予专利权的发明创造不符合专利法规定的授予专利权的实质性条件；②授予专利权的发明创造不符合专利法规定的关于专利申请文件的撰写要求或专利申请文件修改范围的规定；③授予专利权的发明创造不属于专利法规定的发明、实用新型和外观设计；④授予专利权的发明创造不符合先申请原则和单一性原则；⑤授予专利权的发明创造属于专利法规定的不授予专利权的项目，或者属于依照专利法关于申请在先取得专利权的规定而不能取得专利权的项目等。

2. 专利权宣告无效的程序

请求宣告专利权无效的单位或个人，应当向专利复审委员会提出请求书，并说明理由。专利复审委员会收到请求宣告专利权无效的请求书后，应当及时审查和做出决定，并通知请求人和专利权人。宣告专利权无效的决定，由国务院专利行政部门登记和公告。对专利复审委员会宣告专利权无效或者维持专利权的决定不服的，可以自收到通知之日起三个月内向人民法院起诉。人民法院应当通知无效宣告请求程序的对方当事人作为第三人参加诉讼。

3. 专利权宣告无效的法律效力

根据《专利法》的规定，专利权宣告无效的法律效力具体体现为：①宣告无效的专利权视为自始即不存在。②宣告专利权无效的决定，对在宣告专利权无效前人民法院做出并已执行的专利侵权的判决、裁定，已经履行或者强制执行的专利侵权纠纷处理决定，以及已经履行的专利实施许可合同和专利权转让合同，不具有溯及力。但是因专利权人的恶意给他人造成的损失，应当给予赔偿。③如果依照上述规定，专利权人或者专利权转让人不向被许可实施专利人或者专利权受让人返还专利使用费或者专利权转让费，明显违反公平原则，专利权人或者专利权转让人应当向被许可实施专利人或者专利权受让人返还全部或者部分专利使用费或者专利权转让费。

[案例提示] 本案例涉及发明创造在专利权申请过程中的保护问题。

七、专利权的保护

(一) 专利权的期限

专利权的期限，又称为专利保护期。根据《专利法》的规定，发明专利权的期限为20年，实用新型专利权和外观设计专利权的期限为10年，均自申请日起计算。

(二) 专利权的保护范围

根据《专利法》的规定，发明或者实用新型专利权的保护范围以其权利要求的内容为准，说明书及附图可以用于解释权利要求。外观设计专利权的保护范围以表示在图片或者照片中的该外观设计专利产品为准。

最高人民法院《关于审理专利纠纷案件适用法律问题的若干规定》规定，专利权的保护范围应当以权利要求书中明确记载的必要技术特征所确定的范围为准，也包括与该技术特征相等同的特征所确定的范围。

(三) 侵害专利权的行为

根据《专利法》的规定，侵害专利权的行为主要包括以下几种：

(1) 未经专利权人许可，实施其专利的行为。其内容主要包括：①未经专利权人许可，为生产经营目的制造、使用、许诺销售、销售、进口其专利产品，或者使用其专利方法以及使用、许诺销售、销售、进口依照该专利方法直接获得的产品；②未经专利权人许可，为生产经营目的制造、销售、进口其外观设计专利产品。

(2) 假冒他人专利的行为。其内容主要包括：①未经许可，即在其制造或者销售的产品、产品的包装上标注他人的专利号；②未经许可，即在广告或者其他宣传材料中使用他人的专利号，使人将所涉及的技术误认为是他人的专利技术；③未经许可，即在合同中使用他人的专利号，使人将合同涉及的技术误认为是他人的专利技术；④伪造或者变造他人的专利证书、专利文件或者专利申请文件。

(3) 以非专利产品冒充专利产品、以非专利方法冒充专利方法的行为。其内容主要包括：①制造或者销售标有专利标志的非专利产品；②专利权被宣告无效后，继续在制造或者销售的产品上标注专利标记；③在广告或者其他宣传材料中将非专利技术称为专利技术；④在合同中将非专利技术称为专利技术；⑤伪造或者变造专利证书、专利文件或者专利申请文件。

(4) 侵夺发明人或者设计人的非职务发明创造专利申请权以及其他权益的行为。根据《专利法》的规定，有下列情形之一的，不被视为侵犯专利权的情况：①专利权人制造、进口或者经专利权人许可而制造、进口的专利产品或者依照专利方法直接获得的产品售出后，使用、许诺销售或者销售该产品的；②在专利申请日前已经制造相同产品、使用相同方法或者已经做好制造、使用的必要准备，并且仅在原有范围内继续制造、使用的；③临时通过中国领陆、领水、领空的外国运输工具，依照其所属国同中国签订的协议或者共同参加的国际条约，或者依照互惠原则，为运输工具自身需要而在其装置和设备中使用有关专利的；④专为科学研究和实验而使用有关专利的。

（四）侵害专利权行为的法律责任

侵害专利权行为的法律责任包括民事责任、行政责任和刑事责任。

（1）民事责任。民事责任主要包括停止侵害、赔偿损失、消除影响、恢复名誉等。其中，根据《专利法》的规定，侵犯专利权的赔偿数额，按照权利人因被侵权所受到的损失或者侵权人因侵权所获得的利益确定；被侵权人的损失或者侵权人获得的利益难以确定的，参照该专利许可使用费的倍数合理确定。

（2）行政责任。行政责任主要包括：①对未经专利权人许可实施其专利的行为，管理专利工作的部门认定侵权行为成立的，可以责令侵权人立即停止侵权行为。②对假冒他人专利的行为，除依法承担民事责任外，由管理专利工作的部门责令改正并予以公告，没收违法所得，可以并处违法所得 3 倍以下的罚款；没有违法所得的，可以处 5 万元以下的罚款。③对以非专利产品冒充专利产品、以非专利方法冒充专利方法的行为，由管理专利工作的部门责令改正并予以公告，并可以处 5 万元以下的罚款。④对侵夺发明人或者设计人的非职务发明创造专利申请权以及其他权益的行为，由所在单位或者上级主管机关给予行政处分。

（3）刑事责任。刑事责任只限于假冒他人专利且情节严重的情形。《刑法》第二百一十六条规定，假冒他人专利，情节严重的，处三年以下有期徒刑或者拘役，并处或者单处罚金。根据 2004 年 11 月 2 日最高人民法院审判委员会第 1331 次会议、2004 年 11 月 11 日最高人民检察院第十届检察委员会第 28 次会议通过的《关于办理侵犯知识产权刑事案件具体应用法律若干问题的解释》的规定，假冒他人专利，具有下列情形之一的，属于《刑法》第二百一十六条规定的“情节严重”，应当以假冒专利罪判处三年以下有期徒刑或者拘役，并处或者单处罚金。①非法经营数额在二十万元以上或者违法所得数额在十万元以上的；②给专利权人造成直接经济损失五十万元以上的；③假冒两项以上他人专利，非法经营数额在十万元以上或者违法所得数额在五万元以上的；④其他情节严重的情形。此外，实施下列行为之一的，属于《刑法》第二百一十六条规定的“假冒他人专利”的行为。①未经许可，在其制造或者销售的产品、产品的包装上标注他人专利号的；②未经许可，在广告或者其他宣传材料中使用他人的专利号，使人将所涉及的技术误认为是他人专利技术的；③未经许可，在合同中使用他人的专利号，使人将合同涉及的技术误认为是他人专利技术的；④伪造或者变造他人的专利证书、专利文件或者专利申请文件的。

第四节　商标法

一、商标法概述

（一）商标的概念及其特征

商标是指由文字、图形、字母或其组合组成的，用于区别不同企业的商品和商品的不同质量的一种显著专用标志。

商标具有如下特征：

（1）商标是一种由普通标志构成的专用符号。商标的构成具有多样性，凡能够将一企业的商品或者服务与另一企业的商品或者服务加以区别的任何标志或者标志的组合，均能构成一项商标。

（2）商标是使用于商品或者服务上的显著标记。商标依附于商品或者服务而存在，其使用具有商业意义和商业价值。

（3）商标是代表特定商品生产者、经销者或者服务提供者的专用符号。商标具有识别性和表彰性功能。

（4）商标是用刻制、印刷、张贴等方法附加在商品上的专用符号。

（二）商标的分类

根据不同的划分标准，可以将商标分成不同的种类。

（1）根据构成要素的不同，可以将商标分为文字商标、图形商标、组合商标和立体商标。

（2）根据商标的用途不同，可将商标分为商品商标和服务商标。商品商标是用于生产销售的商品上的标记；服务商标是用于服务行业，以便与其他服务行业相区别的标记。

（3）根据商标的特殊性质和功能不同，可将商标分为证明商标、集体商标、防御商标和联合商标。①证明商标是指由对某种商品或者服务具有监督能力的组织所控制，而由该组织以外的单位或者个人使用于其商品或者服务，用以证明该商品或者服务的原产地、原料、制造方法、质量或者其他特定品质的标志。②集体商标是指以团体、协会或者其他组织名义注册，供该组织成员在商事活动中使用，以表明使用者在该组织中的成员资格的标志。③防御商标是指同一个商标所有人在不同的商品上注册的同一商标。注册防御商标的目的在于防止别人在其他商品上使用自己已经出名的商标。④联合商标是指把同某个商标近似的一些商标进行注册。

（三）商标的作用

（1）区别不同生产者和经营者的商品。这是商标的一个最基本的作用。

（2）商标能在一定程度上标示商品的质量。

（3）对商品销售的广告宣传作用。

（四）商标法的概念及其基本原则

1. 商标法的概念

商标法是指调整商标的组成、注册、使用、管理和商标专用权的保护等的法律规范的总称。

2. 商标法的基本原则

（1）保护商标专用权与维护消费者利益相结合的原则；

（2）注册取得商标专用权原则；

（3）自愿注册原则；

（4）保护公平竞争原则。

二、商标权

[**案例讨论**] 天山酒厂于2017年3月生产出一种新型优质白酒，在没有申请商标注册之前，即使用“粮食牌”商标在市场销售白酒。天山市工商行政管理局发现后，予以制止。

问：根据《商标法》的规定，天山市的做法是否正确？

（一）商标权的概念

商标权是指商标所有人对其商标拥有的独占的、排他的权利。商标权是商标立法的核心问题，商标法的内容都是围绕商标权的取得、行使保护期限、终止、保护措施、实施许可等方面来制定具体规定的。

（二）商标权的主体

商标权的主体是指依法申请注册商标并获准，因此而享有对注册商标独占使用权的人，包括自然人、法人和其他组织。

两个以上自然人、法人或者其他组织可以共同向商标局申请注册同一商标，共同享有和行使该商标专用权。

（三）商标权的客体

商标权的客体是指经商标局核准注册的商标，即注册商标。《商标法》第七条规定，商标使用的文字、图形或者其组合，应当有显著特征，以便于识别。除此之外，根据《商标法》的规定，下列标志不得作为商标使用：①同中华人民共和国的国家名称、国旗、国徽、军旗、勋章相同或者近似的，以及同中央国家机关所在地特定地点的名称或者标志性建筑物的名称、图形相同的；②同外国的国家名称、国旗、国徽、军旗相同或者近似的，但该国政府同意的除外；③同政府间国际组织的名称、旗帜、徽记相同或者近似的，但经该组织同意或者不易误导公众的除外；④与表明实施控制、予以保证的官方标志、检验印记相同或者近似的，但经授权的除外；⑤同“红十字”“红新月”的名称、标志相同或者近似的；⑥带有民族歧视性的；⑦夸大宣传并带有欺骗性的；⑧有害于社会主义道德风尚或者有其他不良影响的；⑨县级以上行政区划的地名或者公众知晓的外国地名。但是，地名具有其他含义或者作为集体商标、证明商标组成部分的除外。已经注册的使用地名的商标继续有效。根据《商标法》的规定，下列标志不得作为商标注册：①仅有本商品的通用名称、图形、型号的；②仅仅直接表示商品的质量、主要原料、功能、用途、重量、数量及其他特点的；③缺乏显著特征的；④《商标法》规定的不予注册的其他情形。

（四）商标权的内容

（1）使用权。商标注册人有权在其注册商标核准使用的商品和服务上使用该商标，在相关的商业活动中使用该商标。

（2）独占权。商标注册人对其注册商标享有排他性的独占权利，其他任何人不得在相同或类似商品或服务上擅自使用与注册商标相同或近似的商标。

（3）许可使用权。商标注册人有权依照法律的规定，通过签订商标使用许可合同的形式，许可他人使用其注册商标。

（4）禁止权。对他人在相同或者类似的商品或者服务上擅自使用与其注册商标相同或者近似的商标的行为，商标注册人有权予以制止。

（5）设立抵押权。商标注册人有权在经营活动中以其注册商标设立抵押。

（6）投资权。商标注册人有权根据法律的规定，依照法定程序将其注册商标作为无形资产进行投资。

（7）转让权。商标注册人有权通过法定程序将其注册商标有偿或者无偿转让给他人。

（8）继承权。商标作为无形财产，可以依照财产继承顺序由其合法继承人继承。

[案例提示] 本案例涉及的是未注册商标权利不受法律保护，其标识的文字、图形等是否受法律的约束的问题。

三、商标注册的申请和审查核准

（一）商标注册的申请

1. 商标注册申请的原则

（1）申请在先原则。两个或者两个以上申请人，先后在同一或类似商品或者服务上，以相同或类似的商标申请注册的，商标权授予申请在先的人。申请先后的确定以申请日为准。两个或者两个以上的申请人，在同一或类似商品或者服务上，以相同或类似的商标在同一天申请注册的，商标权授予使用在先的人。同日使用或均未使用的，由各申请人进行协商，协商不成的，由商标局裁定。

（2）优先权原则。优先权原则是商标权取得程序中的一项重要原则。根据《商标法》的规定，商标注册申请程序中优先权表现在两个方面：①商标注册申请人自其商标在外国第一次提出商标注册申请之日起六个月内，又在中国就相同商品以同一商标提出商标注册申请的，依照相关原则，可以享有优先权。②商标在中国政府主办的或者承认的国际展览会展出的商品上首次使用的，自该商品展出之日起六个月内，该商标的注册申请人可以享有优先权。

2. 商标注册申请的方法

（1）按规定的商品分类表填报使用商标的商品类别和商品名称。商品分类表是划分商品或服务类别和进行商标注册管理的重要依据。

（2）商标注册申请人在不同类别的商品上申请注册同一商标的，应当按商品分类表提出注册申请。

（3）注册商标需要在同一类的其他商品上使用的，应当另行提出注册申请。

（4）注册商标需要改变其标志的，应当重新提出注册申请。

（5）注册商标需要变更注册人的名义、地址或者其他注册事项的，应当提出变更申请。

（二）商标注册的审查核准

商标注册的审查核准须经过申请、初审、公告、异议、复审、批准一系列程序，每一程序必须按照商标法的规定进行。

（1）初步审查。商标局收到商标注册申请文件后，应当首先进行初步审查。初步审查的内容主要包括：①申请手续是否齐备；②申请人是否具备申请资格；③申请文件是否齐全，填写是否正确；④是否按规定缴纳了申请注册费等。

（2）实质审查。商标局对受理的申请，应依照《商标法》的规定进行实质审查。实质审查的内容主要包括：①申请注册的商标是否具有显著特征，以便于识别；②申请注册的商标是否与已注册在相同或类似商品或服务上的商标相同或近似；③申请注册的商标是否违背商标法的禁止规定。

（3）公告核准。申请注册的商标，凡符合《商标法》规定的，由商标局初步审定，予以公告；申请注册的商标，凡不符合《商标法》规定的，由商标局驳回申请，不予公告。对初步审定的商标，自公告之日起三个月内，任何人均可以提出异议，公告期满无异议的，予以核准注册，发给商标注册证，并予以公告。

（4）复审或者裁定。对驳回申请、不予公告的商标，商标局应当书面通知商标注册申请人。商标注册申请人不服的，可以自收到通知之日起 15 日内向商标评审委员会申请复审，由商标评审委员会做出决定，并书面通知申请人。当事人对商标评审委员会的决定不服的，可以自收到通知之日起 30 日内向人民法院起诉。

对初步审定、予以公告的商标提出异议的，商标局应当听取异议人和被异议人陈述事实和理由，经调查核实后，做出裁定。当事人不服的，可以自收到通知之日起 15 日内向商标评审委员会申请复审。由商标评审委员会做出裁定，并书面通知异议人和被异议人。当事人对商标评审委员会的裁定不服的，可以自收到通知之日起 30 日内向人民法院起诉。经裁定异议不能成立而核准注册的，商标注册申请人取得商标专用权的时间自初审公告三个月期满之日起计算。

四、注册商标的期限、续展、转让、使用许可和争议裁定

[**案例讨论**] 甲公司将拥有的“飞天”注册商标使用在其生产的乐器产品上。甲公司与乙公司签订商标使用许可合同，许可乙公司在其生产的乐器上使用“飞天”注册商标。

问：根据《商标法》的规定，在这次商标许可使用中，甲、乙公司分别应该履行什么义务?

（一）注册商标的期限

注册商标的保护期限为十年，从商标的核准之日起计算，至十年后最后一个月的相应日，最后一个月无相应日的，以该月的最后一天为期限届满日。

（二）注册商标的续展

注册商标的续展是指注册商标所有人在商标注册有效期届满前后的一定时间内，依法办理一定手续延长其注册商标有效期的制度。根据《商标法》的规定，注册商标的有效期为10年，自核准注册之日起计算。注册商标有效期满，需要继续使用的，应当在期满前6个月内申请续展注册；在此期间未能提出申请的，可以给予6个月的宽展期。宽展期满仍未提出申请的，注销其注册商标。续展注册可以无限制地重复进行，每次续展注册的有效期为10年，自该商标上一次有效期满次日起计算。

（三）注册商标的转让

注册商标的转让是指注册商标所有人依法将因注册商标产生的商标权转让给他人的行为。注册商标转让后，原注册商标所有人不再享有该注册商标的专用权，受让人成为该注册商标的所有人，享有商标专用权。根据《商标法》的规定，转让注册商标的，转让人和受让人应当签订转让协议，并共同向商标局提出申请。受让人应当保证使用该注册商标的商品质量。转让注册商标经商标局核准后，发给受让人相应证明，并予以公告。受让人自公告之日起享有商标专用权。

（四）注册商标的使用许可

注册商标的使用许可是指注册商标所有人通过签订商标使用许可合同，许可他人使用其注册商标，同时收取一定的许可使用费。根据《商标法》的规定，商标注册人可以通过签订商标使用许可合同，许可他人使用其注册商标。许可人应当监督被许可人使用其注册商标的商品质量。被许可人应当保证使用该注册商标的商品质量。经许可使用他人注册商标的，必须在使用该注册商标的商品上标明被许可人的名称和商品产地。商标使用许可合同应当报商标局备案。

（五）注册商标的争议裁定

1. 注册商标争议及裁定的概念

注册商标争议一般是指两件或两件以上的注册商标所有人之间所发生的因商标重复注册的争议，通常是注册在先的商标所有人对注册在后、并且注册期间未满五年的商标所有人提出的争议。

注册商标争议的裁定是指在先商标注册人对他人注册在后的商标与自己在同一种商品或者类似商品上已经注册的商标，认为相同或者相近似并在法定期限内提出的反对意见以及撤销的申请，由商标评审委员会对此争议所做出的裁定。

2. 申请注册商标争议裁定的程序

商标注册人对后注册商标提出争议的裁定申请，应填写商标争议裁定申请书一式两份，交送商标评审委员会。商标评审委员会收到商标争议裁定申请书经审查后，应通知有关当事人，并限期提出答辩。商标争议的裁定是整个商标争议裁定程序中最重要的一环，商标评审委员会必须根据事实和法律正确地做出裁定。商标评审委员会做出维持或撤销注册商标的裁定后，应当书面通知有关当事人。注册商标被裁定撤销的，后注册的商标注册人应当在收到裁定通知之日起 15 日内，将商标注册证交回商标局。被裁定维持的，后注册的商标专用权继续有效。

当事人不服评审委员会做出的商标争议的裁定的，可以在接到裁定的 30 日内向人民法院起诉，由人民法院做出最终裁决。人民法院应当通知有关的对方当事人作为第三人参加诉讼。

［**案例提示**］本案例涉及注册商标在许可使用过程中，许可人和被许可人的权利和义务的法律规定。

五、商标使用的管理

商标使用的管理是指商标局对注册商标、未注册商标的使用进行监督管理，并对违反商标法规定的侵权行为予以制裁的活动。

（一）对注册商标使用的管理

根据《商标法》的规定，商标行政管理部门对注册商标的使用依法实行管理。具体管理工作包括以下内容：

（1）对使用注册商标的管理。使用注册商标有下列行为之一的，由商标局责令限期改正或者撤销其注册商标：①自行改变注册商标的；②自行改变注册商标的注册人名义、地址或者其他注册事项的；③自行转让注册商标的；④连续三年停止使用的。

对商标局撤销注册商标的决定，当事人不服的，可以自收到通知之日起 15 日内向商标评审委员会申请复审，由商标评审委员会做出决定，并书面通知申请人。当事人对商标评审委员会的决定不服的，可以自收到通知之日起 30 日内向人民法院起诉。

（2）监督使用注册商标的商品质量。使用注册商标，其商品粗制滥造、以次充好、欺骗消费者的，由各级工商行政管理部门分不同情况，责令限期改正，并可以予以通报或者处以罚款，或者由商标局撤销其注册商标。

（3）对被撤销或者注销的商标的管理。注册商标被撤销的或者期满不再续展的，自撤销或者注销之日起一年内，商标局对与该商标相同或者近似的商标注册申请，不予核准。

（4）对必须使用注册商标的商品的管理。对按照国家规定必须使用注册商标的商品，未申请注册而在市场上销售的，由地方工商行政管理部门责令限期申请注册，可以并处罚款。

（二）对未注册商标使用的管理

根据《商标法》的规定，使用未注册商标有下列行为之一的，由地方工商行政管理部门予以制止，限期改正，并可以予以通报或者处以罚款：①冒充注册商标的；②违反商标法中不得作为商标使用的标志的规定的；③粗制滥造、以次充好、欺骗消费者的。

六、注册商标专用权的保护

（一）注册商标专用权的保护范围

根据《商标法》的规定，注册商标的专用权以核准注册的商标和核定使用的商品为限。根据这一规定，注册商标专用权的保护范围主要限定在三个方面：

（1）核准注册的商标。商标因注册而取得专用权，从而得到法律保护，未注册的商标一般情况下是不受法律保护的。

（2）核定使用的商品或者服务。在核定使用的商品或者服务上使用注册商标是法律保护的基本条件，他人未经许可不得在相同或类似商品或服务上使用相同或近似的商标。

（3）注册商标在有效期限内。注册商标的有效期限为十年，可无限续展。注册商标超过有效期限没有续展的，即不再受到法律的保护。

（二）侵犯注册商标专用权的行为及其法律责任

1. 侵犯注册商标专用权的行为

根据《商标法》的规定，有下列行为之一的，均属侵犯注册商标专用权。①未经商标注册人的许可，在同一种商品或者类似商品上使用与其注册商标相同或者近似的商标的；②销售侵犯注册商标专用权的商品的；③伪造、擅自制造他人注册商标标识或者销售伪造、擅自制造的注册商标标识的；④未经商标注册人同意，更换其注册商标并将该更换商标的商品又投入市场的；⑤给他人的注册商标专用权造成其他损害的。

2. 侵犯注册商标专用权的法律责任

侵犯注册商标专用权的法律责任包括民事责任、行政责任和刑事责任。

（1）民事责任。民事责任主要包括停止侵犯、消除影响、赔偿损失等。

（2）行政责任。行政责任主要包括：①责令立即停止侵权行为；②没收、销毁侵权商品和专门用于制造侵权商品、伪造注册商标标识的工具；③罚款。根据规定，工商行政管理部门可以根据情节轻重，处以非法经营额的20%以下或者非法获利两倍以下的罚款；对侵犯注册商标专用权的单位的直接责任人员，可根据情节轻重处以一万元以下的罚款。

（3）刑事责任。刑事责任主要包括：①《刑法》第二百一十三条规定，未经注册商标所有人许可，在同一种商品上使用与其注册商标相同的商标，情节严重的，处三年以下有期徒刑或者拘役，并处或者单处罚金；情节特别严重的，处三年以上七年以下有期徒刑，并处罚金。②《刑法》第二百一十四条规定，销售明知是假冒注册商标的商品，销售金额数额较大的，处三年以下有期徒刑或者拘役，并处或者单处罚金；销售金额数额巨大的，处三年以上七年以下有期徒刑，并处罚金。③《刑法》第二百一十五条规定，伪造、擅自制造他人注册商标标识或者销售伪造、擅自制造的注册商标标识，情节严重的，处三年以下有期徒刑、拘役或者管制，并处或者单处罚金；情节特别严重的，处三年以上七年以下有期徒刑，并处罚金。

（三）侵犯注册商标专用权案件的处理

根据《商标法》的规定，对侵犯注册商标专用权的案件，首先由当事人协商解决；当事人不愿协商或者协商不成的，可以有两种处理方式：①由商标注册人或者利害关系人请求工商行政管理部门处理；②由商标注册人或者利害关系人向人民法院起诉。

（1）工商行政管理部门对侵犯注册商标专用权案件的处理。根据《商标法》的规定，商标注册人或者利害关系人对有侵犯注册商标专用权的行为，可以请求工商行政管理部门进行处理。

县级以上工商行政管理部门在处理侵犯注册商标专用权案件时，认定侵权行为成立的，责令立即停止侵权行为，没收、销毁侵权商品和专门用于制造侵权商品、伪造注册商标标识的工具，并可以处以罚款。当事人对处理决定不服的，可以自收到处理通知之日起15日内向人民法院起诉。侵权人期满不起诉又不履行的，工商行政管理部门可以申请人民法院强制执行。

（2）人民法院对侵犯注册商标专用权案件的处理。根据《商标法》的规定，商标注册人或者利害关系人对有侵犯注册商标专用权的行为，可以向人民法院起诉。

（四）驰名商标的法律保护

驰名商标是指由商标局认定的在市场上享有较高声誉并为相关公众所熟知的注册商标。驰名商标能给国家和企业带来巨大的经济效益，驰名商标的多少，在一定程度上表现了一个国家的经济实力和水平。

驰名商标由国家工商行政管理总局商标局认定，任何组织和个人不得认定或者采取其他变相方式认定驰名商标。认定驰名商标，应当考虑下列因素：①相关公众对该商标的知晓程度；②该商标使用的持续时间；③该商标的任何宣传工作的持续时间、程度和地理范围；④该商标作为驰名商标受保护的记录；⑤该商标驰名的其他因素。国家工商行政管理总局商标局认定驰名商标后，应当将认定结果通知有关部门及申请人，并予以公告。

为了保护驰名商标所有人的合法权益，我国对驰名商标制定了有别于一般商标的特殊保护规定。具体表现在：

（1）将与他人驰名商标相同或者近似的商标在非类似商品上申请注册，且可能损害驰名商标注册人的权益的，由国家工商行政管理总局商标局驳回其注册申请；申请人不服的，可以向国家工商行政管理总局商标评审委员会申请复审；已经注册的，自注册之日起五年内，驰名商标注册人可以请求国家工商行政管理总局商标评审委员会予以撤销，但恶意注册的不受时间限制。

（2）将与他人驰名商标相同或者近似的商标使用在非类似的商品上，且会暗示该商品与驰名商标注册人存在某种联系，从而可能使驰名商标注册人的权益受到损害的，驰名商标注册人可以自知道或者应当知道之日起两年内，请求工商行政管理机关予以制止。

（3）自驰名商标认定之日起，他人将与该驰名商标相同或者近似的文字作为企业名称一部分使用，且可能引起公众误认的，工商行政管理机关不予核准登记；已经登记的，驰名商标注册人可以自知道或者应当知道之日起两年内，请求工商行政管理机关予以撤销。

（4）未经国家工商行政管理总局商标局认定，伪称商标为驰名商标，欺骗公众的，由行为地工商行政管理机关视其情节予以警告，并处以违法所得额三倍以下的罚款，但最高不超过三万元，没有违法所得的，处以一万元以下的罚款。

本章思考题

1.《巴黎公约》所确认的保护工业产权的基本原则有哪些？
2. 著作权的内容有哪些？哪些权利属于作者永久性的权利？
3. 授予专利权的条件有哪些方面？发明专利的审查制度有哪几步？
4. 专利权的限制有哪些情况？专利侵权主要有哪些表现？
5. 如何确认驰名商标？对驰名商标的保护和一般注册商标有什么区别？

案例讨论

广州市甲家具厂设计了一种款式新颖的家具，投放市场后销路很好，许多厂家相继仿制。为了维护本厂的利益，该厂于当年2月20日向国家商标局提出“广州”牌商标的注册申请。在其申请注册期间，乙木材厂仍继续生产与甲家具厂样式完全相同的家具，并使用了“广州”商标（仅文字相同，图案、字形均不相同）。甲家具厂即向工商行政管理部门提出保护其商标专用权的申请。4月10日，商标局驳回甲家具厂的商标注册申请。甲家具厂收到驳回通知后，经研究于5月10日提出申请复审。同时，乙木材厂得知甲家具厂没有取得注册商标，更无顾忌，继续进行生产。

要求：根据以上资料并结合法律规定，回答下列问题。

（1）商标局驳回甲家具厂的商标注册申请是否符合规定，为什么？

（2）在5月10日甲家具厂可否申请复审，为什么？

（3）甲家具厂向工商行政管理机关提出的保护权益请求是否应予受理，为什么？

（4）乙木材厂在甲家具厂的商标注册申请被驳回后是否可以继续生产带有该种商标的产品，为什么？

第九章 票据法律制度

内容提示

本章应在对票据功能理解的基础上掌握票据作为设权证券、流通证券、无因证券、文义证券、要式证券所具有的特征。掌握票据的种类及汇票、本票、支票的基本特征；了解票据法律关系的构成，掌握票据权利的基本构成及取得方式；掌握出票、背书、承兑等几种票据行为及票据行为独立性的适用。了解票据丧失的几种补救方法，重点掌握公示催告程序在票据丧失后的适用。

相关法规

1.《中华人民共和国票据法》(以下简称《票据法》)(全国人大常委会，1995年5月10日通过，2004年8月28日修正，即日实施)

2.《最高人民法院关于审理票据纠纷案件若干问题的规定》(最高人民法院，2000年2月24日通过，2000年11月21日起施行)

第一节 票据法概述

一、票据概述

(一) 票据的概念

票据是指出票人签发的，约定由自己或委托他人在见票时或于指定日期，向持票人无条件支付确定金额给收款人或持票人的有价证券。在我国，票据仅指汇票、本票、支票。

（二）票据的特征

1. 票据是设权证券

票据权利的产生必须首先做成证券。在票据做成之前，票据权利是不存在的。票据权利是随着票据的做成同时发生的。没有票据，就没有票据权利。这就是票据的设权性。

2. 票据是流通证券

票据的基本功能是流通。票据较其他财产权利，流通方式更加灵活简便。票据上的权利，经背书或单纯交付即可让人他人。一般无记名票据，可依单纯交付而转让；记名票据须经背书交付才能转让。

3. 票据是无因证券

票据上的法律关系是一种单纯的金钱支付关系，权利人享用票据权利只以持有符合票据法规定的有效票据为必要。即使原因关系无效或有瑕疵，均不影响票据的效力。所以，票据权利人在行使票据权利时，无须证明给付原因，票据债务人也不得以原因关系对抗善意第三人。

4. 票据是文义证券

票据上的权利、义务必须严格依照票据所载文义确定，不能根据票据文义以外的事项确定，不能进行任意解释，以确保票据的安全流通。即使票据的书面记载内容，与票据的事实相悖，也必须以该记载事项为准。比如，票据上记载的出票日与实际出票日不一致时，应以票载日期为准。

5. 票据是要式证券

为避免票据文义的欠缺或混乱，为促进票据的安全迅速流通，票据必须依照法定方式进行记载，从而产生相应的效力；否则，就会影响票据的效力。因此，票据法律严格地规定了票据的做成格式和记载事项。在票据上所为的一切行为，如出票、背书、承兑等也必须严格按照票据法规定的程序和方式进行，否则无效。比如，票据欠缺法定绝对应记载事项时，该票据无效。因此，票据是要式证券。

二、票据的功能

（一）汇兑功能

这是票据的原始功能。商品经济运转，既包括同地交往也包括异地交往。后者如，A 地的甲向 B 地的乙出售商品，乙要向甲支付相应货币。在这种情况下，如果用现金支付，往往需要大笔现金，而且携带运送现金不安全、不方便、不经济。但如果不支付现金而采用票据来支付，就可以克服现金支付所存在的空间障碍，从而使不同主体之间的交易变得简便、安全、节省。

(二) 支付结算功能

票据最简单、最基本的作用就是作为支付手段，代替现金的使用。用票据代替现金作为支付工具，既可以避免携带大量现金的不方便性，又可以避免清点现钞可能产生的错误和时间的耗费。尤其是在支付、结算的数额较大、次数频繁时，如果用票据代替现金，通过签发、转让、承兑、议付票据，就可以快捷、便利地解决两个或两个以上主体之间的不同支付、结算。

(三) 信用功能

这是票据的核心功能。商品经济需要信用，卖方通常不能在交付货物的同时获得价款的支付。如果这时买方向卖方签发票据，就可以将挂账信用转化为票据信用，把一般债权转化为票据债权。此外，票据贴现制度可以让持票人提前将票据转化为现金，将商业信用进一步转化为银行信用。票据信用是银行信用和商业信用的结合。不同的票据，其体现的银行信用和商业信用不同；同一种票据，其体现的银行信用和商业信用也不尽相同；即使是某张特定的票据（如商业汇票），也往往是银行信用和商业信用的混合（表现为出票人是某公司，而承兑人可能是某银行）。

(四) 融资功能

融资功能即利用票据筹集、融通或调度资金，这主要体现在票据贴现业务上。通过对未到期票据的买卖，使持有未到期票据的持票人通过出售票据获得现金。一般各国的商业银行都经营票据的贴现业务，中央银行则经营票据的再贴现业务。银行贴现业务的实质就是向需要资金的企业提供资金。

三、票据的种类

对于票据，可以从不同角度进行划分。如根据出票人的不同，票据可以分为银行票据和商业票据；根据是否载明收款人姓名或名称，票据可以分为记名式票据、无记名式票据、指示式票据；根据票据行为发生地的不同，票据可以分为国内票据和国际票据；根据票据性质的不同，票据可以分为汇票、本票、支票，这是最常用的分类。

(一) 汇票

[**案例讨论**] 甲公司向乙银行交付35万元，申请签发银行汇票向丙公司付款。这份汇票的当事人为（　　）

A. 出票人乙银行，付款人乙银行，收款人丙公司

B. 出票人甲公司，付款人甲公司，收款人丙公司

C. 出票人甲公司，付款人乙银行，收款人丙公司

D. 出票人乙银行，付款人甲公司，收款人丙公司

1. 汇票的概念

汇票是指由出票人签发的，委托付款人在见票时或在指定日期无条件支付确定

的金额给收款人或者持票人的票据。

2. 汇票的特征

（1）汇票关系中的基本当事人一般有三个：出票人、付款人、收款人。出票人，又叫发票人、开票人，是指签发汇票、委托他人付款的人；付款人是指汇票上所记载的受委托付款的人，付款人在承兑后就成为承兑人；收款人是指持有汇票、有权接受付款的人。其中，出票人和付款人为票据义务人，收款人为票据权利人。

（2）汇票是委托他人进行支付的票据。即从性质上讲，汇票是他付证券。汇票的出票人仅仅是签发票据的人，他必须另行委托付款人支付票据金额。

（3）承兑是汇票特有的行为。汇票通常需要由付款人进行承兑，以确认其愿意承担绝对的付款义务。在付款人未承兑时，汇票上所载的付款人并无绝对付款义务。

3. 汇票的种类

根据不同标准，还可对汇票做不同分类。

（1）根据是否记载收款人名称或姓名，汇票可以分为记名式汇票、指示式汇票、无记名式汇票。

记名式汇票是指明确记载收款人名称或姓名的汇票，它只能依背书转让，但发票人或背书人可记载禁止转让；

指示式汇票是指明确记载收款人名称或姓名或其指定的人的汇票，它仅依背书而转让，出票人或背书人不得记载禁止转让；

无记名汇票是指没有记载收款人名称或姓名，或仅记载付给来人或持票人的汇票，它仅依交付即可转让。应注意的是，我国票据法仅规定了记名式汇票，而没有规定无记名式汇票和指示式汇票。

（2）根据出票人的不同，汇票分为银行汇票和商业汇票。

银行汇票是指出票人、付款人都是银行的汇票。一般情况下，银行汇票中的出票行与付款行为同一银行。在特殊情况下，银行汇票中的出票行与付款行为也可能不是同一银行。

商业汇票是指出票人为银行以外的公司等经济组织或个人的汇票。其中，如果付款人为银行并进行了承兑的，称为银行承兑汇票；当付款人为银行以外的公司、企业等并由其进行承兑的，称为商业承兑汇票。一般而言，银行汇票的信用高于商业汇票的信用。

（3）根据付款期间的不同，汇票分为即期汇票和远期汇票。

即期汇票是指见票即付的汇票。即期汇票上没有到期日的记载或者明确记载见票即付，收款人或者持票人一经向付款人提示汇票、请求付款，该汇票即为到期，付款人就应当承担付款责任。

远期汇票是指在未来特定期间付款的汇票。远期汇票上记载了到期日，付款人在到期时承担付款责任的汇票。根据票据到期日不同，又可以分为定日付款汇票、出票后定期付款汇票、见票后定期付款汇票。

(4) 根据与单据的关系不同，汇票分为光单汇票和跟单汇票。

光单汇票是指不需跟附任何单据即可获得付款的汇票。跟单汇票是指必须跟附提单、保险单、商业发票等单据才能获得付款的汇票。在国内贸易中，一般均为光单汇票依法规定为无条件支付的汇票。但在国际贸易中，一般依据国际条约或国际惯例使用跟单汇票。

[案例提示] 了解汇票作为一种重要的票据，其涉及的当事人、基本当事人分别是哪些人。

(二) 本票

1. 本票的概念

本票是指由出票人签发的，承诺自己在见票时无条件支付确定的金额给收款人或者持票人的票据。

2. 本票的特征

(1) 本票的基本当事人只有两个，即出票人和收款人；

(2) 本票是自付证券，是出票人自己负付款义务的证券；

(3) 本票只需提示见票，不需承兑就可以获得付款，本票付款义务自出票人出票时即已确定；

(4) 我国法律规定，本票只有银行本票和即期本票，没有商业本票和远期本票。

(三) 支票

1. 支票的概念

支票是指由出票人签发的，委托办理支票存款业务的银行或其他金融机构在见票时无条件支付确定的金额给收款人或者持票人的票据。

2. 支票的特征

(1) 支票的基本当事人有三个，即出票人、付款人和收款人。其中，付款人只限于银行等金融机构。

(2) 支票是他付证券。但对于支票的性质，各国的看法不同。中国、日本等国认为，支票是一种委托支付证券，而英国、法国、美国等国认为，支票是一种命令支付证券。

(3) 支票只限于即期支票。《票据法》第九十一条规定，支票限于见票即付，因而，不存在远期支票。

(4) 根据其用途和保障程度的不同，支票可以分为普通支票、现金支票和转账支票。普通支票既可以支取现金也可以转账。现金支票只能支取现金，不能转账。转账支票只能转账，不能用于支取现金。

(四) 汇票、本票和支票的关系

汇票、本票和支票三者既相互联系又相互区别。从联系上看，三者都是票据的组成部分，都具有票据的共同特点，在不少具体规定上有相同点，本票与支票在不少方面沿用关于汇票的规定。从区别上看，三者的区别主要有：

（1）性质不同。汇票和支票是他付证券、委付证券，而本票则是自付证券。

（2）基本当事人不同。汇票的基本当事人一般是三个（出票人、收款人、付款人），支票的基本当事人是三个（出票人、收款人、付款人），本票的基本当事人只有两个（出票人和收款人）。支票的付款人为银行等金融机构，本票付款人由出票人（我国仅限于银行）担任，汇票的付款人不限定。

（3）票据行为不同。汇票有承兑行为，支票有划线、保付行为，而本票则有见票行为。

（4）其他不同。比如，三者在到期日、主债务人等方面都不同。

第二节　票据法律关系和票据权利

一、票据法律关系

[案例讨论] 1998年1月，湖南永新公司与福建辉煌发展公司签订了名为联营实质上是借贷性质的《联营合同》，约定辉煌公司向永新公司借款人民币500万元，湖南交通银行衡阳某分行（下简称为交行）对该借款做担保并给永新公司出具了担保书。之后，永新公司签发了以浙江某服装厂为收款人，到期日为1998年8月底的500万元商业汇票一张，还同该厂签订了虚假的《购销合同》，将该汇票与合同一并提交给农业银行某县支行（下简称为农行）请求承兑，双方签订了《委托承兑商业汇票协议》。永新公司告知农行拟使用贴现的方式取得资金，并承诺把该汇票的贴现款项大部分汇回该行，由该行控制使用。其后，该农行承兑了此汇票。而后收款人浙江某服装厂持票到建设银行浙江某分行贴现，并将贴现所得现款以退货款形式退回给永新公司，后者则按《联营协议》的约定，将此款项全部借给辉煌发展公司。汇票到期后农行以受永新公司等诈骗为理由拒绝付款给贴现行，而当永新公司要求辉煌发展公司及交行归还借款时，该行则以出借方签发汇票套取资金用于借贷不合法为由，拒绝承担保证人责任。

问：（1）此案中哪些属于票据关系？

（2）此案中有哪几种非票据关系？

（3）农行和交行的理由能否成立？为什么？

有关票据上的法律关系可分为票据关系和非票据关系。非票据关系又可分为票据法上的非票据关系和民商法上的非票据关系。

（一）票据关系

票据关系是指票据当事人基于票据行为而发生的债权、债务关系。其中，票据的持有人（持票人）享有票据权利，对于在票据上签名的人可以主张行使票据法规定的一切权利；在票据上签名的票据债务人负担票据义务，即依自己在票据上的签名按照票据上记载的文义，承担相应的义务。

如出票引起的票据关系，包括出票人与收款人之间交付票据的法律关系，也包括出票人向收款人承担付款、担保承兑、担保付款的法律关系；背书引起的票据关系，包括背书人（指通过背书而转让票据的人）向被背书人（指因背书而受让票据的人）交付票据的法律关系，也包括背书人向被背书人担保承兑、担保付款的法律关系；承兑引起的法律关系，是指承兑人（是指在汇票上做承兑行为后的付款人）和持票人之间的由承兑人负绝对付款责任的法律关系；票据保证引起的法律关系，是指票据保证人、被保证人、收款人之间的由保证人负担保责任的法律关系

（二）票据法上的非票据关系

票据法上的非票据关系是指由票据法直接规定的、不是基于票据行为而发生的法律关系。它与票据关系的不同之处在于：①票据关系由当事人的票据行为而发生的，非票据是直接由法律规定而发生的；②票据关系的内容是票据权利、义务关系。它与票据紧密相连，权利人行使权利以持有票据为必要，而非票据关系则不需要。根据我国票据法的规定，票据法上的非票据关系包括两类：

（1）票据返还关系。票据的正当持票人要求因恶意或者重大过失而取得票据者返还票据而发生的关系。

（2）利益返还关系。因时效届满或因手续欠缺而丧失票据债权时，持票人要求出票人或承兑人返还利益而发生的关系。

（三）民商法上的非票据关系

民商法上的非票据关系，又叫票据基础关系。它是发生票据关系的原因或前提，这些原因或前提是在票据关系成立以前就已经存在的实质法律关系，它是产生票据关系的基础，因此被称为票据基础关系。票据基础关系包括以下三类：

（1）票据原因关系，又叫票据原因，是指票据当事人之间票据授受原因的法律关系，包括出票人与收款人（或背书人与被背书人）之间的买卖、借贷、赠与等关系。

（2）票据资金关系，又叫票据资金，是指票据出票人与付款人之间的资金关系，如出票人在付款人处存有资金、付款人对出票人欠有债务、付款人承诺为出票人垫付资金。出票人与付款人存在资金关系，是付款人代替出票人付款的原因。

（3）票据预约关系，又叫票据预约，是指出票人与收款人之间或背书人与被背书人之间就票据授受所达成的约定。这种约定的内容包括票据种类、金额、到期日、付款地等票据事项。

（四）票据关系的当事人

1. 票据关系的基本当事人

票据关系的基本当事人是指票据一经成立即已存在的当事人，包括出票人、收款人、付款人。

2. 票据关系的非基本当事人

票据关系的非基本当事人是指票据已经成立，通过各种票据行为如票据关系的当事人，如背书人、保证人、承兑人等。非基本当事人并不是任何票据都存在的。

［案例提示］（1）永新公司的出票、农行的承兑、浙江某服装厂向建行浙江某分行的贴现，构成了本案中的汇票的出票人、收款人、承兑人、背书人及被背书人之间的一系列票据债权债务关系，即本案的票据关系。

（2）在本案中存在以下几种非票据关系：①票据原因关系。将套取的资金用于非法借贷是本案中一系列出票、承兑等票据行为的真正原因，它们在本案中是以各种合同关系体现出来的。②票据资金关系，以永新公司同农行某县支行签订的《委托承兑商业汇票协议》体现出来。

（3）付款人一旦承兑，其即成为确定的付款人，承担保证到期支付票款的责任，不得以资金关系抗辩善意的持票人。交行是票据基础关系的当事人，同样不得以他人的票据关系非法作为借贷担保关系的抗辩理由。

二、票据权利

（一）票据权利概述

1. 票据权利的概念

票据权利是指持票人向票据债务人请求支付票据金额的权利，包括付款请求权和追索权。①付款请求权是指持票人对主债务人所享有的、依票据而请求支付票据所载金额的权利。付款请求权是第一次请求权，具有主票据权利的性质，持票人必须首先向主债务人行使第一次请求权，而不能越过它直接行使追索权。②追索权是指在付款请求权未能实现时持票人对从债务人所享有的请求偿还票据所载金额及其他有关金额的权利。

（二）票据权利的取得

［案例讨论］某天，应某在街上偷窃了一张现金支票，金额为1万元，正好应某欠刘某1万元，于是应某将支票转让给李某抵销了自己的欠款。

问：（1）应某是否享有票据权利？

（2）刘某是否享有票据权利？

1. 票据权利的原始取得

票据权利的原始取得是指持票人不经其他任何前手权利人而最初取得票据，包括发行取得和善意取得。

发行取得是指权利人依出票人的出票行为而原始取得票据权利。它是票据权利最主要的原始取得方式，也是其他取得方式的基础。没有票据权利的发行取得，其他取得方式无从谈起。

善意取得是指票据受让人从无处分权人手中，无恶意或重大过失受让票据，从而取得票据权利。善意取得成立必须符合以下要件：①从无处分权者处取得。②取得人必须是基于善意而取得票据。③取得人必须是付出对价而取得票据权利。因税收、继承、赠与可以依法取得票据，不受给付对价的限制。无偿或不以相当价值取得票据的，其享有的票据权利不得优于其前手的权利。④必须是依《票据法》规定的票据转让方式取得票据。根据《票据法》的规定，受让人必须依背书方式取得票据，并且能够以背书连续证明自己为合法持票人。

2. 票据权利的继受取得

票据权利的继受取得是指持票人依据前手票据权利而受让票据，从而取得票据权利。如因背书而取得，因税收、继承、赠与而取得，因公司合并而取得等。

[**案例讨论**] 票据只有合法取得才享有票据权利，票据在符合法律规定的情况下也可以善意取得。

（三）票据权利的瑕疵

1. 票据权利瑕疵的类型

（1）票据的伪造。票据的伪造是指假冒他人或虚构他人的名义而进行票据行为的行为。票据法意义上的票据伪造是指票据签章的伪造。

（2）票据的变造。票据的变造是指无票据记载事项变更权限的人，为了行使票据上的权利，变更票据上签章之外的其他记载事项。

（3）票据的更改和涂销。票据的更改和涂销是指将票据上的签名或其他记载事项加以更改或涂抹消除的行为。

2. 法律责任

（1）票据伪造、变造的法律责任。《票据法》第十四条规定，票据法上的记载事项应当真实，不得伪造、变造。因此，伪造签章或变造其他记载事项的，应当承担法律责任。

第一，伪造、变造者的法律责任。伪造、变造者的法律责任包括民事责任、行政责任和刑事责任。因票据的伪造、变造而导致票据当事人不获承兑或付款是，其所涉及的费用及利息损失由伪造、变造者承担民事赔偿责任。此外，还可依照行政法规和刑事法规，追究其相应责任。

第二，其他签章人的法律责任。《票据法》第十四条第二款规定："票据上有伪造、变造签章的，不影响其他真实签章的效力。"其他签章人依其签章按票据所载文义承担票据责任；《票据法》第十四条第三款规定："票据上其他记载事项被变造的，在变造之前签章的人，对原记载事项负责；在变造之后签章的人，对变造之后的记载事项负责；不能辨别是在票据被变造之前或者之后签章的，视同在变造之前签章。"

（2）票据的更改和涂销法律责任。《票据法》第九条第二款规定："票据金额、日期、收款人名称任何人不得更改，更改会导致票据无效。"最高人民法院关于审理票据纠纷的相关规定中规定更改银行汇票的实际结算金额，会导致票据无效。对票据上的其他记载事项如付款人名称、付款日期、付款地、出票地等，原记载人可以更改，更改时只需签章证明即可。

第三节　票据行为

一、票据行为概述

（一）票据行为的概念

票据行为是指以发生或负担票据债权债务为目的的法律行为，包括出票、背书、承兑、保证。在票据行为中，出票是基本票据行为，是创设票据及其权利的行为，出票以外的其他行为是从票据行为，是在出票行为基础上所为的行为。出票、背书、保证是各种票据的共有行为，而承兑为汇票独有。

（二）票据行为的特征

（1）要式性。票据行为必须是合法行为，其中法律更强调行为形式的合法，即各种票据行为都必须严格依照法定形式、格式进行。比如，采用书面形式，必须签章、记载法定事项。要式性的作用在于明确、统一票据格式，促进票据的迅速流通。

（2）文义性。票据行为的文义性是指在票据上签章的人应依票据文义承担票据义务、责任，不允许用票据以外的证明方法加以变更或增补。

（3）独立性。票据行为的独立性是指同一票据所为的若干票据行为互不牵连，都分别依各行为人在票据上记载的内容，独立地发生效力。其中，任何一个行为的无效都不影响其他行为的效力。

（4）抽象性。票据行为的抽象性又称无因性，是指票据行为仅具有抽象的形式即可产生票据上的效力。通常情况下，票据行为多以买卖、借贷等具有经济内容的法律行为为前提，但票据行为成立后，作为其前提条件的原因关系存在与否、其原因关系是否有效，对票据关系不产生影响，即票据行为的效力与其基础关系可以分离。

二、出票

[**案例讨论**] 根据《票据法》的规定，甲向乙签发商业汇票时记载的下列事项中，不发生票据法上效力的是（　　）。

A. 乙交货后付款　　　　B. 票据金额 10 万元

C. 汇票不得背书转让　　D. 乙的开户行名称

（一）出票的概念

出票又称为票据的发行、发票，是指票据法律关系产生的基本票据行为。根据《票据法》第二十条规定：“出票是指出票人签发票据并将其交付给收款人的票据行为。”

（二）出票的记载事项

一般把票据记载事项分成绝对应记载事项、相对应记载事项和任意记载事项。

1. 绝对应记载事项

绝对应记载事项是指必须记载，否则票据无效的事项。其内容包括：

（1）票据种类文句。它是指该票据必须标明是何种票据（指汇票、本票、支票）。

（2）无条件支付的委托（指汇票和支票）或承诺（指本票）。

（3）确定的金额。票据金额以中文大写和数码同时记载，二者必须一致，二者不一致的，票据无效。我国的这项规定不同于其他国家的做法，也和我国以前的做法不同。应注意的是，支票上的金额可以由出票人授权补记，未授权补记前的支票，不得使用。

（4）汇票和支票的付款人名称。

（5）汇票和本票的收款人名称。

（6）出票日期。票据上的出票日期可能与实际出票日期不一致，应以票据上的出票日期为准。

（7）出票人签章。票据上的签章，为签名、盖章或者签名加盖章。法人和其他使用票据的单位在票据上的签章，为该法人或者该单位的盖章加其法定代表人或者其授权的代理人的签章。在票据上的签名，应为该当事人的本名。银行汇票、银行本票的出票人以及银行承兑汇票的承兑人在票据上未加盖规定的专用章而加盖该银行的公章，支票的出票人在票据上未加盖与该单位在银行预留签章一致的财务专用章而加盖该出票人公章的，签章人应当承担票据责任。

2. 相对应记载事项

相对应记载事项是指应记载，如不记载就由法律另行规定从而不影响票据效力的事项。如汇票未记载付款日期的，为见票即付；未记载出票地的，汇票、支票以出票人的营业场所、住所或经常居住地为出票地，本票以出票人的营业场所为出票地；票据上未记载付款地的，汇票以付款人的营业场所、住所或者经常居住地为付款地，本票以出票人的营业场所为付款地，支票以付款人的营业场所为付款地。

3. 任意记载事项

任意记载事项是指可以由当事人任意记载，经记载后该事项即具有票据法上的效力。比如出票人可以在支票上记载自己为收款人。

[**案例提示**] 根据规定，法律规定以外的事项不发生票据法上的效力，主要包括汇票的基础关系有关的事项。与汇票基础关系有关的事项，不发生票据法的效力。

三、背书

背书是指在票据背面或者粘单上记载有关事项并签章的票据行为。背书是票据行为的一种，因而，背书也应具有票据行为的有效要件，但具体要求不同。比如对背书的位置、记载的事项等有具体规定。

根据我国法律的规定和使用的习惯，背书应在票据的背面进行。当票据凭证不能满足背书人记载事项的需要，就可以使用粘单（指可以黏附在票据上的、留待持票人背书的空白纸）。应注意的是，粘单上的第一记载人（即第一个使用粘单的背书人），应在票据和粘单的粘接处签章，以确保粘单的有效和背书的连续。

根据《票据法》第三十一条的规定，背书应当连续。背书连续是指在票据转让中，转让票据的背书人与受让票据的被背书人在票据上的签章依次前后衔接。持票人以背书的连续，证明其票据权利。背书不连续时，持票人在形式上不是合法权利人。

四、承兑

《票据法》第三十八条规定："承兑是指汇票付款人承诺在汇票到期日支付汇票金额的票据行为。"因此，承兑是汇票的特有行为，是付款人承诺承担票据债务的单方行为，是由付款人在汇票正面记载"承兑"字样并签章的承兑。应注意的是，不是所有的汇票都需要承兑。《票据法》第三十九条、第四十条规定，见票即付的汇票无须提示承兑，定日付款或出票后定期付款的汇票以及见票后定期付款的汇票都应提示承兑。

第四节　票据的抗辩与补救

一、票据抗辩

（一）票据抗辩的概念

票据抗辩是指票据债务人根据票据法的规定对票据债权人拒绝履行义务的行为。票据抗辩是票据债务人的一种权利，是其保护自己的一种手段。

（二）票据抗辩的种类

根据抗辩事由和抗辩效力的不同，将票据抗辩分为对物抗辩和对人抗辩。

1. 对物抗辩

这是指因票据本身所存在的事由而发生的抗辩。对物的抗辩其抗辩事由来自票据本身，基于票据的无因性、文义性，是票据债务人可以对抗一切票据债权人的抗辩。属于对物的抗辩包括：①票据欠缺应记载的内容；②票据到期日未到；③票据已经依法付款；④票据经判决为无效；⑤票款已依法提存；⑥欠缺票据行为能力；⑦票据系伪造及变造；⑧票据因时效而消灭；⑨与票据记载不符的抗辩。对于前五项，任何票据债务人都有权拒绝支付票款；对于后四项，只限于特定债务人可以对所有债权人进行抗辩。比如对于伪造票据，由于被伪造者并未在票据上签字，因而被伪造者可以对任何债权人进行抗辩。

2. 对人抗辩

对人抗辩是指特定的债务人对特定的债权人的抗辩。这种抗辩是基于当事人之间的特定关系而产生的，一旦持票人发生变更，就不得再进行抗辩。属于对人的抗辩包括：①票据原因关系不合法，比如为支付赌债而签发的支票；②原因关系不存在或消灭，比如为购货而签发票据但对方没有发货；③欠缺对价，比如持票人未按约提供与票款相当的商品或劳务等；④票据债务已经清偿、抵销或免除而未载于票据上，可对直接当事人抗辩；⑤票据交付前被盗或遗失，可对盗窃人或拾得人抗辩。

（三）对票据抗辩的限制

票据的抗辩是指为了防止不法行为，以保护债务人的合理权益。但对票据的抗辩如不加限制，有关票据债务人随意地抗辩就会影响票据的流通性。对此，《票据法》第十三条对抗辩做出限制："票据债务人不得以自己与出票人或者持票人的前手之间的抗辩事由，对抗持票人。但是，持票人明知存在抗辩事由而取得票据的除外。票据债务人可以对不履行约定义务的与自己有直接债权债务关系的持票人进行抗辩。"

二、票据的丧失与补救

[案例讨论] 徐某系A市某化肥厂的会计。某日，徐某前往A市的客户王某处催收化肥厂的一笔货款。当时，王某刚好收到志远公司（出票人）支付给他的一张5万元金额的支票。王某见徐某前来收款，就将该支票背书给了化肥厂，作为支付货款的款项。由于当时已届下班时间，徐某遂将收到的支票带回家中，打算第二天再去银行办理手续，但是由于不慎，徐某的支票被其家人用洗衣机绞成了碎片。在徐某不知所措之际，某化肥厂请教有关专家后，决定向法院提起公示催告程序。某法院立案看了该化肥厂的申请公示催告书并了解到有关情况后，拒绝受理，理由有两点：一是支票虽然被绞碎，但尚未灭失，不存在被冒领的危险，只需要求出票人重新签发一张支票即可，无须启动公示催告程序；二是即使需要提起公示催告程序，也应由支票上的收款人王某提起，某化肥厂不是该支票的收款人，没有资格提起公示催告程序。同时，法院也认为应先到银行办理挂失止付，然后才可以提起公示催告程序。

问：(1) 本案中的支票是否属于票据丧失，为什么？

(2) 某法院的拒绝受理公示催告程序的理由能否成立，为什么？

（一）票据的丧失与补救的概念

票据的丧失与补救是指票据权利人因某种原因丧失对票据的实际占有，使票据权利的行使遭到一定障碍时，为使权利人的票据权利能够实现而对其提供的特别的法律救济，包括挂失止付、公示催告和普通诉讼。

（二）挂失止付

挂失止付是指票据权利人在丧失票据占有时，为防止可能发生的损害，保护自己的票据权利，通知票据上的付款人，请求其停止票据支付的行为。

挂失止付由丧失票据的失票人向丧失票据上记载的付款人提起。付款人在接到止付通知后，应停止对票据的付款。

挂失止付只是失票人丧失票据后可以采取的一种临时补救措施，以防止所失票据被人冒领。票据本身并不因挂失止付而无效。失票人的票据权利也不能因挂失止付得到最终的恢复。此外，挂失止付也不是公示催告程序和诉讼程序的必经程序。根据《票据法》第十五条第三款的规定，失票人可以在票据丧失后，直接向人民法院申请公示催告或提起诉讼。

（三）公示催告

1. 公示催告的概念

公示催告程序是指票据等有价证券丧失后，人民法院根据当事人的申请，以公示的方式催告不明的利害关系人，在法定期间内申报权利，逾期无人申报，做出宣告票据无效的判决程序，是催促利害关系人申报权利的一种特别程序。

2. 公示催告的申请

进行公示催告，需要首先由申请人向有管辖权的法院提出公示催告程序的申请。《票据法》第十五条第一款规定："失票人应当在通知挂失止付后三日内，也可以在票据丧失后，依法向人民法院申请公示催告，或者向人民法院提起诉讼。"

有权提出公示催告的申请人为票据的合法权利人，包括票据上所载的收款人、能够以背书连续证明自己合法持票人身份的被背书人。

3. 公示催告的程序

（1）审查。申请人向管辖法院提出申请，法院对该申请进行必要的审查，符合法律规定的，予以受理，进行公示催告；不符合条件的，应在 7 日内驳回申请。

（2）公告。法院在受理申请后，应当在 3 日内发出公告，催促利害关系人申报权利。一般公示催告的期间至少应为 60 日。

（3）发出止付通知。法院受理公示催告的申请后，应当立即向票据付款人发出止付通知。

（4）公示催告的终结。

公示催告程序的终结有两种情况：①经法院裁定终结公示催告程序，在公示催告期间，有人提出权利申报或提出相关票据主张权利时，法院即裁定终止公示催告程序，并通知申请人和票据付款人。在公示催告期间届满后、除权判决做出前，又有利害关系人申报权利的，也应该裁定终结公示催告。此后，申请人和权利申报人就应通过普通民事诉讼程序解决其纠纷。②经法院终结公示催告。公示催告期间届满，没有人提出权利申报或提出相关票据，或申报人提出的票据非申请人丧失的票据时，则由法院依申请人的申请做成判决，宣告票据无效。法院做成除权判决，是公示催告的最终结果，是对公示催告申请人票据权利恢复的确认。自该判决做出之日起，申请人就有权依该判决，行使其付款请求权和追索权；已做出除权判决的票据，则丧失其效力，持有人不能再依此票据行使任何票据权利。对票据债务人而言，对获得除权判决的申请人进行的清偿，与对持票人所为的清偿具有同一法律效力，可以依此主张免责。

（四）普通诉讼程序

失票人在丧失票据后，可以直接向法院提出民事诉讼，请求法院判令票据债务人向其支付票据金额。我国票据法没有对该程序做出详细规定。一般认为，失票人选择诉讼途径救济自己的票据权利时，应当向法院提供有关的书面证明，证明自己对所丧失的票据享有所有权，同时还应向法院说明所丧失票据上的有关记载事项。

［案例提示］（1）本案中的支票属于票据丧失。因为原支票被洗衣机绞碎以后，不能再作为证券来证明权利，这属于票据的绝对丧失。A市某化肥厂因为并不是该支票出票的票据原因关系的直接当事人，所以其不能要求出票人重新签发票据，以免发生票据纠纷。此外，公示催告程序具有防止票据被他人冒领的功能，但它的本质功能在于其是票据权利的一种复权方法。

（2）《票据法》规定，有权提起公示催告的申请人是失票人而非收款人，挂失止付并不是提起公示催告程序的必要程序，也不是票据的复权方法。

本章思考题

1. 票据具有哪些特征，这些特征和其具备的功能有何联系？
2. 汇票、本票与支票之间有哪些异同？
3. 简述票据行为的独立性及其表现？
4. 票据的绝对应记载事项有哪些？
5. 票据丧失的补救方法有哪些？

案例讨论

某公司采购员杨某需携带4万元金额的支票到A市采购原料。该支票由该公司刘某负责填写，并由该公司财务主管加盖了财务章及财务人员的印鉴，收款人一栏则授权杨某填写。以上记载均有支票存根记录为证。杨某携该支票到A市某私营企业购买了价值4万元的原料，该私营企业老板周某是杨某的朋友，其见该支票上的笔迹为杨某所为，以自己最近资金周转陷入困境为由，请求杨某帮忙将支票上的金额改为14万元以渡难关。杨某碍于朋友情面而应允，使用周某提供的涂改剂将金额改成了 14 万元，从外观上看不出涂改的痕迹。其后，周某为支付货款，将该支票背书转让给了某电器厂。此事败露后，某公司起诉某电器厂和周某，要求返还多占用的 10 万元票款。

请问：

（1）本案中杨某的行为在票据法上属于什么性质的行为？为什么？

（2）本案应如何处理？为什么？

第十章　竞争法律制度

内容提示

本章主要介绍了不正当竞争行为的概念、不正当行为的表现形式、垄断和限制竞争行为的表现形式、不正当竞争行为的法律责任、反垄断法的概念和意义、反垄断法的基本内容、垄断行为的法律责任。

相关法规

1.《中华人民共和国反不正当竞争法》（以下简称《反不正当竞争法》）（全国人大常委会，1993年9月2日通过，2017年11月4日修订）

2.《中华人民共和国反垄断法》（以下简称《反垄断法》）（全国人大常委会，2007年8月30日通过）

3.《关于禁止滥用知识产权排除、限制竞争行为的规定》（国家工商行政管理总局，2015年4月7日发布）

4.《最高人民法院关于审理不正当竞争民事案件应用法律若干问题的解释》（最高人民法院，2006年12月30日发布）

5.《关于禁止有奖销售活动中不正当竞争行为的若干规定》（国家工商行政管理总局，1993年12月24日发布）

6.《工商行政管理机关禁止垄断协议行为的规定》（国家工商行政管理总局，2010年12月31日发布）

7.《工商行政管理机关禁止滥用市场支配地位行为的规定》（国家工商行政管理

总局，2010 年 12 月 31 日发布）

8.《工商行政管理机关制止滥用行政权力排除、限制竞争行为的规定》（国家工商行政管理总局，2010 年 12 月 31 日发布）

9.《反价格垄断规定》（国家发展和改革委员会，2010 年 12 月 29 日发布）

竞争是指有不同经济利益的两个以上经营者，为争取收益最大化，以其他利害关系人为对手，采用能够争取交易机会的商业策略、争取市场的行为。竞争法是指协调国家经济运行中调整市场竞争关系和市场竞争管理关系的法律规范的总称。总体来讲，竞争法的体系包括反不正当竞争法和反垄断法。

第一节　反不正当竞争法

一、反不正当竞争法概述

（一）不正当竞争行为的概念

经营者在生产经营活动中，应当遵循自愿、平等、公平、诚信的原则，遵守法律和商业道德。不正当竞争行为是指经营者在生产经营活动中，违反《反不正当竞争法》的规定，扰乱市场竞争秩序，损害其他经营者或者消费者的合法权益的行为。

（二）反不正当竞争法的概念以及与知识产权法的关系

1. 反不正当竞争法的概念

反不正当竞争法是指调整经营者之间、经营者与消费者之间因不正当竞争行为而产生的社会关系的法律规范的总称。

反不正当竞争法有广义和狭义之分。狭义的反不正当竞争法是指全国人大常委会于 1993 年 9 月 2 日通过，2017 年 11 月 4 日修订，于 2018 年 1 月 1 日起施行的《中华人民共和国反不正当竞争法》；广义的反不正当竞争法除《反不正当竞争法》外，还包括国家有关法律、行政法规和规章中关于反不正当竞争的法律规范。

2. 反不正当竞争法与知识产权法的关系

反不正当竞争法与知识产权法有着密切的关系。主要体现在：①从制止不正当竞争的目标来看，知识产权法属于广义的反不正当竞争法的范畴。无论是著作权法、专利法、商标法，都是通过禁止不正当竞争行为来实现对合法权利的保护的。②从调整范围来看，反不正当竞争法与知识产权法对某些行为共同予以规范，这就是所谓的法条竞合。例如：知名商品的包装、装潢可同时成为专利法、著作权法和反不正当竞争法的保护对象；仿冒知名商品的包装、装潢的行为也同时构成专利侵权、著作权侵权以及不正当竞争行为。③从保护知识产权的作用来看，反不正当竞争法又是知识产权法的重要组成部分，对知识产权制度起着重要的补充作用。凡是现有知识产权专项立法不能保护或者超出其保护范围的内容，均可由反不正当竞争法来调整，如商业秘密、未注册商标、作品名称等。

二、不正当竞争的行为

[案例讨论] 老黄有一家食品厂，一直以生产“好味道”牌方便面为主，经过几年努力，凭着良好的质量和口味，这个牌子的方便面在当地和周边一些城市的知名度逐步提高，企业的发展势头良好。后来，企业向商标评审委员会提出申请，将原来一直使用的方便面商标“好味道”进行注册。过了六个月，老黄拿到了属于自己的“好味道”商标注册证，却突然发现，当地市场上出现了这样一种方便面，生产厂家是一个叫好味道的食品厂，就在离自己不远的一个城市，他们生产销售的方便面，包装和自己厂里的产品非常像，而且还把厂名印在非常显著的位置上，反而把商标印在一个不起眼儿的地方。老黄与对方交涉，对方却说，好味道是你的商标，可是，这也是我的厂名，咱们是井水不犯河水。况且老黄的商标最后获得批准注册的时间要比对方企业名称登记晚。对方为了保险起见，事先把外包装申请到了外观设计专利，它强调“好味道”这几个字，而不仅仅是他的厂名，而且这几个艺术字是外观设计的一部分，受到专利的保护，因此老黄是既气愤又无奈。这种突然大量出现在当地市场上的方便面，使得老黄的方便面销量不断下降。

问：老黄能要求对方停止使用好味道的企业登记名称吗？

根据《反不正当竞争法》的规定，不正当竞争行为主要包括以下几种：

（一）混淆行为

关于混淆行为，也就是我们通常说的“傍名牌”。2017 年修订后的《反不正当竞争法》进一步明确了混淆行为的概念，将“引人误认”作为它的核心判断标准。《反不正当竞争法》第六条规定，经营者不得实施下列混淆行为，引人误认为是他人商品或者与他人存在特定联系：

（1）擅自使用与他人有一定影响的商品名称、包装、装潢等相同或者近似的标识；擅自使用是指未经所有权人的许可而自行使用他人有一定影响的名称、包装、装潢。他人有一定影响的商品特有的名称、包装、装潢中含有本商品的通用名称、图形、型号，或者直接表示商品的质量、主要原料、功能、用途、重量、数量以及其他特点，或者含有地名，他人因客观叙述商品而正当使用的，不构成不正当竞争行为。

（2）擅自使用他人有一定影响的企业名称（包括简称、字号等）、社会组织名称（包括简称等）、姓名（包括笔名、艺名、译名等）。企业名称或者姓名是经营者的营业标志，是区别商品或者服务来源的标志。根据《最高人民法院关于审理不正当竞争民事案件应用法律若干问题的解释》的规定，企业登记主管机关依法登记注册的企业名称以及在中国境内进行商业使用的外国（地区）企业名称，应当认定为上述所称的“企业名称”；具有一定的市场知名度、为相关公众所知悉的企业名称中的字号，可以认定为上述所称的“企业名称”。在商品经营中使用的自然人的姓名，应当认定为上述所称的“姓名”；具有一定的市场知名度、为相关公众所知悉的自然人的笔名、艺名等，可以认定为上述所称的“姓名”。

（3）擅自使用他人有一定影响的域名主体部分、网站名称、网页等。

（4）其他足以引人误认为是他人商品或者与他人存在特定联系的混淆行为。增加了兜底性的条款，让禁止混淆行为的规定在实践中涵盖的范围更广泛。

[案例提示] 外观设计必须具有新颖性，才能够申请专利。擅自使用与他人有一定影响的商品特有的名称、包装、装潢，或者使用与他人有一定影响的商品近似的名称、包装、装潢，造成和该商品相混淆，使购买者误认为是他人商品或者与他人存在特定联系，属于不正当竞争行为，应当认定为侵权。

（二）商业贿赂行为

针对实践中的突出问题，2017 年修订后的《反不正当竞争法》增加规定经营者不得贿赂可能影响交易的第三方，可能影响交易的第三方不得收受贿赂，并明确可能影响交易的第三方的范围；同时，对员工商业贿赂行为的认定做出了特别规定。《反不正当竞争法》第七条明确了商业贿赂对象：交易相对方的工作人员；受交易相对方委托的单位和个人；利用职权或者影响力影响交易的单位和个人。另外，还规定了一个经营者如果他的工作人员向别人行贿，都应当视为经营者行贿的行为，除非他能够证明工作人员的行贿行为与为经营者谋取交易机会或者竞争优势无关。商业贿赂表现方式主要有：

（1）经营者采用财物或者其他手段进行贿赂以销售或者购买商品。商业贿赂的行为主要表现形式是回扣。所谓回扣是指经营者为了不正当地获得利益、优惠条件而直接向交易相对方暗中提供的金钱或有价证券。收受回扣的特点在于是正常交易之外，暗中进行的。这类行为属于不正当竞争行为。

（2）经营者在销售或者购买商品时，在账外给予向交易相对方支付折扣，或者给予非合法的中间人佣金。佣金是商业活动中一种劳务报酬，合法的中间人通过合法的服务获得的合法的佣金是法律允许的。国家公务员、企业的雇员、企业的业务代理人以及其他不是处于独立的中间人地位的人员不能收受佣金。经营者在交易活动中，可以以明示方式向交易相对方支付折扣，或者向中间人支付佣金。经营者向交易相对方支付折扣、向中间人支付佣金的，应当如实入账。接受折扣、佣金的经营者也应当如实入账，否则属于不正当竞争行为。

（三）虚假宣传行为

虚假宣传是指商品宣传的内容与商品的客观事实不符。引人误解的宣传是指可能使宣传对象或易受宣传影响的人对商品的真实情况产生错误的联想，从而影响其购买决策的商品宣传。针对互联网刷单、炒信这方面的问题新法做了有针对性的规定。《反不正当竞争法》第八条规定：经营者不得对其商品的性能、功能、质量、销售状况、用户评价、曾获荣誉等做虚假或者引人误解的商业宣传，欺骗、误导消费者。经营者不得通过组织虚假交易等方式，帮助其他经营者进行虚假或者引人误解的商业宣传。

根据《最高人民法院关于审理不正当竞争民事案件应用法律若干问题的解释》的规定，经营者具有下列行为之一，足以造成相关公众误解的，可以认定为上述所称的引人误解的虚假宣传行为。①对商品做片面的宣传或者对比的；②将科学上未定论的观点、现象等当作定论的事实用于商品宣传的；③以歧义性语言或者其他引人误解的方式进行商品宣传的。以明显的夸张方式宣传商品，不足以造成相关公众误解的，不属于引人误解的虚假宣传行为。

（四）侵犯商业秘密行为

商业秘密是指不为公众所知悉、具有商业价值并经权利人采取相应保密措施的技术信息和经营信息。侵犯商业秘密是指经营者不正当获取披露或使用权利人商业秘密的行为。《反不正当竞争法》第九条规定，经营者不得实施下列侵犯商业秘密的行为：①以盗窃、贿赂、欺诈、胁迫或者其他不正当手段获取权利人的商业秘密；②披露、使用或者允许他人使用以前项手段获取的权利人的商业秘密；③违反约定或者违反权利人有关保守商业秘密的要求，披露、使用或者允许他人使用其所掌握的商业秘密。

根据《最高人民法院关于审理不正当竞争民事案件应用法律若干问题的解释》的规定，不为公众所知悉是指有关信息不为其所属领域的相关人员普遍知悉和容易获得。保密措施是指权利人为防止信息泄漏所采取的与其商业价值等具体情况相适应的合理保护措施。具有下列情形之一，在正常情况下足以防止涉密信息泄漏的，应当认定权利人采取了保密措施：①限定涉密信息的知悉范围，只对必须知悉的相关人员告知其内容；②对于涉密信息载体采取加锁等防范措施；③在涉密信息的载体上标有保密标志；④对于涉密信息采用密码或者代码等；⑤签订保密协议；⑥对于涉密的机器、厂房、车间等场所限制来访者或者提出保密要求；⑦确保信息秘密的其他合理措施。

修订后的《反不正当竞争法》加强了商业秘密保护，增加规定商业秘密权利人的员工、前员工侵犯商业秘密的情形，增加规定国家机关工作人员，律师、注册会计师等专业人员对其履职过程中知悉的商业秘密的保密义务。同时，在现有法律基础上特别规定，如果是第三人明知或者应当知道商业秘密是另外一个企业的员工或前员工以及其他单位或者个人通过不正当方式获取的，他再使用的话，也是属于侵犯商业秘密的行为。

（五）不正当的有奖销售

不正当的有奖销售行为包括：①所设奖的种类、兑奖条件、奖金金额或者奖品等有奖销售信息不明确，影响兑奖；②采用谎称有奖或者故意让内定人员中奖的欺骗方式进行有奖销售；③抽奖式的有奖销售，最高奖的金额超过五万元。上述有奖销售行为是超过一定范围或采取不正当手段进行的有奖销售，其结果是造成对竞争秩序的破坏，损害消费者的利益，属于不正当竞争行为。

（六）商业诽谤行为

经营者编造、传播虚假信息或者误导性信息，以损害竞争对手的商业信誉、商品声誉。这类行为的结果是对竞争对手合法权益的直接侵犯，并给正常的市场竞争秩序带来破坏，应属于严重违反商业道德的不正当竞争行为。

（七）互联网不正当竞争行为

根据互联网领域反不正当竞争的客观需要，2017 年《反不正当竞争法》增加了互联网不正当竞争行为条款，规定经营者不得利用技术手段在互联网领域从事影响用户选择、干扰其他经营者正常经营的行为，并具体规定应予禁止的行为。《反不正当竞争法》第十二条规定："经营者利用网络从事生产经营活动，应当遵守本法的各项规定。经营者不得利用技术手段，通过影响用户选择或者其他方式，实施下列妨碍、破坏其他经营者合法提供的网络产品或者服务正常运行的行为：

（一）未经其他经营者同意，在其合法提供的网络产品或者服务中，插入链接、强制进行目标跳转；

（二）误导、欺骗、强迫用户修改、关闭、卸载其他经营者合法提供的网络产品或者服务；

（三）恶意对其他经营者合法提供的网络产品或者服务实施不兼容；

（四）其他妨碍、破坏其他经营者合法提供的网络产品或者服务正常运行的行为。"

三、不正当竞争行为的法律责任

不正当竞争行为应承担的法律责任包括民事责任、行政责任和刑事责任三种。修订后的《反不正当竞争法》完善了民事赔偿责任优先、与行政处罚并行的法律责任体系。不正当竞争违法行为首先损害了其他经营者的合法权益，需要民事赔偿优先，调动其他经营者制止不正当竞争行为的积极性。经营者违反《反不正当竞争法》规定的，应当承担民事责任、行政责任和刑事责任，其财产不足以支付的，优先用于承担民事责任。同时，不正当竞争行为也损害竞争秩序，需要予以行政处罚，但需创新行政查处的措施。

（一）民事责任

经营者违反《反不正当竞争法》规定，给他人造成损害的，应当依法承担民事责任。因不正当竞争行为受到损害的经营者的赔偿数额，按照其因被侵权所受到的实际损失确定；实际损失难以计算的，按照侵权人因侵权所获得的利益确定。赔偿数额还应当包括经营者为制止侵权行为所支付的合理开支。经营者有混淆行为，商业贿赂行为，权利人因被侵权所受到的实际损失、侵权人因侵权所获得的利益难以确定的，由人民法院 根据侵权行为的情节判决给予权利人三百万元以下的赔偿。

（二）行政责任

《反不正当竞争法》对不正当竞争行为的行政责任作了具体的规定。主要包括：

（1）经营者违反第六条规定实施混淆行为的，由监督检查部门责令停止违法行为，没收违法商品。违法经营额五万元以上的，可以并处违法经营额五倍以下的罚款；没有违法经营额或者违法经营额不足五万元的，可以并处二十五万元以下的罚款；情节严重的，吊销营业执照。经营者登记的企业名称违反本法第六条规定的，应当及时办理名称变更登记；名称变更前，由原企业登记机关以统一社会信用代码代替其名称。

（2）经营者违反第七条规定贿赂他人的，由监督检查部门没收违法所得，处十万元以上三百万元以下的罚款；情节严重的，吊销营业执照。

（3）经营者违反第八条规定对其商品作虚假或者引人误解的商业宣传，或者通过组织虚假交易等方式帮助其他经营者进行虚假或者引人误解的商业宣传的，由监督检查部门责令停止违法行为，处二十万元以上一百万元以下的罚款；情节严重的，处一百万元以上二百万元以下的罚款，可以吊销营业执照。经营者违反第八条规定，属于发布虚假广告的，依照《中华人民共和国广告法》的规定处罚。

（4）经营者违反第九条规定侵犯商业秘密的，由监督检查部门责令停止违法行为，处十万元以上五十万元以下的罚款；情节严重的，处五十万元以上三百万元以下的罚款。

（5）经营者违反第十条规定进行有奖销售的，由监督检查部门责令停止违法行为，处五万元以上五十万元以下的罚款。

（6）经营者违反第十一条规定损害竞争对手商业信誉、商品声誉的，由监督检查部门责令停止违法行为、消除影响，处十万元以上五十万元以下的罚款；情节严重的，处五十万元以上三百万元以下的罚款。

（7）经营者违反第十二条规定妨碍、破坏其他经营者合法提供的网络产品或者服务正常运行的，由监督检查部门责令停止违法行为，处十万元以上五十万元以下的罚款；情节严重的，处五十万元以上三百万元以下的罚款。

（8）经营者违反《反不正当竞争法》规定从事不正当竞争，有主动消除或者减轻违法行为危害后果等法定情形的，依法从轻或者减轻行政处罚；违法行为轻微并及时纠正，没有造成危害后果的，不予行政处罚。

（三）刑事责任

《反不正当竞争法》规定了对若干种不正当竞争行为追究刑事责任，但未涉及侵犯商业秘密等与知识产权有关的不正当竞争行为的刑事责任。在《刑法》中，对侵犯商业秘密，损害他人商业信誉、商品声誉等不正当竞争行为的刑事责任作出了规定。比如《刑法》第二百一十九条规定，有侵犯商业秘密的行为的，给商业秘密的权利人造成重大损失的，处三年以下有期徒刑或者拘役，并处或者单处罚金；造成特别严重后果的，处三年以上七年以下有期徒刑，并处罚金。根据《关于办理侵犯知识产权刑事案件具体应用法律若干问题的解释》的规定，实施《刑法》第二百一十九条规定的行为，给商业秘密的权利人造成损失数额在 50 万元以上的，属于“给商业秘密的权利人造成重大损失”，应当以侵犯商业秘密罪判处三年以下有期徒刑或者拘役，并处或者单处罚金。给商业秘密的权利人造成损失数额在 250 万元以上的，属于《刑法》第二百一十九条规定的“造成特别严重后果”，应当以侵犯商业秘密罪判处三年以上七年以下有期徒刑，并处罚金。《刑法》第二百二十一条规定，捏造并散布虚伪事实，损害他人的商业信誉、商品声誉，给他人造成重大损失或者有其他严重情节的，处两年以下有期徒刑或者拘役，并处或者单处罚金。《刑法》第二百二十二条规定，广告主、广告经营者、广告发布者违反国家规定，利用广告对商品或者服务作虚假宣传；情节严重的，处两年以下有期徒刑或者拘役，并处或者单处罚金。此外，还有其他一些条款涉及某些不正当竞争行为的刑事责任，如《刑法》分则对“生产、销售伪劣商品罪”的有关规定。

第二节 反垄断法

一、反垄断法的概念和意义

[**案例讨论**] 2004 年 6 月，两家中国 DVD 企业在美国加州法院代表众多 DVD 播放机生产商、销售商进行集体诉讼，指控 3C 联盟限定价格、非法搭售、共谋垄断等多项非法行为。香港东强电子在德国联邦专利法院起诉飞利浦专利无效，2005 年 6 月，德国法院做出一审判决，认定飞利浦的专利在德国无效。3C 联盟在华的 DVD 专利池中，很多是垃圾专利、无效专利和非必要专利，但该联盟却将这些打包为一体，收取高额许可费用，从而导致中国 DVD 企业陷入知识产权困境。包括 3C 专利池中的某些专利在内，虽然有些在国外已被宣告无效的专利，但因未启动无效程序，而在中国仍然有效，并继续向中国企业收取专利费用。

问：中国 DVD 企业在知识产权方面遭遇困境的原因何在？

（一）反垄断法的概念

法律意义上的垄断是指经营者已经形成或正在进行的应受法律谴责的，在一定市场上限制竞争的某种状态或行为。从广义上讲，反垄断法是指一切反对垄断和保护竞争的法律制度；从狭义上讲，反垄断法是指全国人大常委会于 2007 年 8 月 30 日通过的《反垄断法》，该法于 2008 年 8 月 1 日起正式施行。

（二）反垄断法和反不正当竞争法的关系

《反不正当竞争法》主要反对经营者出于竞争的目的，违反市场交易中诚实信用原则和公认的商业道德，通过假冒商标、虚假广告、商业贿赂、窃取商业秘密等不正当的竞争手段攫取他人的竞争优势。因此，这部法律首先保护受不正当竞争行为损害的善意经营者的利益，维护公平竞争的市场秩序，保护消费者的利益。从这个意义上说，反不正当竞争法的价值理念是保护公平竞争。《反垄断法》则是从维护市场的竞争性出发，反对经营者商定价格、限制销售数量或者分割销售市场，目的是保证市场上有足够的竞争者，保证消费者在市场上有选择商品或者服务的权利。因此，反垄断法的价值理念是保护自由竞争，保障企业有自由参与市场竞争的权利，保障消费者有选择的权利，提高社会福利。

《反不正当竞争法》和《反垄断法》作为维护市场竞争秩序的两种法律制度，在功能上相辅相成，都是市场经济不可缺少的法律制度。二者在内容上有相互交叉重合的现象。尤其在我国，在 2007 年反垄断法出台之前，反垄断的法规主要是指《反不正当竞争法》规定的五种垄断限制竞争行为。2018 年 1 月 1 日起施行的《中华人民共和国反不正当竞争法》删除了原法第六条、第七条、第十一条、第十五条有关公用企事业单位排除竞争、行政垄断、倾销、串通招投标的规定，上述条文规定的行为分别由反垄断法、招标投标法予以规制。

（三）反垄断法和知识产权法的关系

专有性是知识产权的重要特征之一，专有性揭示的是知识产权作为一种绝对权和支配权所具有的垄断性或排他性。从表面上来看，反垄断法的反垄断宗旨与知识产权的天然垄断性之间存在“不可调和”的矛盾，反垄断法的基本使命就是反对垄断，保护自由公平的竞争，但同时它又有例外，知识产权就是属于这种例外中的一种情况。知识产权制度是近现代社会为推动科技进步、经济繁荣和社会发展而做出的一项重要的制度设计，知识产权正是为鼓励知识产品的生产而依法授予知识产品生产者一定程度的垄断权，以利益驱动机制刺激智力创造活动持续地进行，在本质上是法律赋予的一种合法垄断。反垄断法并不反对知识产权的正当行使，但是知识产权的行使超出了法律允许的限度，构成了滥用，就要受到反垄断法的规制。知识产权滥用行为包括三种形式：①一般的知识产权滥用行为，违反的是知识产权基本法律，如专利法、商标法、著作权法等，这些法律本身对违法行为有所规制。②权利人利用知识产权从事不正当竞争。从表面上看，这种方式是合法的，但是实际上则构成了不正当竞争，要受到反不正当竞争法的规制。③排除、限制竞争行为。这种知识产权滥用就构成了垄断，反垄断法对这类行为予以规制。《反垄断法》第五十五条明确规定：“经营者依照有关知识产权的法律、行政法规规定行使知识产权的行为，不适用本法；但是，经营者滥用知识产权，排除、限制竞争的行为，适用本法。”2015 年 4 月 7 日国家工商行政管理总局发布了《关于禁止滥用知识产权排除、限制竞争行为的规定》，对非价格性滥用知识产权排除、限制竞争行为的表现及认定规则进行了较为具体的规定。

（四）反垄断法的意义

反垄断法是世界各国维护公平竞争和市场经济秩序的重要基石。截至目前，全球有近90个国家颁布和实施了反垄断法。反垄断法在市场经济国家的法律体系中占有极其重要的地位。在美国，它被称为自由企业的大宪章；在德国，它被称为经济宪法；在日本，它被称为经济法的核心。因为市场机制和竞争机制在我国配置资源中也起着基础性作用，是发展国民经济的根本手段，所以反垄断法在我国法律体系中就有着极其重要的地位，是我国的经济宪法，是经济法的核心。

[**案例提示**] 中国DVD企业在知识产权方面遭遇困境，一是由于发达国家在国际贸易中充分利用知识产权壁垒，束缚了中国产业发展；二是由于中国企业对知识产权制度的认识和利用不足；三是因为当时中国知识产权反垄断规制欠缺。在《反垄断法》出台后，该法第五十五条规定，经营者滥用知识产权、排除、限制竞争的行为，适用该法。从而使中国的DVD企业有了一把维权利器。

二、反垄断法的基本内容

反垄断法的任务是防止市场上出现垄断，并对合法的垄断企业进行监督，防止它们滥用市场优势地位。

（一）禁止垄断协议

反垄断法把竞争者之间的限制竞争协议称为横向协议，或者“卡特尔”。根据《反垄断法》第十三条的规定，主要禁止下列横向协议：①固定价格；②限制数量；③分割市场；④限制购买新技术或者限制开发新产品；⑤联合抵制。第①②③类协议因为损害竞争的程度非常严重，各国反垄断法一般将它们称为核心卡特尔或者恶性卡特尔，任何情况下都不给予豁免。鉴于竞争者之间有些限制竞争有利于提高经济效率，如为改进技术和节约成本进行的合作研发、统一产品的规格或型号、推动中小企业之间的合作，或者有利于社会公共利益，如节约能源、保护环境，《反垄断法》第十五条对某些限制竞争协议做出了豁免的规定。

限制竞争协议除了竞争者之间的书面或者口头协议，还包括企业集团或者行业协会制定的具有排除、限制竞争影响的决定和竞争者之间的协同行为。

除了横向协议外，反垄断法还对纵向（即卖方和买方之间的限制竞争）协议做出了两项禁止性规定：一是固定转售价格，二是限定最低转售价格。因为这些限制不仅严重损害了销售商的定价权，而且严重损害了消费者的利益。其他类型的纵向协议，如独家销售、独家购买、限制地域等，因为它们在很多情况下有合理性，应当适用合理原则。

从我国执法体制的角度，垄断协议还可分为价格垄断协议和非价格垄断协议。国家发展和改革委员会于2010年12月发布的《反价格垄断规定》对价格垄断协议进行了界定，即指在价格方面排除、限制竞争的协议、决定或者其他协同行为。除价格垄断协议以外的其他垄断协议为非价格垄断协议。价格垄断协议由国家发展和改革委员会依法查处，非价格垄断协议则由国家工商行政管理总局依法查处。

（二）禁止滥用市场支配地位

反垄断法虽然不反对合法垄断，但因合法垄断者同样不受竞争的制约，从而可能滥用其市场优势地位、损害市场竞争和消费者的利益，因此我国反垄断法规定，禁止滥用市场支配地位。

根据《反垄断法》第十七条的规定，滥用市场支配地位的行为主要包括：

（1）以不公平高价销售商品或者以不公平低价购买商品；

（2）没有正当理由，以低于成本的价格销售商品；

（3）没有正当理由，拒绝与交易相对人进行交易；

（4）没有止当理由，限定交易相对人只能与其或者与其指定的经营者进行交易；

（5）没有正当理由，搭售商品或者在交易中附加其他不合理的条件；

（6）没有正当理由，对条件相同的交易相对人在价格等交易条件上实行差别待遇。

此外，《反垄断法》第五十五条还规定，经营者滥用知识产权、排除、限制竞争的行为，适用该法。这说明知识产权和一般财产权一样，不能得到反垄断法的豁免。

市场支配地位是指经营者在相关市场上能够控制商品的价格、数量或者其他交易条件，或者能够阻碍、影响其他经营者进入相关市场能力的市场地位。这即是说，市场支配地位是一种经济现象，反映了企业与市场竞争的关系，即拥有这种地位的企业不受竞争制约，不必考虑其竞争者或交易对手就可以自由定价或者自由做出其他经营决策。为了使这个关于市场支配地位的定义具有可操作性，反垄断法提出了认定市场支配地位的一系列因素，包括经营者的市场份额、相关市场竞争状况、经营者控制市场的能力、经营者的财力和技术条件、其他经营者对该经营者在交易上的依赖程度、其他经营者进入相关市场的难易程度等。为了提高法律稳定性和当事人的可预见性，我国反垄断法还借鉴德国反垄断法，提出了以下可以推断市场支配地位的情况：①一个经营者在相关市场的份额达到 1/2 的；②两个经营者在相关市场的份额合计达到 2/3 的；③三个经营者在相关市场的份额合计达到 3/4 的。但是，这些推断不具法定推断的效力，即当事人可以证明自己不具有市场支配地位。

（三）控制经营者集中

经营者集中有利于提高企业的规模经济，促进企业间的人力、物力、财力以及技术方面的合作，从而有利于提高企业效率和竞争力。然而，如果允许它们无限制地并购企业，就不可避免地会消灭市场上的竞争者，导致垄断性的市场结构。因此，《反垄断法》规定了控制经营者的集中。

根据《反垄断法》第二十条的规定，经营者集中的方式包括经营者合并，取得股份或者资产，以合同方式或者其他方式取得对另一企业的控制权。控制经营者集中的制度主要是集中申报和审批制度。经营者集中达到国务院规定的申报标准的，应事先进行申报，未申报的不得实施集中。

经营者集中具有或者可能具有排除、限制竞争效果的，反垄断执法机构应做出禁止集中的决定。然而，因为经济是非常复杂和活跃的，有些合并即便具有排除、限制竞争的负面影响，同时也可能有利于提高市场竞争强度或者企业的经济效率。因此，经营者能够证明集中对竞争产生的有利因素明显大于不利因素，或者符合社会公共利益的，国务院反垄断执法机构可做出对集中不予禁止的决定。反垄断执法机构审查经营者集中时，主要考虑经营者在相关市场上的份额及其市场支配力、相关市场集中度、经营者集中对市场进入和技术进步的影响、经营者集中对消费者和其他经营者的影响，此外还有对国民经济发展的影响。反垄断执法机构的批准决定中可附加限制性条件，以减少集中对竞争的不利影响。

（四）禁止行政垄断

《反垄断法》第八条明确规定，行政机关和法律、法规授权的具有管理公共事务的职能的组织不得滥用行政权力排除、限制竞争。《反垄断法》还列举了滥用行政权力排除、限制竞争的行为，包括：强制交易；妨碍商品在地区间自由流通；排斥或限制外地企业参与本地招投标活动；排斥或限制外地资金流入本地市场；强制经营者从事垄断行为；制定排除、限制竞争的行政法规。上述这些规定说明，滥用行政权力限制竞争的行为在本质上都是一种歧视行为，即对市场条件下本来应该有着平等地位的市场主体实施了不平等的待遇，其后果是扭曲竞争，妨碍建立统一、开放和竞争的大市场，使社会资源不能得到合理和有效的配置。

《反垄断法》第五十一条规定、行政机关和公共组织滥用行政权力，实施排除、限制竞争行为的，由上级机关责令改正；对直接负责的主管人员和其他直接责任人员，依法给予处分。这个规定说明，反垄断法没有把行政垄断的管辖权交给反垄断行政执法机关。

三、垄断行为的法律责任

（一）经营者的法律责任

（1）经营者违反《反垄断法》规定，达成并实施垄断协议的，由反垄断执法机构责令停止违法行为，没收违法所得，并处上一年度销售额1%以上10%以下的罚款；尚未实施所达成的垄断协议的，可以处五十万元以下的罚款。经营者主动向反垄断执法机构报告达成垄断协议的有关情况并提供重要证据的，反垄断执法机构可以酌情减轻或者免除对该经营者的处罚。

（2）经营者违反《反垄断法》规定、滥用市场支配地位的，由反垄断执法机构责令停止违法行为，没收违法所得，并处上一年度销售额1%以上10%以下的罚款。

(3) 经营者违反《反垄断法》规定实施集中的，由国务院反垄断执法机构责令停止实施集中、限期处分股份或者资产、限期转让营业以及采取其他必要措施恢复到集中前的状态，可以处五十万元以下的罚款。

(4) 对反垄断执法机构依法实施的审查和调查，拒绝提供有关材料、信息，或者提供虚假材料、信息，或者隐匿、销毁、转移证据，或者有其他拒绝、阻碍调查行为的，由反垄断执法机构责令改正，并对个人可以处二万元以下的罚款，对单位可以处二十万元以下的罚款；情节严重的，对个人处二万元以上十万元以下的罚款，对单位处二十万元以上一百万元以下的罚款；构成犯罪的，依法追究刑事责任。

(二) 行业协会的法律责任

行业协会违反《反垄断法》规定，组织本行业的经营者达成垄断协议的，反垄断执法机构可以处五十万元以下的罚款；情节严重的，社会团体登记管理机关可以依法撤销登记。

(三) 行政机关和具有管理公共事务职能的组织的法律责任

行政机关和法律、法规授权的具有管理公共事务职能的组织滥用行政权力，实施排除、限制竞争行为的，由上级机关责令改正；对直接负责的主管人员和其他直接责任人员依法给予处分。反垄断执法机构可以向有关上级机关提出依法处理的建议。

法律、行政法规对行政机关和法律法规授权的具有管理公共事务职能的组织滥用行政权力实施排除、限制竞争行为的处理另有规定的，依照其规定。

四、我国反垄断法的特色

我国反垄断法的第一个特色在于它鲜明地立足于国情。例如，关于行政垄断的规定，《反垄断法》第七条规定，国有经济占控制地位的关系国民经济命脉和国家安全的行业以及依法实行专营专卖的行业，国家对其经营者的合法经营活动予以保护，并对经营者的经营行为及其商品和服务的价格依法实施监管和调控，维护消费者利益，促进技术进步。这说明我国在制止滥用市场势力损害消费者利益的同时，还鼓励关系国民经济命脉和国家安全的重要行业和关键领域的国有企业做大做强，以提高它们的国际竞争力。

我国反垄断法的第二个特色是它在很多方面借鉴了竞争政策发达国家和地区的先进经验，特别是借鉴了美国反垄断法和欧洲反垄断法的经验。例如，《反垄断法》借鉴美国反托拉斯法的效果原则，在第二条规定了这个法具有域外适用的效力。这即是说，一个在外国订立的价格卡特尔或者一个在外国发生的并购活动，如果对我国市场竞争有严重不利影响，我国反垄断法对之有管辖权。鉴于卡特尔的严重危害和隐蔽性，我国反垄断法借鉴了美国反托拉斯法的宽恕政策，规定经营者能够主动向反垄断执法机构报告垄断协议的有关情况并提供重要证据的，可以酌情减免处罚。

这个规定有利于分化瓦解违法者联盟，提高反垄断执法的效率。我国反垄断法还借鉴了欧盟竞争法中的承诺制度，规定被调查的经营者如果承诺采取具体措施消除垄断行为后果的，如反垄断执法机构认为这个承诺可以解除它对限制竞争的担忧，它可以把接受承诺作为解决问题的办法。我国反垄断法还借鉴了很多德国反垄断法的经验，如豁免卡特尔的规定、认定市场支配地位的因素以及关于市场支配地位的推断等。借鉴世界各国反垄断立法潮流，我国反垄断法与反不正当竞争法相比，大幅度提高了行政罚款的金额，对实施垄断协议和滥用市场支配地位的行为可处违法者上一年度销售额1%以上10%以下的罚款，从而大大提高了反垄断法的威慑力。

本章思考题

1. 反不正当竞争法与知识产权法的关系是什么？
2. 不正当竞争的行为有哪些？
3. 什么是商业秘密？认定侵犯商业秘密需要具备哪些要素？
4. 反垄断法与知识产权法的关系是什么？
5. 我国反垄断法的基本内容有哪些？

案例讨论

阿里巴巴公司起诉三际无限公司，认为三际无限公司向公众提供“奇虎安全卫士”（又名“360安全卫士”）软件，同时通过其他网站和免费工具软件进行捆绑传播。“奇虎安全卫士”软件将雅虎助手和雅虎Widget软件列为所谓恶意软件，并将其描述为“强制安装、浏览器劫持、干扰其他软件运行、无法彻底卸载”。用户按照“奇虎安全卫士”软件的提示操作时，雅虎助手和雅虎Widget软件在默认的情况下被删除，导致用户无法正常使用雅虎助手和雅虎Widget软件。但雅虎助手和雅虎Widget软件并非三际无限公司所称的恶意软件，而是由用户自主选择、可以彻底卸载、不损害用户任何权益的正常软件。故阿里巴巴请求法院依法判令被告立即停止将雅虎助手和雅虎Widget软件列为恶意软件从而阻碍其正常传播和运行的行为；立即停止对雅虎助手和雅虎Widget软件的贬损性不实描述的行为；在网站以及《北京青年报》上刊登声明，以消除影响；赔偿原告经济损失260万元。

问：三际无限公司应否为其行为承担责任？说明理由。